古代陶瓷文献选辑

窦怀永　庄岑瀚　整理

浙江大学出版社
·杭州·

图书在版编目（CIP）数据

古代陶瓷文献选辑 / 窦怀永，庄岑瀚整理. -- 杭州：浙江大学出版社，2024. 8. -- ISBN 978-7-308-25350-5

Ⅰ．K876.3

中国国家版本馆 CIP 数据核字第 2024Y6Q203 号

古代陶瓷文献选辑

窦怀永　庄岑瀚　整理

责任编辑	王　晴
责任校对	朱梦琳
封面设计	雷建军
出版发行	浙江大学出版社
	（杭州市天目山路 148 号　邮政编码 310007）
	（网址：http://www.zjupress.com）
排　　版	浙江大千时代文化传媒有限公司
印　　刷	杭州宏雅印刷有限公司
开　　本	710mm×1000mm　1/16
插　　页	4
印　　张	21
字　　数	350 千
版 印 次	2024 年 8 月第 1 版　2024 年 8 月第 1 次印刷
书　　号	ISBN 978-7-308-25350-5
定　　价	98.00 元

版权所有　侵权必究　　印装差错　负责调换

浙江大学出版社市场运营中心联系方式：（0571）88925591；http://zjdxcbs.tmall.com

前　言

　　20世纪80年代,在福建省永春县介福乡紫美村苦寨坑,村民在种植芦柑时,发现一些残碎的陶瓷片。2015年,考古人员又在山坡荒草中发掘出一座古窑址,这个小山坡下埋藏了几千年的宝藏被发现。这是目前发现的全国最早烧制原始青瓷的窑址,距今3400—3700年,即夏代中晚期、商代中期,是华夏早期文明的见证之一。2019年,永春苦寨坑窑址被列入第八批全国重点文物保护单位。

　　原始青瓷,已经基本上具备了瓷器的特征,但仍保留了陶器的若干缺点,是由陶向瓷过渡阶段的产物,是在陶器向瓷器的转变过程中,胎釉淘炼、制作工艺、窑炉温度等技术尚未成熟的综合产物,仅仅在釉色上开始呈现青绿色。原始青瓷的烧制,既是我国古代陶器烧制技术达到成熟和稳定阶段的累积性总结,也为瓷器的发明提供了充分的物质准备和技术基础。

　　从陶瓷演变的历程来看,原始青瓷的出现,意味着从"陶"到了"陶＋瓷"的阶段,在逐渐提高和充分满足物质使用需求的同时,也注定会将陶瓷技艺的改善与审美鉴赏的进步日趋结合。因此,回望中国古代陶瓷史,既是陶瓷作为物质载体的生产制作、釉料改善的历史,也是陶瓷作为鉴赏对象的工艺特点、把玩感受的历史。

　　幸运的是,中国人素有的历史书写传统,既记录了陶瓷作为使用对象的技术进步、窑口分布、使用感受等,也记录了陶瓷作为精神寄托的审美变化、御用赏赐、甄别要诀等。例如,西晋潘岳《笙赋》有"披黄苞以授甘,倾缥瓷以酌酃"一句,意指当时人把品尝甜蜜爽口的金黄色瓯柑,以及用丝帛般瓯窑瓷器盛装美酒,视作人生难得的盛誉。这既说明,缥瓷在当时已经成为瓯窑的标志性釉色,也说明瓯窑陶瓷制品的普及,已经带来了精神上的愉悦享受。基于以上层面理解海上丝绸之路,理解陶瓷是中国对外贸易史上的重要外销商品时,很多认知和感受会变得更加丰富和具体。

站在今天的视角,在需要传承的中华优秀传统文化中,自然包括中国古代陶瓷历史、技术、文献在内的综合文化。

围绕陶瓷的生产与使用,中国古代形成了数量巨大的历史文献,它既包括了陶瓷身上留存的文字、图案,也包括了围绕陶瓷而产生的诗词歌赋、诉讼纠纷,还包括对陶瓷生产和收藏进行记载总结的各类专著。内容之广,几乎无所不收;存世之多,几乎每朝皆有,但论述对象却又十分明确。20世纪70年代末,傅振伦提出了"陶瓷文献学"的说法,并在90年代发表了《中国古陶瓷文献学》一文,呼吁对陶瓷文献学的内涵、范畴以及古陶瓷文献的类别等予以探究。"陶瓷文献学"的提法,既反映出陶瓷文献的数量之多,也反映出陶瓷文献需要研究和普及。大约也是在此之后,围绕陶瓷文献的研究和普及,确实出现了一些著作,既有针对陶瓷文献编撰者的研究,也有针对陶瓷文献本身的细化研究,还有汇聚影印了各类陶瓷文献的丛书。

基于宣传优秀传统文化、普及推广陶瓷文献的考虑,我与庄岑瀚先生共同合作,从中国古代陶瓷文献中,纵向选取了十种具有一定影响力的著作,以简体字的形式点校整理,取名《古代陶瓷文献选辑》。庄先生痴迷于福建同安珠光青瓷的复烧事业,历经数百次尝试,烧制出了接近两宋时期的珠光青瓷,将失传了六百多年的技艺重新复活。其名下"千境窑"烧制的珠光青瓷,已经远销日本、俄罗斯、马来西亚、新加坡等多个国家和地区,重新定义了同安作为古代海上丝绸之路的重要节点。

窦怀永　执笔

目 录

陶　记……………………………………………（1）
古窑器论…………………………………………（4）
陶　埏……………………………………………（9）
阳羡茗壶系………………………………………（30）
高子论窑器………………………………………（39）
陶　说……………………………………………（45）
阳羡名陶录………………………………………（117）
景德镇陶录………………………………………（142）
景德镇陶歌………………………………………（240）
匋　雅……………………………………………（254）

陶　记

[宋]蒋祈

【题解】

《陶记》,一卷,南宋蒋祈撰。祈,南宋时人,具体生卒年月不详。《陶记》是我国目前所存的第一部陶瓷专著。全文一千余字,勾勒了景德镇瓷业生产的原料、制作、窑场、窑器、贸易等多种情况,是研究中国古代陶瓷史、中国古代科学技术史的宝贵史料。

以科举制度为代表的文化、教育政策,与以雕版印刷为代表的技术手段相结合,带来了北宋以后社会经济、政治制度、文化普及的全面繁荣,各类人才层出不穷,手工业不断发展又反过来推动了整个社会文化水平的提高。古代陶瓷制造工业也在这样的环境下日益精进,使宋代成为我国古代制瓷业的黄金时期。这些也为《陶记》的诞生创造了得天独厚的优越条件。

有关成书时间,刘新园先生在20世纪80年代发表系列论文,根据在康熙二十一年(1682)《浮梁县志》中发现的《陶记》,提出其当编纂于南宋嘉定七年(1214)至端平元年(1234)之间,否定了过去的元代说,既将该文献的年代前提,也进一步突出了文献的价值。

今以康熙二十一年《浮梁县志》卷四所附《陶记》为底本,点校整理,局部残缺文字,以乾隆七年(1742)《浮梁县志》所载为校本,适当校补。

景德陶，昔三百余座。埏埴之器，洁白不疵，故鬻于他所，皆有"饶玉"之称。其视真定红磁、龙泉青秘，相竞奇矣。

窑之长短，率有甓数。官籍丈尺，以第其税。而火堂、火栈、火尾、火眼之属，则不入于籍。陶盹食工，不受艺佣，埽赁窑□（主）①，以相附合，谓之"甓"。土坯既匦，垛而别之，审厥窑位，以□（谨）布置，谓之"障窑"。兴烧之际，按籍纳金，窑牌、火历，迭□（相）出入，谓之"报火"。一日二夜，窑火既歇，商争取售，而工者择焉，谓之"拣窑"。交易之际，牙侩主之，同异差互，□（官）则有考，谓之"店簿"。运器入河，肩夫执券，次第件具，以凭商算，谓之"菲子"。其窑之纲纪，大略有如此者。

若夫浙之东、西，器尚黄黑，出于湖田之窑者也。江、湖、川、广，器尚青白，出于镇之窑者也。碗之类，鱼水、高足，碟之发晕、海眼、雪花，此川、广、荆、湘之所利。盘之马蹄、槟榔，盂之莲花、耍角，碗、碟之绣花、银锈、蒲唇、弄弦之类，此江、浙、福建之所利。必地有择焉者。则炉之别：曰猊，曰鼎，曰彝，曰鬲，曰朝天，曰象腿，曰香奁，曰桶子。瓶之别：曰觚，曰胆，曰壶，曰净，曰栀子，曰荷叶，曰葫芦，曰律管，曰兽环，曰琉璃。与夫空头细名，考之不一而足，惟贩之所需耳。两淮所宜，大率皆江、广、闽、浙澄泽之余。土人货之者，谓之"黄掉"。□（黄）掉云者，以其色泽不美，而在可弃之域也。所谓器之品数，大略有如此者。

至若冬泥冻脆，不可以烧。坯陶既就，复不易操，则有"火房"。火事将毕，器不可度，探坯窑眼，以验生熟，则有"火照"。进坑"石泥"，制之精巧，湖坑、岭背、界田之所产，已为次矣。比壬坑、高砂、马鞍山、磁石堂、厥土、赤石，仅可为匣、模，工而杂之以成器，则皆败恶不良，无取焉。攸山、山槎灰之制硇者取之，而制之之法，则石垩炼灰，杂以槎叶木柿，火而毁之，必剂以岭背硇泥，而后可用，或覆仰烧焉。陶工、匣工、土工之有其局，利坯、车坯、硇坯之有其法，印花、画花、雕花之有其技，秩然规制，名不相紊。

窑有尺籍，私之者刑。硇有三色，冒之者罚。凡利于官者，一涉欺瞒，则牙商、担夫，一例坐罪，其周防可谓密矣。

夫何昔之课赋优裕，而今之事于此者，常怀不足之虑也？宪之头子，

---

① "窑"下一字，从校本补作"主"。下文几处以符号"□"标示者，意即底本此字残泐，以"（）"标示者，意即从校本所补之字，不再一一出校记。

泉之率分，统制之供给，经总之移用。州之月桩、支使、醋息、镇之吏俸、孤遗、作匠，总费月钱几三千余缗。而春秋军旅、圣节、郊祀、赏赉、试闱、结茸，犹不与此，通融计之，月需百十五缗。则权官可以逭责，反是则谴至矣。

予观数十年来官斯去者，无不有州家挂欠之籍。盖尝推求其故，则有由矣。窑家作辍，与时年丰凶，相为表里，一也。临川、建阳、南丰，他产有所夺，二也。上司限期，稍不如约，则牙校踵门，以相蠹蚀，三也。狱失其校，权官散分，迩来猾商狡侩，无所惮布，四也。土居之吏，牢植不拔，殆有汉人仓、库氏之风，五也。官之懵者，吏掣其肘，一有强明自任，则吏结豪驵之民，诡辞上官，必使惩之，更而后已。官不少察，事势轻矣。此重可为太息者也。

尝记《容斋随笔》载，昔之守令，不事陶器，父老所传，仅二人焉。呜呼！何潦绝耶？《容斋》所记，可以尽信否耶？何今未有继也？又闻镇之巨商，今不如意者十八九，官之利羡，乃有倍簁之亏，时耶？山川脉络，不能静于焚毁之余，而土风日以荡耶。"一里窑，五里焦"之谚语，其龟鉴矣！或者谓，博易之务废矣，窑巡之职罢矣，今之不可复古矣。然河滨之陶，昔人为盛德所感，故器不苦窳。庸讵知今日董陶之器，不可以复古耶？是又非予所得而知也。

古窑器论

[明]曹昭

【题解】

《古窑器论》,选自《格古要论》卷下。《格古要论》,明曹昭撰。昭,字明仲,江苏松江人,生活于元末明初。曹昭自幼跟随父亲鉴赏古物书画、琴砚彝鼎,悉心钻研,在洪武二十年(1387)撰成《格古要论》三卷,对书画法帖、古砚古琴、陶瓷漆器等,述其源流本末,析其真赝优劣,成为我国现存最早的文物鉴定类文献。天顺三年(1459),王佐增补《格古要论》为十三卷,题作《新增格古要论》。

《格古要论》卷下有古窑器、古漆器、锦绮、异木、异石五论。《古窑器论》对五代以来的柴窑、汝窑、董窑等十余种窑器进行了特征、真伪的品评与分析,虽然意在为当时的陶瓷收藏家提供参考,但也同时为今人保存了宝贵史料。更为难得的是,它也是自隋唐时期"南青北白"格局形成后,较早记载两宋前后诸多窑器史料的重要文献。

三卷本《格古要论》,今传有《夷门广牍》本和《四库全书》本两种。前者刊刻于明万历二十六年(1598),后者较为流行易得。今以《四库全书》本《格古要论》为底本,对卷下《古窑器论》点校整理。

柴 窑

　　出北地，世传柴世宗时烧者，故谓之柴窑。天青色，滋润细媚，有细纹，多足，粗黄土，近世少见。

汝 窑

　　出北地，宋时烧者，淡青色。有蟹爪纹者真，无纹者尤好，土脉滋媚，薄甚亦难得。

官 窑

　　宋修内司烧者，土脉细润，色青，带粉红，浓淡不一，有蟹爪纹，紫口、铁足，色好者与汝窑相类。有黑土者谓之乌泥窑，伪者皆龙泉烧者，无纹路。

董 窑

　　淡青色，细纹多，亦有紫口、铁足。比官窑，无红色，质粗而不细润，不逮官窑多矣，今亦少。

哥 窑

　　旧哥窑，色青，浓淡不一，亦有铁足紫口，色好者类董窑，今亦少有成群队者。元末新烧者，土脉粗燥，色亦不好。

象窑

有蟹爪纹,色白而滋润者高,色黄而质粗者低,俱不甚直钱。

高丽窑

古高丽窑器皿,色粉青,与龙泉窑相类。上有白花朵儿者,不甚直钱。

古定器

古定器,土脉细,色白而滋润者贵,质粗而色黄者价低。外有泪痕者是真,划花者最佳,素者亦好,绣花者次之。宣和、政和间窑最好,但艰得成群队者。有紫定,色紫;有墨定,色黑如漆。土俱白,其价高如白定,俱出定州。东坡诗云:"定州花瓷琢红玉。"凡窑器茅、篾、骨出者,价轻。损曰茅,路曰篾,无油水曰骨出,此卖骨董市语也。

吉州窑

其色与紫定相类,体厚而质粗,系吉州烧者,不甚直钱。

古磁器

好者与定相类,但无泪痕,亦有划花、绣花。素者价低于定器,新者不足论。

古建窑

建碗盏多是鳖口,色黑而滋润,有黄兔毫、斑滴珠大者真,但体极厚,俗甚少见薄者。

古龙泉窑

古青器,土脉细且薄,翠青色者贵,粉青色者低。有一等盆底双鱼,盆口有铜掇环,体厚者不甚佳。

古饶器

御土窑者,体薄而润最好。有素折腰样毛口者,体虽厚,色白且润尤佳,其价低于定。元朝烧小足印花者,内有枢府字者高。新烧者足大,素者欠润,有青色及五色花者,且俗甚矣。

霍 器

出霍州,元朝刺金匠彭君宝效古定制,折腰样者,甚整齐,故曰彭窑。土脉细白者,与定相似,皆滑口,欠滋润,极脆,不甚直钱。卖骨董者称为新定器,好事者以重价收之,尤为可笑。

大食窑

以铜作身,用药烧成五色花者,与拂郎嵌相似。尝见香炉、花瓶、合儿盏子之类,但可妇人闺阁中用,非士夫文房清玩也。又谓之鬼国窑。

古无器皿

　　古人吃茶汤俱用甆，取其易干不留津。饮酒用盏，未尝把盏，故无劝盘。今所见定劝盘，乃古之洗。古人用汤瓶、酒注，不用胡瓶，及有觜折盂。茶钟台盘，此皆外国所用者。中国始于元朝，汝、定、官窑，俱无此器。

陶　埏

[明]宋应星

【题解】

《陶埏》，选自《天工开物》卷中。《天工开物》，明宋应星撰。应星，字长庚，江西奉新人，生活于明朝末年。崇祯十一年（1638）时，曾在福建汀州府做过推官，掌管一府刑狱。崇祯十七年（1644）初，宋应星辞官回到奉新；三月，李自成大军攻占京师，明朝灭亡；四月，清兵入关，建都北京。南明政权建立后，宋应星辞拒不出仕，隐居在乡，以著述为业，直至终老。

《天工开物》是宋应星最主要的代表作，所记内容涉及我国古代农业、手工业一百多种生产技术经验和工具机械，如砖瓦、陶瓷、硫磺、兵器、火药、纺织、染色、制盐、采煤、榨油等。在内容编排上，分成三卷十八篇，以"贵五谷而贱金玉"（出《序》）为原则，将农业相关的内容放在前半部分，然后是古代手工业方面的内容，最后安排了珠玉相关的内容，体现了宋应星重农业、重实践的思想。书名取意"天工人其代之"（出《尚书》）及"开物成务"（出《易·系辞》），注重人类与自然的和谐共生，强调人力与自然力的配合，具有朴素的唯物主义自然观。《天工开物》既是我国明朝中叶以前各项技术的分类记载，也是世界上第一部关于农业和手工业生产的综合性著作。

卷中《陶埏》篇，主要介绍古代陶瓷生产的相关情况。"陶埏"一词，出自《荀子》"陶人埏埴而为器"句，埏埴就是揉黏土的意思。《陶埏》篇分"瓦""砖""罂瓮""白瓷"四类，另附青瓷、窑变和回青，介绍了我国古代烧制砖瓦、缸瓮和其他陶瓷器的情况，以及砖瓦、陶瓷器的各类主要用途。

崇祯十年（1637）时，《天工开物》由涂绍煃资助，首次雕版印刷。近四百年来，该书不仅传到日本、法国、英国等，还被翻译成十几种语言，流传于世界各地，被誉为中国17世纪的工艺百科全书。《天工开物》中的农业实践经验，有力地促进了许多国家特别是欧洲地区农业技术的进步。达尔文也将书中有关我国古代的养蚕技术作为人工选择与人工变异的一个例证。

今以明崇祯十年涂绍煃刊本《天工开物》为底本，对卷中《陶埏》点校整理。

宋子曰：水火既济而土合。万室之国，日勤千人而不足，民用亦繁矣哉。上栋下室，以避风雨，而瓴建焉。王公设险，以守其国，而城垣雉堞，寇来不可上矣。泥瓮坚而醴酒欲清，瓦登洁而醯醢以荐。商周之际，俎豆以木为之，毋亦质重之思耶？后世方土效灵，人工表异，陶成雅器，有素肌、玉骨之象焉。掩映几筵，文明可掬，岂终固哉？

瓦

凡埏泥造瓦，掘地二尺余，择取无沙黏土而为之。百里之内，必产合用土色，供人居室之用。凡民居瓦形，皆四合分片。先以圆桶为模骨，外画四条界。调践熟泥，叠成高长方条。然后用铁线弦弓，线上空三分，以尺限定，向泥不平戛一片，似揭纸而起，周包圆桶之上。待其稍干，脱模而出，自然裂为四片。

凡瓦大小，苦无定式，大者纵横八九寸，小者缩十之三。室宇合沟中，则必需其最大者，名曰沟瓦，能承受淫雨不溢漏也。

凡坯既成，干燥之后，则堆积窑中，燃薪举火。或一昼夜，或二昼夜，视陶中多少为熄火久暂。浇水转锈，音右。与造砖同法。其垂于檐端者有滴水，下于脊沿者有云瓦，瓦掩覆脊者有抱同，镇脊两头者有鸟兽诸形象，皆人工逐一做成，载于窑内，受水火而成器则一也。

若皇家宫殿所用，大异于是。其制为琉璃瓦者，或为板片，或为宛筒。以圆竹与斫木为模，逐片成造。其土必取于太平府，舟运三千里方达京师。参沙之伪，雇役、舣舡之扰，害不可极。即承天皇陵，亦取于此，无人议正。造成，先装入琉璃窑内，每柴五千斤，烧瓦百片。取出，成色，以无名异、棕榈毛等煎汁涂染成绿黛，赭石、松香、蒲草等涂染成黄。再入别窑，减杀薪火，逼成琉璃宝色。外省亲王殿与仙佛宫观，间亦为之，但色料各有譬合，采取不必尽同，民居则有禁也。

砖

凡埏泥造砖，亦掘地验辨土色，或蓝或白，或红或黄，闽、广多红泥，蓝者名善泥,江、浙居多。皆以黏而不散、粉而不沙者为上。汲水滋土,人逐数牛错趾,踏成稠泥,然后填满木匡之中,铁线弓戛平其面,而成坯形。

凡郡邑城雉、民居垣墙所用者,有眠砖、侧砖两色。眠砖方长条砌,城郭与民人饶富家,不惜工费,直叠而上。民居算计者,则一眠之上,施侧砖一路,填土砾其中以实之,盖省啬之义也。凡墙砖而外,墁地者名曰方墁砖。榱桷上用以承瓦者,曰楦板砖。圆鞠小桥梁与圭门、与窀穸墓穴者,曰刀砖,又曰鞠砖。凡刀砖削狭一偏面,相靠挤紧,上砌成圆,车马践压,不能损陷。

造方墁砖,泥入方匡中,平板盖面,两人足立其上,研转而坚固之,烧成效用。石工磨斫四沿,然后墁地。刀砖之直,视墙砖稍溢一分。楦板砖,则积十以当墙砖之一。方墁砖则一以敌墙砖之十也。

凡砖成坯之后,装入窑中。所装百钧,则火力一昼夜;二百钧,则倍时而足。凡烧砖有柴薪窑,有煤炭窑。用薪者,出火成青黑色。用煤者,出火成白色。凡柴薪窑巅上偏侧,凿三孔,以出烟。火足止薪之候,泥固塞其孔,然后使水转锈。凡火候少一两,则锈色不光。少三两,则名嫩火砖,本色杂现,他日经霜冒雪,则立成解散,仍还土质。火候多一两,则砖面有裂纹;多三两,则砖形缩小拆裂,屈曲不伸,击之如碎铁然,不适于用。巧用者以之埋藏土内为墙脚,则亦有砖之用也。凡观火候,从窑门透视内壁,土受火精,形神摇荡,若金银熔化之极然,陶长辨之。

凡转锈之法,窑巅作一平田样,四围稍弦起,灌水。其土砖瓦百钧,用水四十石。水神透入土膜之下,与火意相感而成。水火既济,其质千秋矣。若煤炭窑视柴窑,深欲倍之,其上圆鞠渐小,并不封顶。其内以煤造成尺五径阔饼,每煤一层,隔砖一层,苇薪垫地发火。

若皇居所用砖,其大者厂在临清,工部分司主之。初名色有副砖、券砖、平身砖、望板砖、斧刃砖、方砖之类,后革去半。运至京师,每漕舫搭四十块,民舟半之。又细料方砖,以墁正殿者,则由苏州造解。其琉璃砖色料,已载《瓦》款。取薪台基厂,烧由黑窑云。

罂 瓮

凡陶家为缶属,其类百千。大者缸瓮,中者钵盂,小者瓶罐,款制各从方土，悉数之不能。造此者，必为圆而不方之器。试土寻泥之后，仍制陶车旋盘。工夫精熟者，视器大小掐泥，不甚增多少，两人扶泥旋转，一捏而就。其朝廷所用龙凤缸窑在真定、曲阳与扬州仪真。与南直花缸，则厚积其泥，以俟雕镂。作法全不相同，故其直或百倍，或五十倍也。

凡罂缶有耳嘴者，皆另为合上，以锈水涂粘。陶器皆有底，无底者则陕以西，炊甑用瓦不用木也。凡诸陶器，精者中外皆过锈，粗者或锈其半体。惟沙盆、齿钵之类，其中不锈，存其粗涩，以受研擂之功。沙锅、沙罐不锈，利于透火性，以熟烹也。

凡锈质料，随地而生，江、浙、闽、广用者，蕨蓝草一味。其草乃居民供灶之薪，长不过三尺，枝叶似杉木，勒而不棘人。其名数十，各地不同。陶家取来燃灰，布袋灌水澄滤，去其粗者，取其绝细。每灰二碗，参以红土泥水一碗，搅令极匀，蘸涂坯上，烧出自成光色。北方未详用何物。苏州黄罐锈，亦别有料。惟上用龙凤器，则仍用松香与无名异也。

凡瓶窑烧小器，缸窑烧大器。山西、浙江省各分缸窑、瓶窑，余省则合一处为之。凡造敞口缸，旋成两截，接合处以木椎内外打紧匝口，坛瓮亦两截，接内不便用椎，预于别窑烧成瓦圈，如金刚圈形，托印其内，外以木椎打紧，土性自合。

凡缸、瓶窑不于平地，必于斜阜山冈之上，延长者或二三十丈，短者亦十余丈，连接为数十窑，皆一窑高一级。盖依傍山势，所以驱流水湿滋之患，而火气又循级透上。其数十方成陶者，其中若无重值物，合并众力众资而为之也。其窑鞠成之后，上铺覆以绝细土，厚三寸许。窑隔五尺许，则透烟窗，窑门两边相向而开。装物以至小器，装载头一低窑，绝大缸瓮装在最末尾高窑。发火先从头一低窑起，两人对面交看火色。大抵陶器一百三十斤，费薪百斤。火候足时，掩闭其门，然后次发第二火，以次结竟至尾云。

白瓷 附 青瓷

凡白土曰垩土，为陶家精美器用。中国出惟五六处，北则真定定州、平凉华亭、太原平定、开封禹州，南则泉郡德化，土出永定，窑在德化。徽郡婺源、祁门。他处白土陶范不粘，或以扫壁为墁。德化窑惟以烧造瓷仙、精巧人物、玩器，不适实用。真、开等郡瓷窑所出，色或黄滞无宝光。合并数郡，不敌江西饶郡产。浙省处州丽水、龙泉两邑，烧造过锈杯、碗，青黑如漆，名曰处窑。宋、元时龙泉华琉山下，有章氏造窑，出款贵重，古董行所谓哥窑器者即此。

若夫中华四裔、驰名猎取者，皆饶郡浮梁景德镇之产也。此镇从古及今，为烧器地，然不产白土。土出婺源、祁门两山：一名高梁山，出粳米土，其性坚硬；一名开化山，出糯米土，其性粢软。两土和合，瓷器方成。其土作成方块，小舟运至镇，造器者将两土等分，入臼春一日，然后入缸水澄。其上浮者为细料，倾跌过一缸，其下沉底者为粗料。细料缸中再取上浮者，倾过为最细料，沉底者为中料。既澄之后，以砖砌方长塘，逼靠火窑，以借火力。倾所澄之泥于中吸干，然后重用清水调和造坯。

凡造瓷坯有两种，一曰印器，如方圆不等瓶、瓮、炉、合之类；御器，则有瓷屏风、烛台之类。先以黄泥塑成模印，或两破，或两截，亦或囫囵。然后埏白泥印成，以锈水涂合其缝，烧出时自圆成无隙。一曰圆器，凡大小亿万杯、盘之类，乃生人日用必需。造者居十九，而印器则十一。造此器坯，先制陶车。车竖直木一根，埋三尺入土内，使之安稳。上高二尺许，上下列圆盘，盘沿以短竹棍拨运旋转。盘顶正中，用檀木刻成盔头冒其上。

凡造杯、盘，无有定形模式，以两手棒泥盔冒之上，旋盘使转。拇指剪去甲，按定泥底，就大指薄旋而上，即成一杯碗之形。初学者任从作费，破坯取泥再造。功多业熟，即千万如出一范。凡盔冒上造小坯者，不必加泥，造中盘、大碗，则增泥大其冒，使干燥而后受功。凡手指旋成坯后，覆转用盔冒一印，微晒留滋润，又一印，晒成极白干，入水一汶，漉上盔冒，过利刀二次。过刀时手脉微振，烧出即成雀口。然后补整碎缺，就车上旋转打圈。圈后或画或书字，画后喷水数口，然后过锈。

凡为碎器，与千钟粟、与褐色杯等，不用青料。欲为碎器，利刀过后，日晒极热，入清水一蘸而起，烧出自成裂文。千钟粟则锈浆捷点，褐色则老茶叶煎水一抹也。古碎器，日本国极珍重，真者不惜千金。古香炉碎器不知何代造，底有铁钉，其钉掩光色不锈。

凡饶镇白瓷锈，用小港嘴泥浆和桃竹叶灰调成，似清泔汁，泉郡瓷仙用松毛水调泥浆，处郡青瓷锈未详所出。盛于缸内。凡诸器过锈，先荡其内，外边用指一蘸涂弦，自然流遍。凡画碗青料，总一味无名异。漆匠煎油，亦用以收火色。此物不生深土，浮生地面，深者堀下三尺即止，各省直皆有之。亦辨认上料、中料、下料，用时先将炭火丛红煅过。上者出火成翠毛色，中者微青，下者近土褐。上者每斤煅出只得七两，中下者以次缩减。如上品细料器及御器龙凤等，皆以上料画成，故其价每石值银二十四两，中者半之，下者则十之三而已。

凡饶镇所用，以衢、信两郡山中者为上料，名曰浙料。上高诸邑者为中，丰城诸处者为下也。凡使料煅过之后，以乳钵极研，其钵底留粗，不转锈。然后调画水，调研时色如皂，入火则成青碧色。凡将碎器为紫霞色杯者，用胭脂打湿，将铁线纽一兜络，盛碎器其中，炭火炙热，然后以湿胭脂一抹即成。凡宣红器，乃烧成之后出火，另施工巧微炙而成者，非世上朱砂能留红质于火内也。宣红元末已失传，正德中历试复造出。

凡瓷器经画过锈之后，装入匣钵。装时手拿微重，后日烧出即成坳口，不复周正。钵以粗泥造，其中一泥饼托一器，底空处以沙实之。大器一匣装一个，小器十余共一匣钵。钵佳者装烧十余度，劣者一二次即坏。凡匣钵装器入窑，然后举火。其窑上空十二圆眼，名曰天窗。火以十二时辰为足。先发门火十个时，火力从下攻上，然后天窗掷柴烧两时，火力从上透下。器在火中，其软如棉絮，以铁叉取一，以验火候之足。辨认真足，然后绝薪止火。共计一杯工力，过手七十二，方克成器。其中微细节目，尚不能尽也。

附　窑变　回青

正德中，内使监造御器。时宣红失传不成，身家俱丧。一人跃入自焚，托梦他人造出，竟传窑变，好异者遂妄传烧出鹿、象诸异物也。

又，回青，乃西域大青美者，亦名佛头青。上料无名异出火似之，非大青能入洪炉存本色也。

|陶埏| 017

| 陶 埏 | 021

022 | 古代陶瓷文献选辑

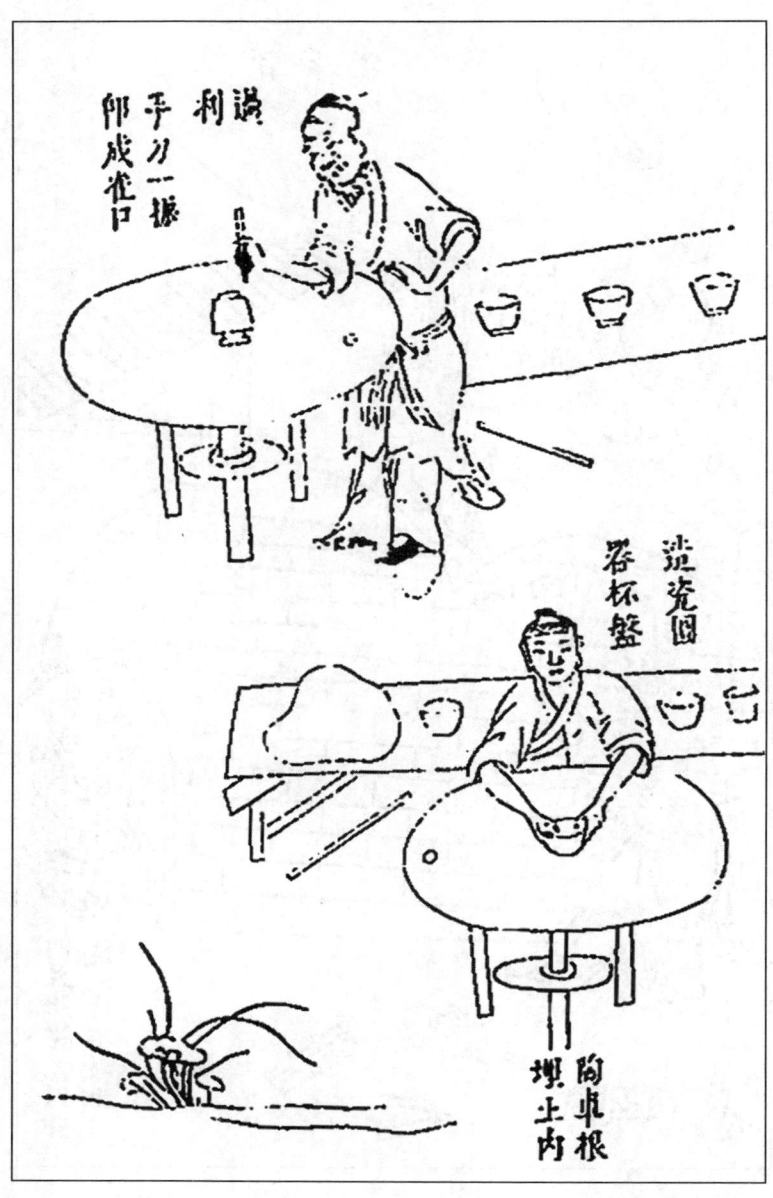

|陶埏|027

| 陶 埏 | 029

阳羡茗壶系

[明]周高起

【题解】

《阳羡茗壶系》，一卷，明周高起著。高起，字伯高，江苏江阴人，生活于明朝末期。据康熙《江阴县志》记载，周高起少时聪慧，博闻强识，喜聚书而读，颇工古文辞。崇祯十一年（1638）时，与徐遵汤共同编纂了《江阴县志》八卷，甚有佳名。顺治二年（1645）时，遭遇兵变，抱书而逃，后遇害。

《阳羡茗壶系》一书编撰于崇祯十三年（1640）前后，是现存最早一部介绍宜兴紫砂技艺的著作，也是第一部真正意义上的陶瓷专著。正文分创始、正始、大家、名家、雅流、神品、别派，陈述各品类制壶家及其风格，点缀以泥品特性、用壶品茗之事，语言清雅，与明代文人赏玩格物之风相衬。文末还附有自作诗二首、林茂之和俞仲茅诗各一首，描绘了当时文人士大夫间的唱和赏玩之事，也记载了周高起本人因仕途不畅，而寄情于茶陶词赋的故实。

在明朝中后期，经世致用、格物致知的实学思潮逐渐兴起，传统的"士无实学"思想被批判，部分颇有贤明的文人士大夫开始将关注点，从过去的"形而上之道"转变为"形而下之器"，注重现实生活中的实践性，以及对实践经验的总结。《天工开物》《农政全书》的出现，即是这种转变的代表。《阳羡茗壶系》即产生于这样的背景之下，重实践，重品系，却又记述了实践经验。同时，它与《天工开物》卷中《陶埏》不同，它是独立成书。这也是它被誉为第一部真正意义上的陶瓷专著的原因。

周高起编纂此书时，"紫砂"之名尚未风起，而仍称作"陶土"，属于传统的陶瓷技艺之一。不过，在明代中后期，紫砂茶器制作样式、艺人派别以及相应的收藏鉴赏，早已繁盛，精品迭出。这在背景上，也与明代中后期的鉴赏收藏之风相吻合，也能从正文中感受到。传统的紫砂技艺，已经从品鉴定位、市场规模等方面，愈发显示出即将独立的可能性。因此，《阳羡茗壶系》的出现,包括对矿山、泥品的归类分析,既有总结价值,也有启蒙意义。

《阳羡茗壶系》传本较多,其中以清王晫、张潮辑纂的《檀几丛书》本(康熙三十四年霞举堂刊)所收为佳,今即以之为底本,点校整理。

壶于茶具，用处一耳，而瑞草名泉，性情攸寄，实仙子之洞天福地，梵王之香海莲邦。审厥尚焉，非曰好事已也。故茶至明代，不复碾屑和香药制团饼，此已远过古人。近百年中，壶黜银锡及闽豫瓷，而尚宜兴陶，又近人远过前人处也。陶曷取诸？取诸其制。以本山土砂，能发真茶之色香味，不但杜工部云"倾金注玉惊人眼"，高流务以免俗也。至名手所作，一壶重不数两，价重每一二十金，能使土与黄金争价。世日趋华，抑足慨矣。因考陶工、陶土而为之系。

创 始

金沙寺僧，久而逸其名矣。闻之陶家云，僧闲静有致，习与陶缸瓮者处，抟其细土，加以澄炼，捏筑为胎，规而圆之，刳使中空，踵传口、柄、盖、的，附陶穴烧成，人遂传用。

正 始

供春，学宪吴颐山公青衣也。颐山读书金沙寺中，供春于给役之暇，窃仿老僧心匠，亦淘细土抟胚，茶匙穴中，指掠内外，指螺文隐起可按，胎必累按，故腹半尚现节腠，视以辨真。今传世者，栗色暗暗，如古金铁，敦庞周正，允称神明垂则矣。世以其孙龚姓，亦书为龚春。人皆证为龚。予于吴同卿家见时大彬所仿，则刻"供春"二字，足折聚讼云。

董翰，号后溪，始造菱花式，已殚工巧。

赵梁，多提梁式，亦有传为名良者。

玄锡。

时朋，即大彬父，是为四名家。万历间人，皆供春之后劲也，董文巧而三家多古拙。

李茂林，行四，名养心。制小圆式，妍在朴致中，允属名玩。

自此以往，壶乃另作瓦缶，囊闭入陶穴。故前此名壶，不免沾缸坛油泪。

大　家

时大彬，号少山。或淘土，或杂碙砂土，诸款具足，诸土色亦具足，不务妍媚，而朴雅坚栗，妙不可思。初自仿供春得手，喜作大壶。后游娄东，闻陈眉公与琅琊、太原诸公品茶施茶之论，乃作小壶。几案有一具，生人闲远之思，前后诸名家并不能及，遂于陶人标大雅之遗，擅空群之目矣。

名　家

李仲芳，行大，茂林子，及时大彬门，为高足第一，制度渐趋文巧，其父督以敦古。仲芳尝手一壶，视其父曰："老兄，这个何如？"俗因呼其所作为"老兄壶"。后入金坛，卒以文巧相竞。今世所传大彬壶，亦有仲芳作之，大彬见赏而自署款识者。时人语曰："李大瓶，时大名。"

徐友泉，名士衡，故非陶人也。其父好时大彬壶，延致家塾。一日，强大彬作泥牛为戏，不即从，友泉夺其壶土出门去。适见树下眠牛将起，尚屈一足，注视捏塑，曲尽厥状。携以视大彬，一见惊叹，曰："如子智能，异日必出吾上。"因学为壶。变化式土，仿古尊罍诸器，配合土色所宜，毕智穷工，移人心目。予尝博考厥制，有汉方、扁觯、小云雷、提梁卣、蕉叶、莲方、菱花、鹅蛋、分裆、索耳、美人、垂莲、大顶莲、一回角、六子诸款。泥色有海棠红、朱砂紫、定窑白、冷金黄、淡墨、沉香、水碧、榴皮、葵黄、闪色、梨皮诸名。种种变异，妙出心裁。然晚年恒自叹曰："吾之精，终不及时之粗。"

雅　流

欧正春，多规花卉果物，式度精妍。
邵文金，仿时大汉方，独绝，今尚寿。
邵文银。

蒋伯䔲,名时英。四人并大彬弟子。蒋后客于吴,陈眉公为改其字之"敷"为"䔲",因附高流。讳言本业,然其所作,坚致不俗也。

陈用卿,与时(英)同工,而年伎俱后。负力尚气,尝挂吏议,在缧绁中,俗名陈三獃子。式尚工致,如莲子、汤婆、钵盂、圆珠诸制,不规而圆,已极妍饬。款仿钟太傅帖意,落墨拙,落刀工。

陈信卿,仿时、李诸传器具,有优孟叔敖处,故非用卿族。品其所作,虽丰美逊之,而坚瘦工整,雅自不群。貌寝意率,自夸洪饮,逐贵游间,不务壹志尽技,间多伺弟子造成,修削署款而已。所谓心计转粗,不复唱《渭城》时也。

闵鲁生,名贤,制仿诸家,渐入佳境。人颇醇谨,见传器则虚心企拟,不惮改。为伎也,进乎道矣。

陈光甫,仿供春、时大为入室。天夺其能,早眚一目,相视口、的,不极端致,然经其手摹,亦具体而微矣。

神 品

陈仲美,婺源人,初造瓷于景德镇,以业之者多,不足成其名,弃之而来。好配壶土,意造诸玩,如香盒、花杯、狻猊炉、辟邪、镇纸,重镂叠刻,细极鬼工。壶像花果,缀以草虫,或龙戏海涛,伸爪出目。至塑大士像,庄严慈悯,神采欲生,璎珞花鬘,不可思议。智兼龙眠、道子,心思殚竭,以夭天年。

沈君用,名士良,踵仲美之智,而妍巧悉敌。壶式上接欧正春一派,至尚象诸物,制为器用,不尚正方圆,而笋缝不苟丝发。配土之妙,色象天错,金石同坚。自幼知名,人呼之曰"沈多梳",宜兴垂髫之称。巧殚厥心,亦以甲申四月夭。

别 派

诸人见汪大心《叶语附记》中。休宁人,字体兹,号古灵。

邵盖、周后溪、邵二孙,并万历间人。

陈俊卿,亦时大彬弟子。

周季山、陈和之、陈挺生、承云从、沈君盛,善仿友泉、君用,并天启、崇祯间人。

陈辰,字共之,工镌壶款,近人多假手焉,亦陶家之中书君也。

镌壶款识,即时大彬初倩能书者落墨,用竹刀画之,或以印记。后竟运刀成字,书法闲雅,在《黄庭》《乐毅》帖间,人不能仿,赏鉴家用以为别。次则李仲芳,亦合书法。若李茂林,朱书号记而已。仲芳亦时代大彬刻款,手法自逊。

规仿名壶曰"临",比于书画家入门时。

陶肆谣曰"壶家妙手称三大",谓时大彬、李大仲芳、徐大友泉也。予为转一语曰:"明代良陶让一时,独尊大彬。"固自匪佞。

相传壶土初出用时,先有异僧经行村落,日呼曰:"卖富贵土!"人群嗤之。僧曰:"贵不要买,买富何如?"因引村叟,指山中产土之穴,去。及发之,果备五色,烂若披锦。

嫩泥,出赵庄山,以和一切色土①,乃粘脂可筑,盖陶壶之丞弼也。

石黄泥,出赵庄山,即未触风日之石骨也,陶之乃变朱砂色。

天青泥,出蠡墅,陶之变黯肝色。又其夹支,有梨皮泥,陶现梨冻色;淡红泥,陶现松花色;浅黄泥,陶现豆碧色;蜜□泥,陶现轻赭色;梨皮和白砂,陶现淡墨色。山灵腠络,陶冶变化,尚露种种光怪云。

老泥,出团山,陶则白砂星星,按若珠琲,以天青、石黄和之,成浅深古色。

白泥,出大潮山,陶瓶盎缸缶用之,此山未经发用,载自吾乡白石山。江阴秦望山之东北支峰。

出土诸山,其穴往往善徙,有素产于此,忽又他穴得之者,实山灵有以司之,然皆矻入数十丈乃得。

造壶之家,各穴门外一方地,取色土筛捣,部署讫,弇窖其中,名曰"养土"。取用配合,各有心法,秘不相授。壶成幽之,以候极燥,乃以陶瓮庋五六器,封闭不隙,始鲜欠、裂、射、油之患。过火则老,老,不美观;欠火则稚,稚,沙土气。若窑有变相,匪夷所思,倾汤贮茶,云霞绮闪,直是神之所为,亿千或一见耳。

陶穴环蜀山,山原名独。东坡先生乞居阳羡时,以似蜀中风景,改名

---

① 土,底本误作"上",兹据文意径改。

此山也。祠祀先生于山椒,陶烟飞染,祠宇尽墨。按《尔雅·释山》云:"独者,蜀。"则先生之锐改厥名,不徒桑梓殷怀,抑亦考古自喜云尔。

壶供真茶,正在新泉活火,旋瀹旋啜,以尽色、声、香、味之蕴。故壶宜小不宜大,宜浅不宜深,壶盖宜盎不宜砥。汤力茗香,俾得团结氤氲。宜倾渴即涤,去厥淳泽。乃俗夫强作解事,谓时壶质地坚洁,注茶越宿,暑月不馊。不知越数刻而茶败矣,安俟越宿哉?况真茶如尊脂,采即宜羹,如笋味,触风随劣。悠悠之论,俗不可医。

壶入用久,涤拭日加,自发暗然之光,入手可鉴,此为书房雅供。若腻滓斓斑,油光烁烁,是曰"和尚光",最为贱相。每见好事家藏列颇多名制,而爱护垢染,舒袖摩挲,惟恐拭去,曰:"吾以宝其旧色尔。"不知西子蒙不洁,堪充下陈否耶?以注真茶,是亵姑射山之神人,安置烟瘴地面矣,岂不舛哉?

壶之土色,自供春而下,及时大初年,皆细土淡墨色,上有银沙闪点。迨碙砂和制,穀绉周身,珠粒隐隐,更自夺目。

或问予:"以声论茶,是有说乎?"予曰:"竹炉幽讨,松火怒飞,蟹眼徐窥,鲸波乍起,耳根圆通,为不远矣。然炉头风雨声,铜瓶易作,不免汤腥,砂铫亦嫌土气,惟纯锡为五金之母,以制茶铫,能益水德,沸亦声清。白金尤妙,第非山林所办尔。"

壶宿杂气,满贮沸汤,倾即没冷水中,亦急出水写之,元气复矣。

品茶用瓯①,白瓷为良,所谓"素瓷传静夜,芳气满闲轩"也。制宜弇口邃肠,色浮浮而香味不散。

茶洗,式如扁壶,中加一盎鬲而细窍其底,便过水漉沙。茶藏,以闭洗过茶者,仲美、君用各有奇制,皆壶史之从事也。水勺、汤铫,亦有制之尽美者,要以椰匏锡器,为用之恒。

附

过吴迪美朱萼堂看壶歌兼呈贰公

新夏新晴新绿焕,茶式初开花信乱。羁愁共语赖吴郎,曲巷通人每相唤。

---

① 瓯,底本误作"欧",兹据文意径改。

伊予真气合奇怀，闲中今古资评断。荆南土俗雅尚陶，茗壶奔走天下半。

吴郎鉴器有渊心，曾听壶工能事判。源流裁别字字矜，收贮将同彝鼎玩。

再三请出豁双眸，今朝乃许花前看。高槃捧列朱尊堂，匣未开时先置赞。

卷袖摩挲笑向人，次第标题陈几案。每壶署以古茶星，科使前贤参静观。

指摇盖作金石声，款识称堪法书按。某为壶祖某云孙，形制敦庞古光灿。

长桥陶肆纷新奇，心眼欿歔多暗换。寂寞无言意共深，人知俗手真风散。

始信黄金瓦价高，作者展也天工窜。技道曾何彼此分，空堂日晚滋三叹。

供春、大彬诸名壶，价高不易办。予但别其真而旁搜残缺于好事家，用自怡悦，诗以解嘲

阳羡名壶集，周郎不弃瑕。尚陶延古意，排闷仰真茶。燕市曾酬骏，齐师亦载车。也知无用用，携对欲残花。吴迪美曰："用涓人买骏骨、孙膑刖足事，以喻残壶之好，伯高乃真赏鉴家，风雅又不必言矣。"

附

林茂之《陶宝肖像歌》为冯本卿金吾作

昔贤制器巧含朴，规放尊壶从古博。我明龚春时大彬，量齐水火抟埴作。

作者已往嗟滥觞，有循月令仲冬良。荆溪陶正司陶复，泥沙贵重如珩璜。

世间茶具称为首，玩赏揩摩在人手。粉锡型模莫与争，素磁斟酌长相偶。

义取炎凉无变更，能使茶汤气永清。动则禁持慎捧执，久且色泽生光明。

近闻复有友泉子，雅式精工仍继美。尝教春茗注山泉，不比瓶罍罄时耻。

以兹珍赏向东吴，胜却方平众玉壶。癖好收藏阮光禄，割爱举赠冯金吾。

金吾得之喜绝倒，写图锡名曰陶宝。一时咏赞如勒铭，直似千年鼎彝好。

附

俞仲茅《赠冯本卿都护陶宝肖像歌》

何人霾向陶家侧，千年化作土赭色。救来捣治水火齐，去声。义兴好手夸埏埴。

春涛沸后春旗濡，彭亨豕腹正所须。吴儿宝若金服匿，贪缘先入步兵厨。

于今东海小冯君，清赏风流天下闻。主人会意却投赠，胜以长句缥缃文。

陈君雅欲酣茗战，得此摩挲日千遍。尺幅鹅溪缀剡藤，更教摩诘开生面。图为王宏卿一时所写。

一时佳话倾璠玙，堪备他年斑管书。月笋冯园名。即今书画舫，砚山同伴玉蟾蜍。

高子论窑器

[明]高濂

【题解】

《高子论窑器》，选自《遵生八笺》之《燕闲清赏笺》，位于卷十四，共包括《高子论官歌窑器》《高子论定窑》《高子论诸品窑器》《高子论饶器今古窑造》四篇。今取其总义，汇为一篇，重新拟名作《高子论窑器》。

《遵生八笺》，明高濂撰。濂，字深甫，号瑞南道人，浙江钱塘（今浙江杭州）人，主要生活在万历年间；前生在京任官，晚年隐居杭州西湖，以诗文收藏、莳草唱戏为乐，兼传医道。《遵生八笺》共十九卷，分作《清修妙论笺》《四时调摄笺》《起居安乐笺》《饮馔服食笺》《延年却病笺》《燕闲清赏笺》《灵秘丹药笺》《尘外遐举笺》八笺，广征博引，采摭宏富，记述了四时调摄、饮食起居、气功导引、延年祛病、山川逸游、灵丹秘药、文玩欣赏、调养身心等养生之道，文笔隽永，意趣高雅，涵盖了儒、释、道，被尊为我国古代养生学的集大成之作。

《高子论窑器》四篇，出自《燕闲清赏笺》。该笺重在叙说文人书斋雅玩的各类事物，共约八十个条目，涉及铜器、铜印、瓷器、古书、法帖、玉器、漆器、画、砚、墨、纸、笔、香、琴、鹤等，记录了明代文人生活审美的不同趣味。其中的"瓷器"即是本次要整理的内容，涉及哥窑、定窑等不同窑口的瓷器的不同特点、藏品风格、把玩感受等内容，既是明代文人雅玩的反映，也是我国古代陶瓷发展的鲜活记录。

万历十九年（1591），《遵生八笺》首次由高氏自家刊刻制版，刷印流传，一时洛阳纸贵，被称作雅尚斋本。雅尚斋，即高濂室名。20世纪初，《遵生八笺》被翻译成英文，在国外广为流传。此次即以高氏原刊雅尚斋刻本为底本，以《高子论窑器》为名，点校整理。

论官哥窑器

高子曰：论窑器必曰柴、汝、官、哥。然柴则余未之见，且论制不一。

有云，青如天、明如镜、薄如纸、声如磬，是薄磁也，而曹明仲则曰柴窑足多黄土，何相悬也？

汝窑，余尝见之，其色卵白，汁水莹厚，如堆脂然，汁中棕眼，隐若蟹爪，底有芝麻花，细小挣钉。余藏一蒲芦大壶，圆底，光若僧首，圆处密排细小挣钉数十，上如吹塌收起，嘴若笔帽，仅二寸，直槊向天，壶口径四寸许，上加罩盖，腹大径尺，制亦奇矣。又见碟子大小数枚，圆浅瓮腹，磬口汹足，底有细钉，以官窑较之，质制滋润。

官窑品格，大率与哥窑相同。色取粉青为上，淡白次之，油灰色，色之下也。纹取冰裂、鳝血为上，梅花片、墨纹次之，细碎纹，纹之下也。论制如商庚鼎、纯素鼎、葱管空足冲耳乳炉、商贯耳弓壶、大兽面花纹周贯耳壶、汉耳环壶、父己尊、祖丁尊，皆法古图式进呈物也。俗人凡见两耳壶式，不论式之美恶，咸指曰茄袋瓶也。孰知有等短矮肥、腹无矩度者，似亦俗恶。若上五制，与欹姬壶样，深得古人铜铸体式，当为官窑第一妙品，岂可概以茄袋言之？

又如葱管脚鼎炉、环耳汝炉、小竹节云板脚炉、冲耳牛奶足小炉、戟耳彝炉、盘口束腰桶肚大瓶、子一觚、立戈觚、周之小圆觚、素觚、纸槌瓶、胆瓶、双耳匙箸瓶、笔筒、笔格、元葵笔洗、桶样大洗、瓮肚盂钵、二种水中丞、二色双桃水注、立瓜、卧瓜、卧茄水注、匾浅磬口橐盘、方印色池、四入角委角印色池、有文图书戟耳彝炉、小方薯草瓶、小制汉壶、竹节段壁瓶，凡此皆官、哥之上乘品也。

桶炉、六棱瓶、盘口纸槌瓶、大薯草瓶、鼓炉、菱花壁瓶、多嘴花罐、肥腹汉壶、大碗、中碗、茶盏、茶托、茶洗、提包茶壶、六棱酒壶、瓜壶、莲子壶、方圆八角酒甓、酒杯、各制劝杯、大小圆碟、河西碟、荷叶盘、浅碟、桶子箍碟、绦环水池、中大酒海、方圆花盆、菖蒲盆底、龟背绦环六角长盆、观音弥勒洞宾神像、鸡头罐、楂斗、圆砚、箸搊、二色文篆隶书象棋子、齐箸小碟、螭虎镇纸，凡此皆二窑之中乘品也。

又若大双耳高瓶、径尺大盘、夹底骰盆、大撞梅花瓣春胜合、棋子罐、大匾兽耳彝敦、鸟食罐、编笼小花瓶、大小平口药坛、眼药各制小罐、肥皂罐、中果盒子、蟋蟀盆内中事件、佛前供水碗、束腰六脚小架、各色酒案盘碟，凡此皆二窑之下乘品也。

要知古人用意，无所不到，此余概论如是。其二窑烧造种种，未易悉举，例此可见。所谓官者，烧于宋修内司中，为官家造也。窑在杭之凤凰山下，其土紫，故足色若铁，时云"紫口铁足"。紫口，乃器口上仰，泑水流下，比周身较浅，故口微露紫痕，此何足贵？惟尚铁足，以他处之土咸不及此。哥窑烧于私家，取土俱在此地。官窑质之隐纹如蟹爪，哥窑质之隐纹如鱼子，但汁料不如官料佳耳。二窑烧出器皿，时有窑变，状类蝴蝶、禽鱼、麟豹等象，布于本色，泑外变色，或黄黑，或红紫，形肖可爱。是皆火之文明幻化，否则理不可晓，似更难得。后有董窑、乌泥窑，俱法官窑，质粗不润，而泑水燥暴，溷入哥窑，今亦传世。后若元末新烧，宛不及此。

近年诸窑美者，亦有可取，惟紫骨与粉青色不相似耳。若今新烧，去诸窑远甚，亦有粉青色者，干燥无华。即光润者，变为绿色，且索大价愚人。更有一种复烧，取旧官、哥磁器，如炉欠足耳，瓶损口棱者，以旧补旧，加以泑药，裹以泥合，入窑一火烧成，如旧制无异；但补处色浑，而本质干燥，不甚精采，得此更胜新烧。奈何二窑如葱脚、鼎炉，在海内仅存一二；乳炉、花觚，存计十数，彝炉或以百计，四品为鉴家至宝。无怪价之忘值，日就增重，后此又不知凋谢如何。故余每得一睹，心目爽朗，神魂为之飞动，顿令腹饱。岂果耽玩痼僻使然？更伤后人，闻有是名而不得见是物也。慨夫！

论定窑

高子曰：定窑者，乃宋北定州造也。其色白，间有紫，有黑，然俱白骨，加以泑水，有如泪痕者为最。故苏长公诗云："定州花磁琢如玉。"其纹有画花，有绣花，有印花纹三种，多用牡丹、萱草、飞凤时制。其所造器皿，式多工巧，至佳者，如兽面彝炉、子父鼎炉、兽头云板脚桶炉、胆瓶、花尊、花觚，皆略似古制，多用己意，此为定之上品。

余如盒子，有内子口者，有内替盘者，自三四寸以至寸许，大亦多甚。枕有长三尺者，制甚可头。余得一枕，用哇哇手持荷叶覆身，叶形前偃后仰，枕首适可，巧莫与并。瓶式之巧百出，而碟制万状。余有数碟，长样两角，如锭翘起，傍作四折。又如方式四角，耸若莲瓣，而傍若莲卷。或中作水池，傍作阔边，可作笔洗、笔砚。此皆上古所无。亦烧人物，仙人哇子居多，而兜头观音、罗汉、弥勒，像貌形体，眉目衣折之美，克肖生动。其小物，如水中丞，各色瓶罐，自五寸以至三二寸高者，余见何止百十，而制无雷同。更有灯檠、大小碗甏、酒壶、茶注，式有多种，巧者俱心思不及。其水注用蟾蜍，用瓜茄，用鸟兽，种种入神。若巨觥、承盘、卮匜、盂斝、柳斗、柳升、柳巴，其编条穿线模塑，毫丝不断。又如菖蒲盆底，大小水底，尽有可观。更有坐墩式雅花囊，元腹口坦如橐盘，中孔径二寸许，用插多花。酒囊，圆腹敞口，如一小碟，光浅中穿一孔，用以劝酒。式类数多，莫可名状，诸窑无与比胜。

虽然，但制出一时工巧，殊无古人遗意。以巧惑今则可，以制胜古则未也。如宣和、政和年者，时为官造，色白质薄，土色如玉，物价甚高。其紫黑者亦少，余见仅一二种，色黄质厚者，下品也。又若骨色青溷如油灰者，彼地俗名后土窑，又其下也。他如高丽窑，亦能绣花盏瓯，式有可观，但质薄而脆，色如月白，甚不佳也。近如新烧文王鼎炉、兽面戟耳彝炉，不减定人制法，可用乱真。若周丹泉初烧为佳，亦须磨去满面火色可玩。若玉兰花杯，虽巧，似入恶道，且轮回甚速。又若继周而烧者，合炉、桶炉，以锁子甲、球门锦、龟纹穿挽为花地者，制作极工，不入清赏，且质较丹泉之造远甚。

元时，彭君宝烧于霍州者，名曰霍窑，又曰彭窑，效古定折腰，制者甚工。土骨细白，凡口皆滑，惟欠润泽，且质极脆，不堪真赏，往往为牙行指作定器，得索高资，可发一哂。

论诸品窑器　龙泉窑　章窑　古磁　吉州窑　建窑　均州窑　大食窑　玻璃

定窑之下，而龙泉次之。古宋龙泉窑器，土细质薄，色甚葱翠，妙者与官窑争艳，但少纹片、紫骨、铁足耳。其制若瓶，若觚，若蓍草方瓶，若鬲炉、桶炉，有耳束腰小炉、菖蒲盆底，有圆者、八角者，葵花、菱花者各样，酒甏、骰盆，其水盘之式，有百棱者，有大圆径二尺者，外此与菖蒲盆式相同。有深腹、单边盥盆，有大乳钵，有葫芦瓶，有酒海，有大小药瓶，上有凸起花纹甚精，有坐鼓、高墩，有大兽盖香炉、烛台、花瓶，并立地插梅大瓶，诸窑所无，但制不甚雅，仅可适用。种种器具，制不法古，而工匠亦拙。然而器质厚实，极耐磨弄，不易茅篾，行语，以开路曰篾，损失些少曰茅。但在昔，色以不同，有粉青，有深青，有淡青之别。今则上品仅有葱色，余尽油青色矣，制亦愈下。

有等用白土造器，外涂泑水，翠浅影露白痕，此较龙泉制度，更觉细巧精致，谓之章窑，因姓得名者也。

有吉州窑，色紫，与定相似，质粗不佳。

建窑器多氅口碗盏，色黑而滋润，有黄兔毫斑，滴珠大者为真，但体极厚，薄者少见。

有大食窑，铜身用药料烧成五色，有香炉、花瓶、盒子之类，窑之至下者也。

又若玻璃窑，出自岛夷，惟粤中有之。其制不一，奈无雅品，惟瓶之小者有佳趣。他如酒钟、高罐、盘盂、高脚劝杯等物，无一可取。色有白缠丝、鸭绿天青、黄锁口三种，俱可观，但不耐用耳，非鉴赏佳器。

若均州窑，有朱砂红、葱翠青，俗谓莺哥绿、茄皮紫。红若胭脂，青若葱翠，紫若墨黑。三者色纯无少变露者为上品，底有一二数目字号为记。猪肝色、火里红、青绿错杂，若垂涎色，皆上三色之烧不足者，非别有此色样。俗即取作鼻涕涎、猪肝等名，是可笑耳。此窑惟种蒲盆底佳甚。其他如坐墩、炉盒、方瓶、罐子，俱以黄沙泥为坯，故器质粗厚不佳，杂物人多不尚。近年新烧此窑，皆以宜兴沙土为骨，泑水微似，制有佳者，但不耐用，俱无足取。

论饶器新窑古窑

古之饶器，进御用者，体薄而润，色白花青，较定少次。元烧小足印花，内有"枢府"字号者，价重，且不易得。若我明永乐年造压手杯，坦口折腰，沙足滑底，中心画有双狮滚球，球内篆书"永乐年制"四字，细若粒米，为上品；鸳鸯心者，次之；花心者，又其次也。杯外青花深翠，式样精妙，传用可久，价亦甚高。若近时仿效，规制蠢厚，火底火足，略得形似，殊无可观。

宣德年造红鱼靶杯，以西红宝石为末，图画鱼形，自骨内烧出凸起，宝光鲜红夺目。若紫黑色者，火候失手，似稍次矣。青花如龙松梅茶靶杯，人物海兽酒靶杯。朱砂小壶大碗，色红如日，用白锁口。又如竹节靶罩盖㵎壶、小壶，此等发古未有。

他如妙用种种，惟小巧之物最佳，描画不苟；而炉、瓶、盘、碟最多，制如常品。若罩盖匾罐、撇口花尊、蜜渍桶罐，甚美，多五彩烧色。他如心有"坛"字白瓯，所谓坛盏是也。质细料厚，式美足用，真文房佳器。又等细白茶盏，较坛盏少低，而瓮肚釜底线足，光莹如玉，内有绝细龙凤暗花，底有"大明宣德年制"暗款，隐隐橘皮纹起，虽定磁何能比方？真一代绝品。惜乎！外不多见。

又若坐墩之美，如漏空花纹，填以五色，华若云锦；有以五彩实填花纹，绚艳恍目，二种皆深青地子。有蓝地填画五彩，如石青剔花，有青花白地，有冰裂纹者，种种样式，似非前代曾有。成窑上品，无过五彩蒲萄甖口匾肚靶杯，式较宣杯妙甚。次若草虫可口子母鸡劝杯、人物莲子酒盏、五供养浅盏、草虫小盏、青花纸薄酒盏、五彩齐箸小碟、香盒、各制小罐，皆精妙可人。

余意青花，成窑不及宣窑，五彩，宣庙不如宪庙。宣窑之青，乃苏浡泥青也，后俱用尽，至成窑时，皆平等青矣。宣窑五彩，深厚堆垛，故不甚佳。而成窑五彩，用色浅淡，颇有画意。此余评似确然允哉！

世宗青花、五彩，二窑制器悉备。奈何饶土入地渐恶，较之二窑往时，代不相侔。有小白瓯内烧"茶"字、"酒"字、"枣汤""姜汤"字者，乃世宗经篆醮坛用器，亦曰坛盏，制度质料，迥不及茂陵矣。嘉窑如磬口、馒心、圆足，外烧三色鱼匾盏，红铅小花盒子，其大如钱，二品亦为世珍。小盒子花青画美，向后恐官窑不能有此物矣，得者珍之。

陶　说

[清]朱琰

【题解】

《陶说》，六卷，清朱琰撰。琰，字桐川，号笠亭，浙江海盐人，乾隆三十一年（1766）丙戌科进士。朱琰学识广博，工诗擅文，兼善绘画，著述丰富。乾隆三十一年至三十四年（1769），朱琰曾往江西为巡抚吴绍诗作幕僚。正是在此期间，朱琰将目光放在了江西的传统陶瓷生产业上，亲自调查景德镇窑业情况，考察窑器烧制方法和成品，访问手工艺人，有"独窑器并无专书"的感叹。通过爬梳古代典籍文献，再结合调研情况，朱琰著成《陶说》一书。这是我国第一部古代陶瓷史文献，记述了中国陶瓷的制作技术及其发展历程，在国内外具有重要的影响力。

《陶说》共六卷，分为《说今》《说古》《说明》和《说器》四大篇。《说今》篇重在介绍清代景德镇窑业的状况，特别是具备烧造龙缸的能力，凸显出景德镇的瓷业地位和先进工艺。《说古》篇分"原始"与"古窑"两块，根据文献论述陶器的起源问题，列数唐、宋、元的代表性窑口。《说明》篇介绍明代景德镇各时期官窑的情况，以及明代景德镇的制瓷工艺，特别是涉及陶瓷的原料产地、釉料配制、成型彩绘、烧成工艺等。《说器》篇重在"器形"，分为上、中、下三部分，介绍自上古唐虞之世至宋元明的陶瓷造型、品种特征、装饰特点等。

《陶说》旁征经史文献，又辅以实际调研与技术操作，实现了间接经验与直接经验的相互结合，系统完整，务实有据，既填补了陶瓷史专著的空白，又为后来研究陶瓷史、编纂陶瓷史打下了坚实的基础。乾隆三十九年（1774），鲍廷博将其刊刻发行，并亲自作跋，称"此书流传，天下之乐闻其说者广矣，岂特补古人未备已哉"，赞誉有加。1856年，《陶说》被翻译成法文，传至欧洲，后又被翻译成英文，流行全球，成为研究中国古代陶瓷工艺的必备文献，也为欧洲陶瓷业的改良提供了重要参考。

今以黄肇沂《芋园丛书》所收六卷《陶说》为底本,点校整理。

原　序

　　嗜古之士,类及钟、鼎、尊、彝之属,多有记录。董逌、刘敞、洪迈诸君子而外,《宣和博古图》致为大备,独窑器并无专书。近世《格古要论》一编,亦寥寥数则,观者莫能餍饫。海盐朱子桐川乃以《陶说》六卷见示,说今、说古、说器,犁然秩然,独致详焉。

　　顾官、哥、定、汝,其为窑也,不一其地。自有明以来,惟饶州之景德镇独以窑著。在明代以中官莅其事,往往例外苛索,赴役者多不得直,民以为病。我国家则慎简朝官,给缗与市肆等,且加厚焉,民乐趋之。仰给于窑者,日数千人,窑户率以此致富,以故不靳工,不惜费。所烧造每变而日上,较前代所艳称与金玉同珍者,有其过之,无不及也。不有所纪载,后世其何述焉?

　　桐川此书,谓之为陶人之职志可也,谓之为本朝之良史可也。后之视今,因器以知政,固不独为博雅君子讨论之资矣。是为序。

新建裘曰修

陶说目录

卷一　说今
　饶州窑
　《陶冶图》说二十则

卷二　说古
　原　始
　古窑考

卷三　说明
　饶州明窑
　造　法

卷四　说器　上
　唐虞器
　周　器
　汉　器
　魏晋南北朝器

卷五　说器　中
　唐　器
　宋　器
　元　器

卷六　说器　下
　明　器

陶说卷一　说今

海盐　朱琰　述

饶州窑

　　皇朝顺治十一年,造龙缸、栏板等器,未成辄止,恐累民也。康熙十九年,始遣内务府官驻厂监督。向有上工夫派饶州属邑者,悉罢之。每开窑,鸠工庀材,动支内府。按时给直,与世贾适均。运器亦不预地方,一切不妨吏政事,官民称便,所造益精。

　　迩年以来,古礼器尊、罍、彝、鼎、卣、爵之款制,文房、砚屏、墨床、书滴、画轴、秘阁、镇纸、司直,各适其用。而于中山毛颖,先为之管,既为之洗,卧则有床,架则有格,立则有筒。仿汉人双钩碾玉之印章,其纽法为驼、为龟、为龙、为虎、为连环、为瓦。印色之池,或方、或圆、或棱,可助翰藻。养花之室,二寸、三寸至五六尺。圜如壶,圜而下垂如胆,圜而侈口庳下如尊,廉之成角如觚,直如筒,方如斗;而口或奁,形或扁,截方、圜、棱之半而平其背,可挂壁。为式不一。

　　书画清防之版,有枕屏、有床屏、爪杖、钵塞、黑白子闲适之具。百折、分档、鳅耳、索耳、戟耳、六棱、四方、直脚、石榴足、橘囊诸款,蜡茶、鏒金、藏经诸色,烧香之炉,可备燕赏。饭匕、茶匙、齐箸之器,蜡斗、醋滴、澡盘、镫锭、方圆之枕,盆、盎、瓮、钵、柈、案,可充日用。搔头、簪导、合欢之珰、大小合子,香泽粉黛之所储藏,可供闺瞻。至于斗茶、曹饮、馈食之所需,壶、尊、碗、碟,为类更繁,难以枚举。

　　其规范,则定、汝、官、哥、宣德、成化、嘉靖、佛郎之好样,萃于一窑。其彩色,则霁红、矾红、霁青、粉青、冬青、紫绿、金银、漆黑、杂彩,随宜而施。其器品,则规之、万之、廉之、挫之。或崇或卑,或侈或奁,或素或采,或堆或锥。又有瓜瓠、花果、象生之作。其画染,则山水、人物、花鸟、写意之笔,青绿渲染之制,四时远近之景,规模名家,各有元本。于是乎戗金、镂银、琢石、髹漆、螺甸、竹本、匏蠡诸作,无不以陶为之,仿效而肖。

　　近代一技之工,如陆子刚治玉,吕爱山治金,朱碧山治银,鲍天成治犀,赵良璧治锡,王小溪治玛瑙,蒋抱云治铜,濮仲谦雕竹,姜千里螺甸,杨圩倭漆，今皆聚于陶之一工。以之泄造化之秘，以之佐文明之瑞。有陶以来，于兹极盛！此无他，人心优裕，人力宽闲，地产物华，应运而起，有必然矣。

《陶冶图》说

乾隆八年五月，内务府员外郎、管理九江关务唐英，遵旨由内廷交出《陶冶图》二十张，次第编明，为作《图说》，进呈御览。谨就所编，录其大略，附以管见，用志一时陶器之所由盛云。

其一曰，采石制泥

石产江南徽州祁门县坪里、谷口二山，距窑厂二百里。开窑采取，剖之，中有黑花如鹿角菜者，土人借溪流设轮作碓，舂细淘净，制如土砖，名曰白不，敦上声。凡造瓷泥土，皆从此名，盖景德土音也。色纯质细，用制脱胎、填白、青花、圆琢等器。别有高岭、玉红、箭滩数种，皆出饶州府属境内，采制法同白不。止可参和制造，于粗器为宜。

按，饶窑陶土，初采于浮梁新正都麻仓山。万历时，麻仓土竭，复采于县境内吴门托，至祁门，而三易其地矣。《考工记》言"五材之饬"曰"凝土以为器"，凝训坚，坚其土而后可为器，故治土曰抟埴之工。黏土为埴，抟之言拍，则夫白不之制，是抟埴之始。

其二曰，淘炼泥土

淘炼之法，以水缸浸泥，木钯翻搅，漂起渣滓，过以马尾细箩，再入双层绢袋，始分注过泥匣钵，俾水渗浆稠。用无底木匣，下铺新砖数层，覆以细布大单，将稠浆倾入，紧包，砖压吸水。水去成泥，移置大石片上，用铁锹翻扑令实，以便成器。凡各种胚胎，不外乎此。惟分类按方，加配材料，以别其用。

按，"陶"字，从阜从匋。匋即窑字。淘亦从匋，窑之初事，始乎淘土，得水而柔也。宋瓷，修内司所造，澄泥为范，极其精致，淘所以澄之也。故《格古要论》于定器曰"土脉细白滋润"，于汝器曰"土脉滋润"。《蓉槎蠡说》言陶器土骨紫白为料，法在水法、火法、画法之上。淘炼之功重矣。

其三曰，炼灰配釉

釉无灰不成。釉灰出乐平县，在景德镇南百四十里，以青白石与凤尾草制炼，用水淘细而成。配以白不细泥，调和成浆，按器种类，以为加减。盛之缸内，用曲木横贯铁锅之耳，以为渗注之具，其名曰盆。泥十盆，灰一盆，为上釉。泥七八，灰二三，为中釉。若平对，或灰多，为下。

  按，昔称陶器，曰油色莹澈，油水纯粹。无油水曰骨，油即今之釉也。油，读去声，通用。后之制字者，主于分别。《俗书刊误》曰：瓷漆光曰䌷，或作釉字。初起不脱油字，加光为异，嫌其笔墨之繁，省从由，偏旁从采，采即光义，六书之例合矣。《正字通》又出泑字，曰：窑器色光滑者，俗曰泑。泑本昆仑泽名，亦假借为用。志书作硧，古无此字，想亦俗之所改。一字而转辗变易，迄无所定。从古则油为是，通俗则釉为近。釉之利用在于光，油含光义，采言光采，泑、硧皆失此旨。䌷字累重，今从《图说》作釉。后卷引书有从泑、从硧者，悉改从釉，以归画一。

其四曰，制造匣钵

瓷坯宜净，一沾泥滓，即成斑驳。且窑风火气，冲突伤坯，此所以必用匣钵也。匣钵之泥，出景德镇东北里淳村，有黑、白、红三种。又宝石山有黑黄沙一种。配合成泥，入火烧炼。造法用轮车，与拉坯之车相似。不必过细，微干，略加旋削，入窑空烧一次，方可应用，名曰镀匣。而造匣钵之匠，亦尝用此泥造砂碗，为本地乡村坯房人匠家常使用。

  按，旧制，窑有六，匣窑居一，作有二十三，匣作居一。火烈土柔，匣所以护坯者，故必专事而后可应用。铸铜者，先用蜡作模，加以款识，再入桶中。桶外以澄泥和水，日浇之。旋干旋浇，令厚足以遮护，于是去桶板留窍，以入铜汁。其具不同，其理则一。土未入火则柔，非护不受冶。铜初出火则流，非护不受镕。曲成万物，造化之心也。

其五曰,圆器修模

圆器之造,每一款式,动经千百。不有模范,断难画一。其模子必须与原样相似,但尺寸不能计算。生坯泥松性浮,经火则松者紧,浮者实。一尺之坯,止七八寸,伸缩之理然也。欲求立坯之准,必先模子,故模匠不曰造,而曰定。一器非修数次,尺寸款式,出器时定不能吻合。必熟谙火候泥性,方能计算加减,以定模范。此匠一镇推名手者,不过三两人。

按,《考工记》:抟埴之工,器中脰,豆中县。郑氏注云:脰读如车輮之輮。既抟泥而转其均,斵脰其侧,以拟度端。其器县县绳,正豆之柄。今之模子,其亦中脰中县之遗意与?《记》之篇首云:国有六职,百工居其一焉。而审曲面势,以饬五材,叙于王公坐论、士大夫作行之下。郑司农云:审察五材曲直、方面、形势之宜以治之,此工良不易矣!

其六曰,圆器拉坯

器之制不一,方瓣棱角者,则有镶雕印削之作。圆器就轮车拉坯,盘、碗、钟、碟等器,大小分二作。大者主一尺至二三尺,小者主一尺以下。车如木盘,下设机轴,俾旋转无滞,则所拉之坯,无厚薄偏侧之患。故用木作,随时整治。又有泥作,抟泥融结,置车盘。拉坯者坐车架,用一竹杖拨车走轮。双手按泥,随其手法之屈伸收放,以定圆器款式。

按,《通雅》云:"古于""宋于""四罗""六罗",景德镇碗碟式也。即此以推,器不一式。而式之同者,必贵画一,有模子以定其规制,有轮车以使之整齐。条理之始,精密如此。王充《论衡》云:陶者用土为簋廉,器形已成,不可小大。夫欲其小大之不可,所以营度于未成之时者当何如。簋廉者,汉时成土器之具也。凡器之成,各有依准。《通俗文》云:以土曰型,以金曰镕,以木曰模,以竹曰范。

其七曰,琢器做坯

瓶、罍、尊、彝,皆名琢器。其圆者,如造圆器之法,用轮车拉坯。候干,仍就轮车刀旋。定样后,以大羊毫笔蘸水洗磨,俾极光洁。然后吹釉入窑,即成白器。如画料罩釉,即为青花。其镶方棱角之坯,用布包泥,以平板压之成片，以刀裁之成段，用原泥调和黏合。又有印坯一种，从模中印出，制法与镶方同。镶、印二种，洗补磨擦，与圆琢器同。凡有应锥拱、雕镂者，候干定付样，与专门工匠为之。

　　按，《事物绀珠》云：窑器方为难。方何以难也？出火后，多倾欹坼裂之患，无疵者尠。造坯之始，当角者廉之，当折者挫之，当合者弥缝之。隐曲之处，虑其不和；上下前后左右，虑其不均，故曰方为难。若圆器浑成，故由手法之准，而车已当人力之大半，不如方棱之全资乎人巧也。印坯有模，唐碗脱。见高宗时民谣，为造碗之模。土室为瓯脱，谓土室如瓯之脱。瓯脱，亦造瓯之模也。其外有堆器，有锥器。堆者，用白泥堆坯上，以笔堆成花样。锥者，坯上用锥锥成花样。印作，锥作，各有专工。

其八曰，采取青料

　　瓷器青花、霁青大釉，悉借青料，出浙江绍兴、金华二府所属诸山。采者入山得料，于溪流漂去浮土。其色黑黄、大而圆者为上青，名顶圆子。携至镇，埋窑地三日，取出，重淘洗之，始出售。其江西、广东诸山产者。色薄不耐火，止可画粗器。

　　按，晋曰缥瓷，唐曰千峰翠色，柴周曰雨过天青，吴越曰秘色。其后宋瓷虽具诸色，而汝器宋烧者，淡青色；官窑以粉青为上；哥窑、龙泉窑，色皆青。陶器青为贵也。白地青花，亦资青料。明宣德用苏泥勃青，嘉靖用回青。青非不佳，然产地太远，可得而不可继。工匠之弊，又不胜防也。

其九曰，拣选青料

　　青料拣选，有料户专司其事。黑绿润泽，光色全者为上选。仿古霁青、青花，细器用之。虽黑绿而欠润泽，只供粗瓷。至光色全无者，一切选弃。用青之法，画坯上罩以釉水，入窑烧成，俱变青翠。若不罩釉，其色仍黑，火候稍过，所画青花，亦多散漫。青中有韭菜边一种，独为清楚。入火不散，细器必用之。

　　按，明用回青法。先敲青，用捶碎之，拣有朱砂斑者为上，有银星者为次，约可得十分之二。其奇零琐碎，碾之入水澄定，约可得二十分之一，所得亦甚少。选料不精，出器减色，故必属之料户专司。

其十曰，印坯乳料

拉成之坯，候干定，用修过模子套上，以手按拍，使周正匀结，然后退下，阴干，以备旋削。至画瓷所需之料，宜极细，粗则起刺不鲜。每料十两为一钵，专工乳研，经月始堪应用。乳法：用研钵，贮矮凳；凳装直木，上横一板，镂空以受乳钵之柄；人坐凳，握槌乳之。每月工直三钱，亦有乳两钵，夜至二更者，倍之。老幼残疾，借此资生焉。

按，画器调色，与画家不同。器上诸色，必出火而后定。配合调剂，前人有经验之方，毫厘不得差。又须极细极匀，则色透骨而露彩。古瓷五彩，成窑为最，其点染生动，有出于丹青家之上者。画手固高，画料亦精。今增洋彩一种，绚艳夺目，而于象生及仿古铜器、紫檀、雕竹、螺钿各种，惟妙惟肖，画料得法之明效可验也。

其十一曰，圆器青花

青花圆器，一号动累百千，若非画款相同，必致参差，难以识别。故画者学画不学染，染者学染不学画，所以一其手，不分其心也。画者、染者，分类聚一室，以成画一之功。至如边线青箍，出旋坯之手，识铭书记，归落款之工。写生以肖物为上，仿古以多见能精，此青花之异于五彩也。

按，《考工记》，设色之工五：画、缋、钟、筐、幌。钟染羽，幌涑丝，筐人阙，画、缋则合称之曰画缋之事。贾公彦《疏》云：二者别官同职，共其事者，画缋相须也。画，即画也。缋，为染采之事，即染也。分为二作，聚处一室，其即古"别官同职"之义与？

其十二曰，制画琢器

琢器有方圆棱角之殊，制画有彩绘雕镂之异。仿旧须宗雅则，肇新亦有渊源。或相物而赋形，亦范质而施采。

按，古器仰曰山文，俯曰叶文，而以云回为之盘旋。有款有识，三代已然。《汉·贡禹传》云"杯案画文，画金银饰"，则凡日用之具烂然也。陶器彩画盛于明，其大半取样于锦段。写生仿古，十之三四。今瓷画样十分之，则洋彩得四，写生得三，仿古二，锦段一也。愚窃谓《三礼图》《博古图》《古玉图》，画法略备，钟鼎款识，具载于薛尚功之书。能仿古为之，当鞁定辂汝，驰官骤哥，而与尊彝并重矣。

其十三曰，蘸釉吹釉

圆琢青花，与仿古官、哥、定、汝等器，均须上釉入窑。上釉旧法，将琢器之方长棱角者，用羊毛笔蘸釉上器，失之不匀。至大小圆器，浑圆琢器，俱在缸内蘸釉。有轻重，且多破，故全器难得。今于圆器之小者，仍于缸内蘸釉，其琢器与圆器大者，用吹釉法。截径寸竹筒，长七寸，口蒙细纱，蘸釉以吹。吹之遍数，视坯大小与釉之等类，为多寡之差。多至十七八遍，少亦三四。

按，《蓉槎蠡说》以垩泽为水法。垩泽，即釉也。定窑滋润，汝窑厚如堆脂，官窑莹澈。旧器釉重，大抵蘸釉，不急能匀，重复蘸之，故莹厚者多也。昔人论棕眼蟹爪，以别旧器则云尔。其实亦垩中心小疵，正坐此耳。吹釉之法，补从前所未有，用之良便。又《博物要览》云：有一种复烧者，取旧官、哥瓷器，如炉欠耳足，瓶损口棱，以旧补旧，加以釉药。一火烧成，与旧制无二。但补处色浑然，得此更胜新者。愚谓用今吹釉之法补旧，补处可使无迹。

其十四曰，镟坯乞足

圆器尺寸定于模，而光平必资于镟，故有镟坯之作。镟车与拉坯车相等，中心多一木桩，视坯为粗细。其顶浑圆，包以丝绵，恐损坯里也。镟时，坯合桩上，拨轮转旋。用刀镟之，则内外光平。其粗细分于镟手高下，故镟作为重。乞足者，拉坯时足下留一泥靶，长二三寸。画坯吹釉，便于执持。工竣去靶，乞足书款。

按，镟坯为抟埴之终，至此而坯成矣。旧制以足载器，多取沉重。柴窑足多粗黄土，官、哥、龙泉皆铁足，至明永乐窑压手杯，沙足滑底，宣德窑坛盏，釜底线足，嘉靖窑鱼扁盏，馒心圆足，踵事而精矣。陶器出窑，底足可验火法。

其十五曰，成坯入窑

窑制，长圆如覆瓮，崇广并丈许，深倍之，上覆瓦如屋，曰窑棚。烟突立其后，崇二丈余。在窑棚外，坯成装匣，付窑户入窑，分行列之。中间稍疏，以通火路。火有前、中、后之分：前火烈，中火缓，后火微。量器之宜称，配合窑位。器满发火，砖涂塞窑门。留一方孔，投松片不得停。候匣钵作银红色，止火。又一昼夜，开窑。

按，陶器入窑，初曰溜火，欲习于火而无赢。既曰紧火，欲孰于火而无缩。风火之窑，审候为难。《通志》云：造坯彩画，始条理也；入窑火候，终条理也。

其十六曰，烧坯开窑

入窑至出窑，以三日为率。第四日晨开窑，器匣尚带紫红色，不能近。开窑匠用布十数层，制手套，蘸冷水护手。复用湿布包裹头面肩背，然后入窑取器。器尽，乘热安顿新坯。因新坯带潮，就热窑烘炙，可免火后坼裂、穿漏之患。

按，火候得失，开窑而知。故《志》称，瓷器入窑，必详视胚胎堪否，然后盖匣，封固起火。如绘画小器，亦细看上下四周，有无疵谬。必体质完美，方可入窑。如是而开窑，可专验火候矣。火弱则瓻，火猛则偾。

其十七曰，圆琢洋彩

圆琢白器，五彩绘画，仿西洋曰洋彩。选画作高手，调合各种颜色，先画白瓷片烧试，以验色性火候，然后由粗入细，熟中取巧，以眼明、心细、手准为佳。所用颜色，与佛郎色同。调法有三：一用芸香油，一用胶水，一用清水。油便渲染，胶便拓刷，清水便堆填也。画时或倚卓，或手持，或侧眠低处就器，各随其宜，以取运笔之便。

按，大食窑与佛郎嵌相似。《通雅》云：佛菻能为之，广语读菻为郎。故曰佛郎，亦曰拂郎，今发蓝也。然所谓佛郎嵌者，以铜作身，用药烧成五色花，其鲜润不及瓷也。洋彩只仿其彩法，器品实出其上。

《宣和画谱》载日本画山川小景，设色甚重，多用金碧。宋邓椿记高丽扇画所染，青绿奇甚，与中国不同，专以空青、海绿为之，近年尤精。明杨埙工倭漆，得缥霞彩漆法。山水人物，神气飞动，描写不如，海外往往有此。昔黄山谷题高丽画，有曰"海外人烟来眼界，全胜《博物》注鱼虫"。吾于此亦云。

其十八曰，明炉暗炉

白器烧成，始施彩画。画后复烧，使颜色入器，因有明炉、暗炉之别。器之小者，用明炉。口门向外，周围炭火，器置铁轮，上下托以铁叉，送入炉，旁用铁钩旋转其轮，以匀火气，采色光亮为度。器之大者，用暗炉。炉高三尺，径二尺六七寸，周围夹层贮炭火，下留风眼，器贮炉膛，人执圆板以御火气。炉顶盖板，黄泥固封，烧一昼夜为度。凡浇黄、紫、绿等器，烧法相同。

按，宣炉造法，蜡茶色以水银浸擦熏洗为之，鎏金以金烁为泥，数四涂抹，火炙成赤，亦于出镕之后加色，而复用火成之，同一法也。

其十九曰，束草装桶

瓷器出窑，分类拣选。有上色、二色、三色、脚货之名，定直高下。三色、脚货，即在本地出售。其上色圆器与上色、二色琢器，用纸包装桶，有装桶匠专司其事。二色圆器，每十件为一筒，用草包扎装桶，各省通行。粗器用茭草包扎，或三四十件为一仔，或五六十件为一仔。一仔犹云一驮。茭草直缚于内，竹篾横缠于外。水陆转搬，便于运送。其匠众多，以茭草为名目。

按，《稗史类编》云：官窑开窑之日，反复比量而美恶辨。盖以器品有定，而火候必开窑始见也。《志》称：窑干、坯干、柴干，则少拍裂沉暗之患；土细、料细、功夫细，则无粗糙污淬之患。又必火候均匀，釉色光荧，器自完好。上色必能备此，以次而降。釉泽不具曰骨，罅折曰篾，边毁剥曰茅，当在脚货中矣。

其二十曰，祀神酬愿

景德镇袤延仅十余里，山环水绕，僻处一隅，以陶来四方商贩。民窑二三百区，工匠人夫不下数十万，借此食者甚众。候火如候晴雨，望陶如望黍杜，故重报赛。有神童姓者，窑户也，前明烧龙缸，连岁不成，中使督责甚峻，窑民苦累。神为众蠲生，跃入窑突中以死，而龙缸即成。司事者怜而奇之，建祠厂署祀焉，称风火仙。屡著灵异，窑民岁祀惟谨，拟之社方也。

　　按，明初中官督造，其后议裁，用同省府佐轮值。又远近不均，移饶州府佐驻镇专理。而中官借上供之名，分外苛索。隆庆五年，都御史徐栻疏称，内承运库太监题奏，缺少各样瓷器，要造里外鲜红碗、钟、瓯，并大小龙缸、方盒，共十万五千七百七十。其龙缸体式，底阔肚凸，多致坠裂。五彩缸样重过大色，多系惊碎。万历十一年，工科都给事中王敬民题称，今据该监所开，碗、碟、钟、盏之类，皆上用必需，而祭器尤不可缺。中间如围棋、棋盘、棋罐，无益之具，屏风、笔管、瓶罐、盒炉，不急之物，总九万六千有奇。苛索如此。风火仙之事，不知何时？大率类此。当兹惠民通商，利工便俗之世，其效灵，宜也。

陶说卷二　说古

海盐　朱琰　述

原　始

《周书》：神农作瓦器。
《物原》：神农作瓮。
《绀珠》：瓶、缾同，神农制。

　　按，《礼运》：后圣有作，然后治火之利，范金合土。不详何代。《左传》云：炎帝以火纪官。然则治火之利者，必炎帝也。故瓦器托始于神农，必举一以实之，凿矣。《说文》缾或从瓦，二字通用。如《绀珠》言甓、甕、瓯、瓿、甑、罂，皆二器耶？《路史》又云：燧人为釜。

《吕氏春秋》：黄帝有陶正，昆吾作陶。亦见《尸子》。
《说文》：古者，昆吾作匋。
《古史考》：神农时食谷，加米于烧石之上食之。黄帝时有釜甑。
《物原》：轩辕作碗碟。

　　按，黄帝陶正，设官之始。《古史考》食谷烧石之上，当是燧人时事，神农时当有釜甑也。碗碟之名后起，《物原》亦附会之言。

《春秋正义》：少皞有五工正，抟埴之工曰鹠雉，职东方。注：服虔曰：雉，夷也，夷，平也，使度量器用平也。

　　按，此依旁《考工记》而新其名，恐属附会。

《考工记》：有虞氏上陶。注：舜至质，贵陶器，甒大，瓦棺是也。
《礼记·明堂位》：泰，有虞氏之尊也。
《韩非子》：虞舜作食器。
《史记·五帝本纪》：舜陶河滨，河滨器皆不苦窳，作什器于寿丘。

按,陶,始于炊器,大抵如今黄沙之质。至虞而泰尊、甒大,详及礼器,其制略备,当有精粗之别,故曰上陶。其后虞阏父入周为陶正,陈敬仲奔齐为工正,亦或以上陶之裔故也。

《礼记·曲礼》:天子之六工,典制六材。陶旊之工曰土工。

按,《曲礼》"天子建官先六大"以下数条,郑注皆谓殷时制。

《考工记》:抟埴之工,陶旊。旊,郑司农读若甫,郑康成读若放。

又,陶人为甗、盆、甑、鬲、庾。旊人为簋、豆。甗,鱼辇反,一音彦。鬲音历。

又,凡陶旊之事,髺垦薛暴不入市。郑司农:髺,读刮;薛,读蘖;暴,读剥。郑康成:髺,读刖。

又,器中脟,豆中县。脟,市专反。

按,周制,陶旊分职。陶人所掌,皆炊器,惟庾是量名。旊人所掌,皆礼器。其制度必有精粗不同,后世分窑,分作因之。《注》云:抟之言拍;埴,黏土,又与采石、炼泥、造坯相似。《注》又云:垦,顿伤。薛,破裂。暴,偾起,不坚致。髺,先郑读刮,后郑读刖,亦伤意。是忌骨、忌筬、忌茅之说也。《注》又云:尌脟其侧,以拟度端,其器县绳,正豆之柄,是模子、拉车、旋车之事也。椎轮之始,规模已具。愚谓陶之由来,详于虞,而备于周。

古窑考

唐越州窑

夏少康封少子无余于会稽,号曰於越。秦于此立会稽郡,隋改为越州,唐复为会稽郡,后又为越州,今浙江绍兴府。

陆羽《茶经》:碗,越州上,鼎州次,婺州次,岳州次,寿州次,洪州次。或以邢州处越州上,殊为不然。邢瓷类银,越瓷类玉,邢不如越一也;邢瓷类雪,越瓷类冰,邢不如越二也;邢瓷白而茶色丹,越瓷青而茶色绿,邢不如越三也。

《乐府杂录》:唐大中初,有调音律官大兴县丞郭道源,善击瓯。用越瓯、瓯一十有二,以箸击之。

陆龟蒙诗:九秋风露越窑开,夺得千峰翠色来。如向中宵承沆瀣,共嵇中散斗遗杯。

按,唐越窑实为钱氏秘色窑之所自始。后人因秘色为当时烧进之名,忘所由来。《负暄杂录》据陆龟蒙诗,谓越陶唐世已有。《四六法海》得柳宗元《代人进瓷器状》,谓欲补《负暄杂录》之遗,然亦存其说而已,未得越窑明据。晋杜毓《荈赋》云:器择陶拣,出自东瓯。瓯,亦越也。今《茶经》曰越州,已有其地,证之当时顾况《茶赋》云"越泥似玉之瓯",孟郊诗云"越瓯荷叶空",郑谷诗云"茶新换越瓯",韩偓诗云"越瓯犀液发茶香",言越瓷者,不一而足,遂特表而出之曰唐越州窑,为之一快。又《唐国史补》云:内丘白瓷瓯,端溪紫石砚,天下无贵贱通之。考《唐·地理志》,邢州巨鹿郡县内丘。是邢瓷亦为时所重,故郭道源击瓯,邢、越并用。《杜工部集》有《于韦处乞大邑瓷碗》诗云:大邑烧瓷轻且坚,扣如哀玉锦城传。大邑在唐属邛州,又出《茶经》所数诸州之外,陶至唐而盛矣。《瓶花谱》亦云:古无瓷瓶,皆以铜为之,至唐始尚窑器。

吴越秘色窑

钱氏有国时,越州烧进。

《高斋漫录》:越州烧进,为供奉之物,臣庶不得用,故云"秘色"。

按,王蜀报朱梁信物有金棱碗,致语云"金棱含宝碗之光,秘色抱青瓷之响",则秘色是当时瓷器之名。不然吴越专以此烧进,而王蜀亦取以报梁耶?

后周柴窑

柴世宗时烧者,故曰柴窑。相传当日请瓷器式,世宗批其状曰:雨过天青云破处,者般颜色作将来。作,读做。

《夷门广牍》:柴窑出北地,天青色。滋润细媚,有细纹,足多粗黄土,近世少见。

《博物要览》：昔人论柴窑曰：青如天，明如镜，薄如纸，声如磬。

《事物绀珠》：柴窑制精色异，为诸窑之冠。

《清秘藏》：论窑器必曰柴、汝、官、哥、定。柴不可得矣。余向见残器一片，制为绦环者，色光则同，但差厚耳。

　　按，后周都汴，唐属河南道。考《唐书·地理志》，河南道贡瓷石之器，是其地本宜于陶也。宋政和官窑，亦起于汴，汝亦唐河南道所辖之州，柴窑当即在其都内。高澹人《宋均窑瓶歌》注云：近人得柴窑碎片，皆以装饰玩具，盖难得而可贵也。王渔洋《香祖笔记》谓贵人得碗一枚，其色正碧，流光四照，何其幸与！

宋定窑

出定州，今直隶真定府。

《格古要论》：古定器，土脉细。色白而滋润者贵，质粗而色黄者价低。外有泪痕者是真，划花者最佳，素者亦好，绣花者次之。宋宣和、政和间窑最好，但难得成队者。有紫定，色紫；有黑定，色黑如漆。

《留青日札》：似象窑色。有竹丝刷纹者，曰北定窑。南定窑有花者，出南渡后。

《博物要览》：定器有划花、绣花、印花三种，多因牡丹、萱草、飞凤三种，时造式多工巧。

《清秘藏》：定窑有光素、凸花二种。以白色为正，白骨而加以泑水，有如泪痕者佳，间有紫色、黑色者，不甚珍也。

　　按，定器以北定为贵，北定以政和、宣和间窑为最好。然如东坡《试院煎茶诗》所云"定州花瓷琢红玉"，不在宣和、政和前与？且云花瓷，亦非必有花者出南渡后也。又有元朝戗金匠彭均宝者，效定器作折腰样，甚整齐，曰彭窑，时称之为新定。《格古要论》云：土脉细白者，与定器相似，比青口欠滋润，极脆。又《博物要览》谓新仿定器，如文王鼎炉、兽面戟耳彝炉，不减定人制法，可以乱真。若周丹泉，初烧为佳。爱古者能分别南北定，而又不为后来仿效者所惑，庶几不愧鉴赏家矣。

宋汝窑

时以定州白瓷器有芒,命汝州建青器窑,屑玛瑙为油。

《留青日札》:唐、邓、耀悉有之,而汝为冠。色如哥而深,微带黄。

《格古要论》:宋时烧者淡青色,有蟹爪纹者真,无纹者尤好。土脉滋润、薄,亦甚难得。

《博物要览》:汝窑色卵白,汁水莹厚,如堆脂。然汁中棕眼,隐若蟹爪,底有芝麻花细小挣钉。

《清秘藏》:汝窑,较官窑质制尤滋润。

按,汝本青器窑,《留青日札》云:色微带黄。《博物要览》云:色卵白。似立异论,然合之可得淡青色也。辨蟹爪纹,如端溪石子辨鸲鹆眼,眼本石病,得此可验真水坑,故曰无纹者尤好。

宋官窑

宋政和间,京师自置窑烧造,曰官窑。

《留青日札》:文色上白而薄如纸者,亚于汝,其价亦然。

《博物要览》:官窑品格,大率与哥窑相同,色取粉青为上,淡白次之,油灰色,色之下也。纹取冰裂、鳝血为上,梅花片、墨纹次之,细碎纹,纹之下也。

宋修内司官窑

宋南渡有邵成章提举,号邵局。袭旧京遗制,置窑于修内司,造青器,曰内窑,亦曰官窑。

《留青日札》:模范极精,油色莹澈,为世所珍。

《格古要论》:官窑器,宋修内司烧者,土脉细润,色青带粉红,浓淡不一。有蟹爪纹、紫口、铁足,好者与汝窑相类。

《博物要览》:官窑在杭凤凰山下,其上紫,故足色若铁,时云"紫口铁足"。紫口,乃器口上仰,釉水流下,比周身较浅,故口露紫痕。此何足贵?惟尚铁足,以他处之土,咸不及此也。

《稗史类编》:后郊坛下别立新窑,亦曰官窑。比之旧窑,大不侔矣。

按,古窑,柴、汝最重,次及官、定。柴、汝之器,传世绝少,而官、定犹有存者,非官、定易得也。定有北定、南定,而彭窑亦曰新定。官有旧京、修内司之别,而郊坛下新窑亦曰官窑。新定不如南定,南定不如北定。旧京官窑为时未久,当以修内司所造为最,新窑为下,其时已有差等。而《博物要览》谓新仿定器,有不减定人制法者,有制作极工不入清赏者。《格古要论》谓官窑器有黑色,谓之乌泥窑,伪者皆龙泉所烧,无纹路。《六研斋笔记》谓南宋余姚秘色瓷,今人率以官窑目之,不能别白,间见叠出,以乱其真又如此。好事者指某器曰定,某器曰官,安知不为赝鼎所惑也?

又按,内窑器,叶寘《笔衡》云:沉泥为范,极其精致,其妙处当在体质。而世之论者,曰"紫口铁足",皮毛之见也,《博物要览》辨之是矣。《五杂俎》云:定、汝难于完璧。宋时宫中所有,率铜铃其口,以是损价。而今之求定、汝者,即以铜铃口为真。骨董家之论古,往往如此。

宋哥窑

本龙泉琉田窑,处州人章生一、生二兄弟于龙泉之窑,各主其一。生一以兄故,其所陶者曰哥窑。

《格古要论》:旧哥窑色青,浓淡不一,亦有铁足紫口,色好者类董窑,今亦少有。

《稗史类编》:土脉细薄,油水纯粹者,最贵。哥窑则多断纹,号"百圾碎"。

《春风堂随笔》:哥窑,浅白断纹。

《博物要览》:官窑质之隐纹如蟹爪,哥窑质之隐纹如鱼子,但汁釉不如官窑。

《五杂俎》:柴窑之外,定、汝、官、哥,皆宋器也。流传至今,惟哥窑稍易得,盖质重耐藏。定、汝难于完璧。

宋龙泉窑

即章生二所陶者。时以哥名兄窑,弟仍龙泉之旧,曰龙泉窑。

《稗史类编》:龙泉窑,至今温处人称为章窑。

《格古要论》:古龙泉窑,今曰处器、青器、古青器。土脉细且薄,翠青色者贵,有粉青色者,有一等盆底有双鱼,盆外有铜掇环。体厚者,不甚佳。

《博物要览》：龙泉窑妙者与官、哥争艳，但少纹片紫骨耳。器质厚实，极耐摩弄，不易茅篾。

《清秘藏》：古宋龙泉窑器，土细质厚，色甚葱翠。妙者与官窑争艳，但少纹片、紫骨铁足耳。且极耐摩弄，不易茅篾。第工匠稍拙，制法不甚古雅。有等用白土造器，外涂泑水，翠浅，影露白痕，乃宋人章生所烧，号曰章窑，较龙泉制度，更觉细巧精致。

《春风堂随笔》：弟所陶青器，纯粹如美玉，为世所贵，即官窑之类。兄所陶色淡。

按，《稗史类编》论章生一、生二窑云：其色皆青，浓淡不一；其足皆铁色，亦浓淡不一。旧闻紫足，今少见。而《格古要论》亦云：旧哥窑色青，浓淡不一，亦有铁足紫口。古龙泉青器，土脉细且薄，翠青色者贵。曰旧，曰古，盖指生一、生二之所制，原不甚殊也。惟有纹、无纹，为兄弟之别。必曰兄所陶色淡，弟所陶质厚，皆非章氏之初也。哥窑在元末新烧，土脉粗燥，色亦不好。龙泉窑在明初移处州府，青色、土垩、火候，渐不及前矣。方密之《通雅》云：假哥窑碎纹不能铁足，铁足则不能声，龙泉不能得其淡，色淡则无声。此亦鉴古之精者也。

又按，《博物要览》云：官、哥二窑出器，时有窑变，状类蝴蝶、禽鱼、麟豹，于本色釉外，变色或黄或红紫，肖形可爱。火之幻化，理不可解。然窑变时有，尚不足异。《苏东坡集》载《瓶笙》诗有引云：庚辰八月二十八日，刘几仲饯饮中觞，闻笙簘声，杳杳若在云霄间，抑扬往返，粗中音节。徐而察之，则出于双瓶，食顷，乃已。《春渚纪闻》载万延之《瓦缶画冰》云：赴铨都下，铜禁严甚，以十钱市之，代沃盥之用。时当凝寒，注汤颒面。既覆，有余水留缶，成冰，视之桃花一枝也。明日成双头牡丹一枝，次日又成寒林满缶，水村竹屋，断鸿翘鹭，宛如图画。后以白金为护，什袭而藏。遇寒则约客张宴以赏之，未尝一同。此二事，幻之又幻矣。

吉州窑

在今吉安府庐陵县永和镇。

《格古要论》：色与紫定器相类，体厚而质粗，不甚直钱。宋时有五窑，书公烧者最佳，有白色，有紫色。花瓶大者直数金，小者有花；又有碎器，最佳。相传宋文丞相过此，窑变为玉，遂不烧。

《矩斋杂记》：宋时江西窑器，出庐陵之永和市。有舒翁工为玩具，翁之女尤善，号曰舒娇。其炉瓮诸色，几与哥窑等价。余尝得一盘一盏，质苍白而光黝，然以注水，经月不变，望之知为古物。相传陶工作器，入窑变成玉，工惧事闻于上，封穴逃之饶。今景德镇陶工，故多永和人。见吉安太守吴炳游记。

象窑

在今宁波府象山县。

《格古要论》：有蟹爪纹，色白而滋润者高，色黄而质粗者低，俱不甚直钱。

董窑

《格古要论》：淡青色，细纹，多有紫口、铁足，比官窑无红色，质粗而不细润。

按，吉窑、象窑似定，董窑似官。其不同者，质粗欠滋润耳。《留青日札》云：象窑又次彭窑。

均州窑

今河南禹州。

《留青日札》：稍具诸色，光彩太露，有兔丝纹，火焰青。

《博物要览》：有朱砂红、葱翠青，俗名鹦哥绿、茄皮紫者，红如燕支，青若葱翠，紫若墨黑。三者，色纯无少变露者，为上品，底有一二数目字号为记。猪肝色、火里红，青绿错杂若垂涎，皆上。三色之烧不足者，非别有此样。俗取鼻涕、猪肝等名，是可笑耳。此窑惟种菖蒲，盆底佳甚，他如坐墩、炉合、方瓶、罐子，俱黄沙泥坯，故器质不佳。近年新烧，皆宜兴砂土为骨，釉水微似，制有佳者，但不耐用。

《清秘藏》：均州窑，红若胭脂者为最。青若葱翠、紫若墨色者次之。色纯，而底有一二数目字号者佳。其杂色者，无足取。

《通雅》：均州有五色，窑变则时有之。报国寺观音，窑变也。

磁州窑

在河南彰德府磁州。

《格古要论》：好者与定器相似，但无泪痕，亦有划花、绣花。素者，价高于定。新者不足论。

建窑

在福建泉州府德化县。

《格古要论》：碗盏多是蹩口，色黑而滋润。有黄兔斑、滴珠，大者真，但体极厚，少见薄者。旧建瓷有薄者，绝类宋器。佛像最佳。

按，宋时茶尚蹩碗，以建安兔毫盏为上品，价亦甚高。《留青日札》云：建安乌泥窑，品最下。岂今昔不同耶？然《瓶花谱》以乌泥与龙泉、均州、章生诸窑并重。《博物要览》谓：乌泥质粗不润，而釉水燥暴，溷入官、哥，今亦传世，则当差肩象、董。《留青日札》最下之品目，未可传信也，因论建窑及此。

山西窑

在太原府榆次县、平定州，平阳府霍州。霍州所出曰霍器。

高丽窑

在高丽国。

《格古要论》：色粉青，似龙泉，上有白花朵儿者，不甚直钱。

按，高丽窑器与饶相似，有细花仿佛北定者，故附杂窑之后。岛夷之玻璃窑，大食国之佛郎嵌，皆非瓷石所成，不概录。

陶说卷三　说明

海盐　朱琰　述

饶州明窑

饶州府浮梁县西兴乡景德镇，水土宜陶。镇设自宋景德中，因名。置监镇，奉御董造，饶州窑自此始。《容斋随笔》云：彭器资尚书文集有《送许屯田诗》，曰"浮梁巧烧瓷，颜色比琼玖"，谓此也。元更监镇为提领，本路总管，监陶。宋、元皆有命则供，否则止。《格古要论》云"御土窑，体薄而润，色白花青，较定器少次"，此言宋窑也。又云"元朝烧小足印花，内有'枢府'字号者最高"，此言元窑也。又云"新烧大足素者，欠润。有青色及五色，花且俗"，又有"青黑色戗金者，多是酒壶、酒盏，甚可爱"，此言明初窑也。

江西窑，唐在洪州，今南昌，见《茶经》。弋阳县太平乡，处州民瞿志高等来创造，亦有窑。其后，民饥为乱。嘉靖间，即横峰窑镇地，改立兴安县，遂废。弋阳之湖西马坑，以陶为业，所造瓶、罐、缸、瓮、盘、碗之器甚粗，给工匠之用。

洪武窑

明洪武三十五年，始开窑烧造，解京供用，有御器厂。厂东为九江道，有官窑。窑之名六，曰风火窑、色窑、大小爁熿窑、大龙缸窑、匣窑、青窑。

按，《志》称：官窑除龙缸外，青窑烧小器，色窑烧颜色，圆而狭，每座只容小器三百余件。民间青窑长而阔，每座容小器千余件。民窑烧器，窑九行。前一行，粗器障火，三行间有好器，杂火中间。前四、中五、后四皆好器，后三、后二皆粗器，视前行。官窑重器一色，前以空匣障火。官窑器纯，民窑器杂。官窑涂欲密，砌欲固，使火气全，而陶器易熟，不至松泄。官窑之异于民窑如此。

永乐窑

《事物绀珠》：永乐、宣德二窑，皆内府烧造，以棕眼、甜白为常，以苏麻离青为饰,以鲜红为宝。

《博物要览》:永乐年造压手杯,中心画双狮滚球为上品,鸳鸯心者次之,花心者又次。杯外青花深翠,式样精妙。若近时仿效,殊无可观。

《南村随笔》:明景德镇所造,永乐尚厚,成化尚薄,宣德青尚淡,嘉靖青尚浓。成青未若宣青,宣彩未若成彩。

《通雅》:永乐窑贵厚,成化窑贵薄。前后规制殊异。

按,古窑重青器,至明而秘色已绝,皆纯白。或画青花,或加五彩。永窑亦足贵重,在宣、成之下,嘉之上。

宣德窑

宣德中,以营造所丞专督工匠。

《博物要览》:宣德年造红鱼靶杯,以西红宝石为末,鱼形自骨内烧出,凸起,宝光。又如竹节靶罩盖卤壶、小壶,此等发古未有。他如妙用种种小巧之物尤佳,描画不苟。又有白茶盏,光莹如玉,内有绝细暗花,花底有暗款,隐隐橘皮纹起。虽定瓷何能比方,真一代绝品。

《南村随笔》:宣德祭红,以西红宝石末入泑,凸起者,总以汁水莹厚,如堆脂,汁纹鸡橘,质料腻实,不易茅篾。正、宏、隆、万间,亦有佳者。

《清秘藏》:宣庙窑器,质料细厚,隐隐橘皮纹起。冰裂鳝血纹者,几与官、汝窑敌。即暗花者,内烧绝细龙凤暗花,底有"大明宣德年制"。

《妮古录》:宣庙时,蟋蟀澄泥盆,最为精绝。

按,此明窑极盛时也。选料、制样、画器、题款,无一不精。青花用苏泥勃青。至成化,其青已尽,只用平等青料。故论青花,宣窑为最。

成化窑

《博物要览》:成窑上品,无过五彩,葡萄瞥口扁肚靶杯,式较宣杯妙甚。次若草虫子母鸡劝杯、人物莲子酒盏、五供养浅盏、草虫小盏、青花纸薄酒盏、五彩齐箸小碟、香合、各制小罐,皆精妙可人。

高澹人《成窑鸡缸歌》注:成窑酒杯,各式不一,皆描画精工,点色深浅,莹洁而质坚,鸡缸上画牡丹,下画子母鸡,跃跃欲动。

按，成窑以五彩为最，酒杯以鸡缸为最。神宗时，尚食御前，成杯一双，直钱十万，当时已贵重如此。前人评宣、成高下，《留青日札》谓宣与汝敌，永乐、成化亦以次重；《蓉槎蠡说》谓胜朝官窑，首成，次宣，次永，次嘉；《博物要览》则谓青花成不宣，若宣窑五彩，深厚堆垛，成窑用色浅深，颇有画意。三家之论不同。总之，明器无能过宣、成者，而一时有一时聚精之物，则《博物要览》之言是也。

正德窑

正德初，置御器厂，专管御器。

《事物绀珠》：正德间，大珰镇云南，得外国回青，以炼石为伪宝，价倍黄金，已知其可烧窑器，用之色愈古。

《通雅》：回青以重色贵。

按，宣德中，以营膳所丞专督工匠，即专督御器厂之工匠。正统初罢之者，《志》所称"以兵兴，议寝陶息民"之事也。《豫章大事记》云：景泰五年，减饶州岁造瓷器三之一。是既罢督造之官，又减岁造之数也。故宣宗后几二十年，窑事不著。天顺复辟，丁丑仍委中官烧造，则御器之监造如故矣。《大事记》又云：成化二十二年，裁饶州烧造官。此宪宗末年，必孝宗初政。故终孝宗十八年，不言窑事。正德初置御器厂，专管御器者，复用中官也，故至嘉靖又裁之云。

又按，当日用回青，工匠恣为奸利。浮梁朱令，为剂量之法，其弊稍息。用青亦回青与石青相兼，十杂一为上，四六为中。嘉窑惟御器给之。《志》云回青行，而石子遂废者，非也。

嘉靖窑

嘉靖初，裁革中官，于各府佐轮选一员管理。四十四年，添设饶州府通判，驻厂督造，寻止。

《事物绀珠》：嘉靖窑，回青盛作，鲜红土断绝，烧法亦不如前，惟可烧矾红色。

《博物要览》：嘉靖青花、五彩二窑，制器悉备。奈饶土渐恶，较之往日，大不相侔。有小白瓯，世宗经箓醮坛用器，亦曰坛盏。制度质料，迥不及宣德。如鱼扁盏、红铅小花合子，亦为世玩。

按，青器，宣青尚淡，嘉青尚浓。回青之色，幽菁可爱。鲜红土绝，而回青效灵，亦一时之会也。然当麻仓土将次告竭之时，体质不及宣器远甚。坛盏色以正白如玉为最。垩嫩则近青，垩不净则近黄，皆无足取。《通雅》谓嘉靖时有填白坛盏，指此。

隆庆、万历窑

隆庆六年，复起烧造，仍于各府佐轮选管理。万历初，以饶州督捕通判改驻景德镇，兼理窑厂。

《江西大志》：旧用浮梁县麻仓等处白土，每百斤给直七分。万历十一年，同知张化美见麻仓土膏已竭，掘觅甚难，每百斤加三分。近用县境吴门托新土，有糖点者尤佳。

《豫章大事记》：窑变极佳，非人力所可致。人亦多毁之，不令传。万历十五六年间，诏烧方箸屏风，不成，变而为床，长六尺，高一尺，可卧。又变为船，长三尺，其中什器，无一不具。闻主者于饶州，郡县官皆见之，后捶碎，不敢以进。

按，明瓷至隆、万，制作日巧，无物不有。然隆窑之秘戏，殊非雅裁。他物汁水莹厚如堆脂，有粟起若鸡皮者，有发棕眼若橘皮者，亦可玩也。《通雅》云：官窑土骨坯干经年，重用车碾薄，上釉候干，数次出火。釉漏者，碾去上釉，更烧之。故汁水莹厚如堆脂，不易茅篾。此亦民窑之不得同者。

又按，明时江南常州府宜兴县欧姓者，造瓷器曰欧窑。有仿哥窑纹片者，有仿官、均窑色者。采色甚多，皆花盘、奁架诸器，旧者颇佳。附记于此。饶窑仿定器，用青田石粉为骨，曰粉定，质粗理松，不甚佳。

造　法

杂采诸书，为之条理，不复更详原出书名。

陶土，出浮梁新正都麻仓山，曰千户坑，曰龙坑坞，曰高路坡，曰低路坡。土埴垆，均有青黑界道，洒洒若糖点。莹若白玉，闪烁若金星者为上土，每百斤给直七分。万历间，坑深膏竭，镂空穿穴，民力维艰，管厂同知张化美，议百斤加直三分。其后，因县境内吴门托新土有糖点如麻仓者，尤佳。取土于彼，路倍于前，给直如故，不能多运。造龙缸用余干、婺源土及石末、坯屑，参和为之。以下采料。

石末，出湖田一二图，以和官土造缸，取其坚也。

釉土，出新正都。曰长岭，作青黄釉；曰义坑，作浇白器釉。二处皆有柏叶斑。又出桃树坞，青花白器通用之。

砂土、黄土，用造匣钵。砂土，募夫挑取，每百斤给直二分。黄土，拨本厂上工夫挑取。

鲜红土，未详出何地，烧炼作红器，正嘉间断绝，烧法亦不如前，仅可作矾红色。

西红宝石，宣窑造红鱼靶杯，粉宝石涂垩，红鲜夺目。

朱砂，宣窑作小壶、大碗，色红如日。

青，用陂塘青，产乐平一方。嘉靖中，乐平格杀，遂塞。用石子青，产瑞州诸处。

苏泥勃青，宣窑青花器用此，至成化时已绝。

回青，正德时大珰镇云南，得此于外国。嘉窑御器用此，其后亦不能继。

黑赭石，出庐陵新建，一曰无名子，用以绘画瓷器。

御器厂分二十三作，曰：大碗作、酒钟作、碟作、盘作、钟作、印作、锥龙作、画作、写字作、色作、匣作、泥水作、大木作、小木作、船木作、铁作、竹作、漆作、索作、桶作、染作、东碓作、西碓作。以下工役。

正嘉之际，官匠凡三百余。画工另募，盖绘事难也。

陶夫，砂土夫，雇用。上工夫，派饶州千户，所编派七县，解征工食。

回青，捣碎有朱砂斑者曰上青，有银星者曰中青，每斤可得青三两。敲青后，取奇零琐碎，人注水中，用磁石引杂石澄定，每斤可得真青五六钱。以下制料。

浮梁令朱贤议除匠匿回青之弊。打青用三人，各付青一斤，当官锤炼，再加研淘，令各计得青若干。有能多满一钱者，赏银。较三人所得，酌多寡之中，为之剂量，定得青之数。

回青淳，则色散而不收，石青加多，则色沉而不亮。每回青一两，加石青一钱，谓之上青。四六分加，谓之中青。中青用以设色，则笔路分明。

上青用以混水,则颜色清亮。

油色,用豆青油水、炼灰、黄土合成。紫金色,用罐水、炼灰、紫金石合成。翠色,用炼成古铜水、硝石合成。黄色,用黑铅末一斤、碾赭石一两二钱合成。金绿色,用炼过黑铅末一斤、古铜末一两四钱、石末六两合成。金青色,用炼成翠一斤、石子青一两合成。矾红色,用青矾炼红,每一两加铅粉五两,用广胶合成。紫色,用黑铅末一斤、石子青一两、石末六两合成。浇青,用釉水、炼灰、石子青合成。纯白,用釉水、炼灰合成。

祭红,以西红宝石为坯。又有朱砂点、翠青花点,色不同。坯肥乃有橘皮纹起。

瓷器用苎麻灰淋汁涂之,黄色者赤。土汁涂坯烧之,用芝麻秸淋汁染色,则成紫。

画青,每晨午二次,集工役分青染渍,择愿朴者二人,一绘大,一绘小。看画完,差其多寡同异,付窑带烧,合格者为样器,给画工。凡绘器颜料加减,色泽程度,悉以此器为准。以下画染。

黑赭石磨水画坯上,初无色,烧之便成天蓝,呼之为画烧青。

画法,如成窑酒器,高烧银烛照红妆,一美人持烛照海棠也;锦灰堆,折枝花果堆四面也;高士,一面画周茂叔爱莲,一面画陶渊明对菊也;娃娃,五婴儿相戏也。其他龙凤、鱼藻、花草、瓜瓠、八吉祥、西番莲等式,各有成样。

画名,如嘉靖八年烧造,募工给直。其画有赶珠龙、一秤金、娃娃、升降戏龙、凤穿花、满地娇、云雀、万岁藤、抢珠龙、灵芝捧八宝、八仙过海、飞雀牡丹、狮子滚绣球、转枝宝相花、鲭鲌鲤鳜、水藻、江下八俊、巴山出水、飞狮、水火捧八卦、竹叶灵芝、云鹤穿花、花样龙凤、转枝莲托八宝、八吉祥、海水苍龙捧八卦、三仙炼丹、耍戏娃娃、四季花、三阳开泰花、天花捧云山福海字、二仙、出水云龙、龙穿西番莲、穿花凤、双云龙、青缠枝宝相花、穿花龙、如意团鸾、凤穿花、鸾凤团龙、群仙捧寿、苍狮子、耍戏鲍老、升凤拥祥云、乾坤六合花、博古龙、松竹梅、鸾凤穿宝相花、四季花等名,不可胜计。

堆器,以笔蘸白泥堆坯上,成各样龙凤花草,加釉水炼灰烧成。以下堆琢五彩。

锥器,各样坯上,用铁锥锥成龙凤花草,加釉水炼灰烧成。

描金,用烧成白坯上贴金,过色窑,如矾红过炉火二次,余色不上全黄。

金花定碗，用大蒜调金描画，再入窑烧，永不复脱。

五彩，用烧过纯白瓷器，缋彩，过炉火烧成。

造匣，用黄土、砂土，参和为之，大小不一。以下制匣。

匣窑，除龙缸大匣外，其余大小匣，可烧七八十件，烧成计薪五十五扛。有一用即损者，有再用方坏者。每窑烧缸匣六层，大样二样，或盖或圈，皆烧香一炷，旁以小匣培之。三样缸匣，小则烧香二炷，培亦如之，薪视前加十之一赢。溜火三日夜，紧火一日夜，止火三日，出窑。

坯入窑，上下四角，周详审视，有无疵谬。必体质完美，然后盖匣封固，起火。以下装窑。

窑座，前宽六尺。后如前，饶五寸。入身六尺，顶圆。龙缸大样、二样者，容一口。三样者，一窑结砌二台，容二口。青窑比缸窑略小，前宽五尺，后五尺五寸，入身四尺五寸。每座烧盘碟中样器二百有奇，稍大者一百五十有六。大碗二十有四，尺碗三十，大坛十六七，小酒杯五六百。

缸窑，溜火七日夜。溜火如水滴溜，续续然、徐徐然不绝而已。使水气收，土气和，然后可以扬其华也。起紧火二日夜，视缸匣色变红，转而白，前后洞然矣，可止火封门，又十日开窑。每窑约薪百二十扛。遇阴雨，加十之一。以下火候。

青窑溜火对日，紧火一日夜，候火色，如缸窑。火止封门，则窑易冷。首尾五日，可出器。每窑用薪六十扛，器大加十之二。遇久雨窑湿，又加十之二。秋阳烈日，即大器，薪可不加。

六窑之中，风火窑匠最劳，溜火一日之前，细心而已，无所用力。第二日紧火之后，昼夜添薪，不使忽烬忽焰，炎凉不均。倦睡不能应机，神昏不能辨色。火有破璺走烟之失，器即有折裂阴黄之患。

陶说卷四　说器上

海盐　朱琰　述

唐虞器

缶

《吕氏春秋》：尧命质以麋鞈，置缶而鼓之。

按，缶本汲器、饮器，兼可节乐。尧命以麋鞈置之者，生革曰鞈，谓以麋革冒之也。法筑土为鼓之意而变之，与后世击缶不同。《风俗通》云：缶者，瓦器，秦人鼓之以节歌。《史记》载赵王与秦王会渑池事。秦王酒酣，令秦王鼓瑟，蔺相如前进缶，请秦王击缶。则击缶，原秦人旧俗。然匪独秦人，坎其击缶，见于《陈风》。即事有渐，当以尧之鼓缶为击缶之始。《山堂考索》云：缶，如覆盆，古西戎之乐，以四杖击之。又一击缶之法。

土塯——作土簋

土刑——作土型

《韩子》：尧舜饭土塯，啜土刑。如淳曰：刑，饭器。《广韵》：塯，瓦饭器。

《韩诗外传》：舜饭乎土簋，啜乎土型。

按，《考工记》：旊人为簋，原是陶器。然簋之为名，或其形与簠簋之簋相似，而后人加之，其初则名塯也。簋字从竹，得称当从竹器始。刑，型省文，器之模曰型。刑者，侀也。侀者，成也，一成而不可变，亦有模意。啜土型者，事从简略，即成器之型，为啜具也。

泰尊

《礼记·明堂位》：泰尊，有虞氏之尊也。《注》：泰用瓦。

按,《世本》云:仪狄始作酒。《孟子》赵岐《注》云:仪狄作酒,禹饮而甘之,遂疏仪狄而恶旨酒。是仪狄为夏禹时人,然虞已有泰尊,有虞氏养老以燕礼,又见《王制》,酒不始于仪狄可知。

甒大　瓦棺

《考工记》:有虞氏上陶。《注》:舜至质,贵陶器。甒大,瓦棺是也。甒大,详周器。

按,《檀弓》:有虞氏瓦棺。《注》:始不用薪也。《古史》:舜作瓦棺土塈,则夏后氏之塈周,亦始于舜。《卮言》云:史系天监五年,丹阳山南得瓦物,高五尺,围四尺,上锐下平,如盒。沈约云:此罂盎也,死则坐葬之。《檀弓》:夏后氏塈周是也。然郑《注》谓火熟曰塈,烧土冶以周于棺,与此大异。此当是虞之瓦棺。

甑盆

《韩诗外传》:舜甑盆无膻。《注》:膻,即今甑箄,所以盛饭,使水火之气上烝,而后饭可熟。谓之膻,犹人身之膻中也。

按,《考工记》:陶人为甗。《注》:无底甑。昔传宋太宗时,长安民得甗,其状下为鼎,三足,上为方甑,中设铜箄,可以开阖。无底,故设铜箄。则此甑盆,亦无底甑,而又不设甑箄,故曰无膻。

又按,《研北杂志》谓得古陶器,或言舜时物。《通雅》谓宋人言河南土中有羽觞,无色泽者,舜之陶。虞帝去今远,未敢尽信。吾子行以为秦铸金人之后,合土为陶,殆不然矣。

周　器

瓦簋

《礼图》:祭天用瓦簋。

按,《郊特牲》:器用陶匏。不详何器。《礼图》瓦旒,亦统言之曰陶旒之事而已。《山堂考索》记周之郊,谓王以匏片为爵,酌瓦甒之泛齐以献,是瓦甒其一也。礼器有木簋,又有瓦簋,有木豆,又有瓦豆。疏家谓祭天地之器尚质,若宗庙则以木为之。是凡礼器之从瓦者,或皆在瓦旒之列也。

大尊 大音泰

《周礼》:司尊、彝,掌六尊、六彝之位。凡四时之间祀、追享、朝享,其朝践,用两大尊。

《山堂考索》:大尊受五斗,口圆,径一尺,胫高三寸,中横径九寸,胫下大横径一尺二寸,底径八寸。腹上下空径一尺五分,厚半寸,底平厚寸。两大尊,一盛玄酒,一盛醴齐。

大罍

《周礼》:鬯人,凡祭祀社壝用大罍。《注》:瓦罍。《疏》:旒人为瓦簋。据外而言。罍亦用瓦,取质略之意。

瓦甒
缶
壶

《礼记·礼器》:君尊瓦甒,门外缶,门内壶。《注》:甒五斗,壶大一石,缶大小未闻。以小为贵,则近小远大;缶在门外,则大于壶。

《山堂考索》:大尊与甒,形制容受同。

按,瓦甒即虞尊。缶、壶,俱所以盛酒。《尔雅》郭注谓缶即盆。《考工记》:盆实二鬴,四区为鬴,鬴六斗四升。缶大于壶矣。又《易·坎卦》爻辞,王弼本樽酒句、簋贰句、用缶句《注》云:一樽之酒,二簋之食,瓦缶之器,纳此至约,自进于牖。是谓樽、簋皆瓦缶之器也。

瓦大

《仪礼·燕礼》:公尊瓦大,两有丰。《注》:瓦大,有虞氏尊。

瓮

《周礼》:醢人,王举则共醢六十瓮,宾客之礼,共醢五十瓮。醯人,王举则共齐、菹醯物六十瓮。宾客之礼,共醯五十瓮。膳夫,凡王之馈食,酱用百有二十瓮。《注》:酱,谓醯、醢也。

《山堂考索》:瓮高一尺,受三斗,口径六寸五分,腹径九寸五分,底径六寸五分,腹下渐杀六寸。

甗 盆 甑 鬲 庾

《考工记》:陶人为甗,实二鬴,厚半寸,唇寸。盆,实二鬴,厚半寸,唇寸。甑,实二鬴,厚半寸,唇寸,七穿。鬲,实五觳,厚半寸,唇寸。庾,实二觳,厚半寸,唇寸。《注》:量六斗四升曰鬴。郑司农云:甗无底甑。觳,读为斛,受三斗。元谓豆实三而成觳,则觳受斗二升,豆实四升。甗,鱼辇反,一音彦。鬲,音历。

《尔雅》:鬴,谓之鬵,鋗,鬵也。《注》:凉洲呼鋗。

按,甗,在陶人,周制也。《博古图》所载,则饕餮、垂花、雷纹、盘云、偃耳、直耳,极雕饰。亦有铭,验其款识,则曰"父己""父乙""祖己"。考古器,鼎有"父乙""父甲""父丁""祖戊",彝有"父癸""祖乙""父乙""父丁""父己""父辛""母乙",爵有"父丁""祖辛""父癸""父辛""父戊""祖己""父己",卣有"父甲""祖癸""父己",匜有"祖戊",盉有"父丁",觚有"父庚",皆商器。则此《博古图》所载,是商甗。周文商质,不应商有雕饰之形,周反守浑朴之素。而《博古图》又有"丁父""父己""父戊"商鬲,亦如甗然。或者陶人亦为雕饰之文,未详言之也。又《左传》,齐赂晋纪甗,《释文》以为玉甑。甗有以玉为者,古器盖不一其制云。

又按,《器用指归》云:甑所以炊饭。古甑瓦器,陶者为之。《尔雅》:甑,作鬵,从瓦从鬲,一也。《说文》:瓦、缶、鬲、弼四部,本以类从。弼即鬲,鬵鬴,从鬲,鬵又从弼,作鬻甑,又作鬻鬲,是炊器无疑。《博古图》谓甗之为器,上若甑,可以炊物,下若鬲,可以饪物,又一器兼甑、鬲之用。郑康成注"老妇之祭"云:瓶、盆,炊器,盆亦主炊。是陶人所掌,皆炊器,庾何为也?

又按,庾是量名,杂之甑、甗、盆、鬲,不于其伦。《左传》疏云:杜据《仪礼》今文，以庾为十六斗。《考工记》：陶人为庾，其下文旊人之豆，实三而成觳，则觳受斗二升。庾实二觳，则受二斗四升也。彼陶所作，是瓦器甕之类，非量。

簋 豆

《考工记》：旊人为簋，实一觳，崇尺，厚半寸，唇寸。豆实三而成觳，崇尺。

按，旊人簋、豆，当是礼器。《尔雅》：木豆谓之豆，竹豆谓之笾，瓦豆谓之登。登，《注》：膏登。非旊人之豆，故别见于后。《通雅》谓古器有祖癸豆、姬寏豆，是礼器又有铜豆也。《山堂考索》云：旊人不言簠，簠、簋是相将之物，亦应制在旊人。然经无明文，不敢于簋、豆之间杂出簠名，故附其说于此。

登

《尔雅》：瓦豆谓之登。《注》：膏登。

按，《楚辞》：兰膏明烛华镫错。《注》：镫，锭也。徐铉曰：锭中置烛，故谓之镫。《博古图》有锭铭曰："王氏铜虹烛锭。"李贺诗"晓虹屏中碧"本此。唐人诗又有用银缸者，本作登，后人以铜为之。从金，作镫，今俗作灯。古人焚膏必有器，故从郭注"膏登"之说，以著后来"华镫""铜虹"之托始于登矣。

瓴 甊

《尔雅》：甌瓿谓之瓵。《注》：瓿甊，小甖，长沙谓之瓵。又：康瓠谓之甈。《注》：瓠，壶也。

按，《博古图》：方斜瓿无铭，文饰极精妙，肩作电形，环腹之饰，皆取象于雷。肩胭之间，文镂相错，如盘丝发，微起乳形，而中作黄目状。鱼瓿无铭，肩腹之间，饰以鱼形。蟠螭瓿，饰以蟠螭。饕餮瓿，饰以饕餮，或间之以雷纹，形模典雅。瓿字从瓦，《尔雅》：甌瓿，出自陶人。山罍木器，郑玄谓亦刻而画之，为山云之形。则陶器或亦有文饰，然无所考。

汲缶

《易·比卦》:"有孚盈缶。"《注》:"井之水,人所汲,汲用缶。"
《左传》:"具绠缶,备水器。"

挈壶

《周礼》:挈壶氏,挈壶以令军井。《注》:郑司农曰:壶,所以盛饮。

缾

《左传》:虽有挈缾之智,守不假器。
《礼记·礼器》:夫奥者,老妇之祭也,盛于盆,尊于缾。

按,《说文》:壶,昆吾圜器。《礼》注:一石曰壶,本是饮器,故门外列缶,门内列壶,以饮器而通为汲器。《周礼》之挈壶令井,犹《左传》之具绠缶也。缶、壶、缾,总一类,只小大不同。壶小于缶,缾更小于壶。《方言》:缶,谓之瓿甊,其小者谓之缾罃。《说文》:罃,备火长颈缾也。缾,瓮也。缾,重文曰瓶,并薄经切。《玉篇》:瓶,蒲并切,缾,蒲丁切,皆汲器。为器既同,何必异音,从《说文》为是。老妇之祭,尊于缾,其备火之罃与?故《注》曰炊器。然此已为后代酒缾之始。《唐书·李大尧传》:太宗赐胡缾一,曰:虽非千镒,乃朕所自御。《政要》作壶缾;《通鉴释文》以为汲器;胡三省《辨误》曰:酒器,太宗有自御之言,非汲器可知。《贤奕编》云:今人呼酌酒器曰壶缾。

夫子书瓮 鲁器

《钟离意别传》:意为鲁相,修夫子庙堂,道有瓮,召守庙孔䜣问曰:此何等瓮?䜣曰:夫子瓮。背皆有书。夫子亡后,无敢发者。意乃发,得素书。

灌瓮 楚器

《庄子》:子贡入楚,过汉阴,见一丈人,方为圃畦,凿隧而入,抱瓮而灌。

经程齐器

《韩诗外传》：齐桓公饮诸臣酒，令曰：后者罚一经程。《注》：酒器之大者曰经程。

瓦卮韩器

《韩非子》：堂溪公谓韩昭侯曰：今有白玉之卮，无当，瓦卮有当，君宁何取？曰：取瓦卮。

按，齐之经程，不详何器。《侯鲭录》云：陶器有酒经，晋安人盛酒，似瓦壶之制。小颈，环口，修腹。凡馈人牲，兼以酒器。《书》云：酒一经，或二经，至五经焉。齐桓公之经程，当即此器。应劭《汉书注》云：卮，饮酒礼器，古以角。据《韩非子》堂溪公之语，是当时有瓦卮也，故附于后。列国器名，载在《方言》，参错互异，且不详何制，仅采一二可据者，以备考览。陶出三代，世所传甓器是也。《笔衡》云：今土中得者，其质浑厚，不务色泽。

汉　器

桂酒尊　泰尊

《郊祀歌·练时日》一：尊桂酒，宾八乡。《注》：晋灼曰：尊，大尊。元帝时大宰丞李元记云"以水渍桂，为大尊酒"。又《景星》十二：百末旨酒布兰生，泰尊柘浆析朝酲。

按，《周礼》六尊，大尊用于宗庙。四时之朝践，祭天地，则曰器用陶匏而已。其用大尊与否，经典未有明文。汉《郊祀歌·景星》则曰泰尊，《练时日》则曰尊桂酒，《注》亦以为大尊。既两见之，吾从其实，列之为二，于《练时日》之尊则曰桂酒尊。

盂

《东方朔传》：置守宫盂下。《注》：盂，食器，若盆而大，今盌盂也，读作钵。

按,《稗史类编》谓:钵,本天竺国器,故语谓之"钵多罗",晋宋间始为中夏所有。《演繁露》据《汉书注》"若盔而大,今之盔盂"语,以为古有此名。盔、钵字,本通。《注》曰:若作譬况之词,曰今,明非昔之器,《稗史类编》之言是也。《广韵》笺"缶"云:瓦器,钵也。当亦如注《汉书》者,以今明昔之义。

康瓠

贾谊《吊屈原》:斡弃周鼎兮宝康瓠。

甂 瓯 甀

《淮南子》:蓼菜成行,甂瓯有堤,称薪而爨,数米而炊,可以治小,而未可以治大。又:狗彘不择甂瓯。又:抱甀而汲。

瓿

《扬雄传》:吾恐后人之覆酱瓿也。

瓨

《史·货殖传》:醯酱千瓨。

儋

《蒯通传》:受儋石之禄。《注》:应劭曰:齐人名小瓮为儋,受二斛。

按,《汉书注》:康瓠,瓦盆底。《尔雅》:康瓠谓之甈。《注》:壶也。《释文》云:康,《埤苍》作瓶,《字林》作瓶。《说文》云:瓠,破罂。《方言》云:瓿甀,罂也,灵桂之间谓之瓶。《玉篇》云:瓶,大瓮也。瓶、甀、瓿,音近,其一类也。《说文》云:瓯,小盆也,甂似小瓿,大口而卑,用食。《方言》云:瓯谓之盆,自关而西谓之盆,其小者谓之升、瓯、甂。又云:甂,陈、魏、宋、楚之间,谓之题,其大者谓之瓯,今河北人呼小盆为题子。然则瓯、甂皆小盆,而甂又小于瓯也。甀,《说文》作㽍,云小口罂也。《列子》云:状若瓻甀。《国策》云:醯壶、酱甀。甀云者,今之小口瓮，故可抱而汲。瓿，音部，亦罂之小者。瓨，《说文》云：似罂，长颈，受十升，亦作缸。瓶之长颈者，《方言》谓罃。又云：周、洛、韩、郑之间，谓之甀；齐之东北、海岱之间，谓之瓵。瓵、儋通用。然则甀也，瓿也，瓨也，儋也，皆小口罂也。《通雅》云：今俗曰坛，曰埕。繇此言之，瓶大而缸小，今俗又以大者为缸也。

盏

《池北偶谈》：宋荔裳观察藏汉瓷盏二，内有鱼藻文，云在秦州耕夫得于隗嚣故宫。

按，盏属饮器，从酉作醆。夏琖饰以玉，遂从玉；亦从角，作觞。今俗作盏，从皿。数字通用。唐盏，紫金、白玉、银凿落、水晶、玻璃制，甚华美，专以佐饮。至宋，则瓷盏为斗茶之胜具矣。

漆乌瓦盘

《修复山陵故事》：武帝悼后元宫，漆乌瓦盘一枚。

按，《周礼》：玉府，合诸侯则供珠盘。盘之始也，亦作槃。《说文》：槃，承盘也。中山王《文木赋》"制为槃杆"，亦作柈。《古乐府》：奉药一玉柈。盘、槃、柈通，古文作鎜。《集韵》云：今曰托盘。

安哉

《太平御览》：李尤《安哉铭》：安哉令名，甘旨是盛。埏埴之巧，甄陶所成。

按，《通雅》云：古哉与裁、载通。《说文》：飺，设饪也，从刂，从食、才，读若载。慎之曰见《石鼓文》。考石鼓，飺卤飺北，谓载西载北也。安哉为安飺近是。铭词有"埏埴甄陶"之语，窑器无疑。

魏　器

陶尊

《晋·礼志》：魏景初元年，营洛阳南委粟山以为圆丘。祀之日，以始祖帝舜配，房俎生鱼，陶尊玄酒。

按，汉郊祀用泰尊，此但言陶尊，陶言其质，泰言其制，一也。

晋　器

缥瓷

潘岳《赋》：披黄苞以授甘，倾缥瓷以酌酃。

按，左思《蜀都赋》注：翠微，山气之轻缥也。《说文》云：缥帛，青白色。潘《赋》曰缥瓷，当时即以浅青相尚。后来峰翠、天青，于此开其先矣。

东瓯荈器

杜毓《荈赋》：器择陶拣，出自东瓯。

按，杜《赋》：器择陶拣，当时亦不止一窑，此乃其精焉者耳。瓯亦越地，是先越州窑而知名者也。

南北朝器

鹤觞罂

《洛阳伽蓝记》：河东人刘白堕善酿。六月中以罂贮酒，暴日中，经旬酒味不动，饮之香美，朝贵千里相饷，谓之"鹤觞"。

军持

《寄归传》：军持有二，瓷瓦者净用，铜铁者浊用。

《庶物异名疏》：梵语军持，一云军迟。此云瓶也。

按，《西域记》：捃稚迦，即澡瓶也。然则军持之名，捃稚讹文，又省迦字。释家以之洗手，故曰澡瓶，亦曰净瓶。《词林海错》云：蒙古人谓净瓶曰羊讹。佛教东汉入中国，至六朝而盛，故附于此。

隋　器

绿瓷琉璃

《隋·何稠传》：稠博览古图，多识旧物。时中国久绝琉璃之作，匠人无敢措意，稠以绿瓷为之，与真无异。

按，琉璃出黄支、斯调、日南诸国。大秦出者，赤、白、黑、黄、青、绿、绀、缥、红、紫十种。琉璃，本自然之物也。颜师古《汉书注》云：今俗所用，销冶石汁，加以众药，灌而为之，虚脆不贞。铸之之法，北魏太武时，有大月氏国人，商贩来京。自云能铸石为琉璃，于是采矿为之。既成，而光色妙于真者，遂传其法至今，想隋时偶绝也。然中国铸者质脆，沃以热酒，应手而碎。惜乎月氏之法传，而稠之法不传也。琉璃，《汉·西域传》作流离。

陶说卷五　说器中

海盐　朱琰　述

唐器

大尊

《唐六典》：凡尊彝之制，十有四，祭祀则陈之，一曰大尊。

《礼乐志》：陈设则祀上帝，大尊二，在坛上东南隅。五帝、日月各大尊二，在第一等。宗庙，大尊二，在堂下。进熟，则上帝以大尊实泛齐。五方帝从祀于圆丘，以大尊实泛齐。日月以大尊实醍齐。从祀于圆丘，以大尊二实泛齐。地祇从祀于方丘，以大尊二实泛齐。宗庙祫享，大尊实沈齐。

按，大尊，周用于宗庙，汉用于郊祀，皆可据者。唐则郊祀、宗庙并用之，盖以周祭天地用陶，必大尊也，故师其意如此。

进瓷

《柳柳州集·代人进瓷器状》略云：禀至德之陶蒸，自无苦窳。合太和以融结，克保坚贞。且无瓦釜之鸣，是称土铏之德。

按，《状》不言何器，亦不言何人进。唐之造陶器者不一地。考《地理志》言：贡瓷石之器者，只见河南道。河南、河东，地本接壤，岂即河南岁进之瓷，而柳州代为之状与？

紫瓷盆 渤海贡器

《杜阳杂编》：会昌元年，渤海贡紫瓷盆，容半斛，内外通莹，色纯紫，厚半寸许，举之若鸿毛。

按，《唐书》：渤海本粟靺鞨，附高丽者，其烧瓷当即高丽法也。何以后之传高丽窑器，未闻有此莹而轻者？《唐书》又云：宝应元年，诏以渤海为国，地有五京、十五府、六十二州，距京师八千里而远。朝贡至否，史家失传，故叛附无考。若然，则《杜阳杂编》之所纪，可以补史之缺。

越碗

陆羽《茶经》：碗，邢不如越。越碗，上口唇不卷，底卷而浅，受半升。详越州窑下。

内丘白瓷碗

《国史补》：内丘白瓷碗，端溪紫石砚，天下无贵贱，通之。

大邑瓷碗

《杜工部集·于韦处乞大邑瓷碗》诗：大邑烧瓷轻且坚，扣如哀玉锦城传。君家白碗胜霜雪，急送茆斋也可怜。

按，《说文》：碗，小盂也。字或作椀。《汉·淮南王传》注：食器杯碗之属。杨升庵述宋林少颖语，谓案古碗字，张平子青玉案即青玉碗，南京人谓传碗为案酒，可证。《枢要录》言元载家冷物用硫黄碗，热物用冷水瓷碗。瓷碗，自唐时盛行。内丘属邢州，如《国史补》所云，邢碗亦重于天下。大邑属邛州，色白而坚且轻，扣之有韵，味工部诗，瓷碗之上品矣。《茶经》并不列之下次中，独有取于越州者何也？《格古要论》云：古人吃茶，多用䀉，取其易干不留滓。《茶经》言越碗上口唇不卷，底卷而浅，䀉碗是已。而况似玉、似冰、色青之有助于茶者，邢不如也。宋人取兔毫盏，亦于斗茶为宜。九经无茶字，前人论茶，遂谓自晋宋以降始盛，然《晏子春秋》有茗茶之食，汉王褒《童约》有买茶之语，《吴志·韦曜传》有孙皓赐茶荈当酒之事，此皆在晋以前。《说文》：茶，苦茶，即今之茶。荈槚、苦荼见于《尔雅》，郭《注》云：早采为茶，晚采为茗，一名荈，蜀人名之为苦荼。《茶经》云：味甘，槚也；不甘而苦，荈也；啜苦咽甘，茶也。分别如此。自初采而制造，而收藏，而烹点，有条有理。水则某上水，某中水，某下水，火则时一沸，时二沸，时三沸。育汤之华，薄不为沫，厚不为饽，而有取于轻且细之花。择焉精，语焉详，其用器必审辨于历试之后，非率然也。

绿瓷杯

季南金诗：听得松风并涧水，急呼缥色绿瓷杯。

按,《方言》:盌、音雅。䀀、呼雅反。㽀、音章。䏶,音么。皆杯也。秦晋之间谓之盌,伯盌是也。自关而东,赵魏之间曰椷,或曰盏,或曰碗,其大者谓之䀀。吴越之间曰㽀,齐右平原以东,或谓之䏶。杯,其通语也。杯、棬,见《孟子》。《礼记·玉藻》久有此名,古人以此为酒器。如季南金所咏,用以试茗,恐后代茶钟,即起于此。

瓷罂　老瓦盆

杜工部诗:瓷罂无借玉为缸。又:莫笑田家老瓦盆,自从盛酒长儿孙。倾银注玉惊人眼,共醉还同卧竹根。

盏托

《演繁露》:台盏始于盏托,托始于唐。蜀相崔宁女饮茶,病盏热熨指,取楪子融蜡。象盏足大小,而环结其中,置盏于蜡,无所倾侧,因命工髹漆为之。宁喜其为,名之曰托。

按,《周礼》:彝下有舟。郑司农曰:舟乃尊下台,若今之承盘。是台盏之象,略见于周,而已具于汉。《通雅》云:有鬲塞者,乃楪子环蜡遗制。黄伯思曰:北齐画图已有之。是《演繁露》谓盏托始于唐。《格古要论》谓古无劝盘,非也。或者瓷碗之托,自唐蜀相崔宁女始。《通雅》又云:陶谷曰,刘张有鱼英托镂,言以鱼魷为酒台盏也。又有衬茶碗者。《资暇录》云:贞元初,青郓油缯为叶形,以衬茶碗,又是一家之制。

越瓯　邢瓯

《乐府杂录》:唐大中初,有调音律官、大兴县丞郭道源,善击瓯。用越瓯、邢瓯十有二,以箸击之,其音韵妙于方响。

八缶 后唐器

《绀珠》:八缶,如水盏,凡八,置之桌上击之,后唐司马滔作。

按,击瓯之风盛于唐,其法:瓯中用水加减以调宫商也,习于音而聪者能之。瓯取质紧而声清,此非如点茶佐酒,其窑法佳否,上手立验。《温尉集》中有《郭处士击瓯歌》,即道源也。又有马处士者,善此技,建击瓯楼,张曙有赋。武公业妾步非烟,亦以此名,见《非烟传》。此本因乎击缶,以十二瓯主音律,则击瓯变法。后唐司马滔以八缶置桌上击之,又以击瓯新意,参击缶古风也。杨升庵曰:今人水盏本此。

陶砚 十国前蜀器

米元章《砚史》:陈文惠家收一蜀王衍时陶砚,连盖,盖上有凤坐一台。余雕杂花草,涅之以金泥红漆,有字曰"凤凰台"。

按,昔人论砚曰:细润为德,发墨为材,端州水坑所以贵也。歙石发墨而难细润,澄泥细润而难发墨,陶砚在澄泥之次。旧有以玉、水晶、五金作砚者,更出其下矣。《砚史》又云:杭州龙华寺,收梁傅大夫瓷砚一枚,甚大,褐色,心如鏊,环水如辟雍之制,下作浪花。近足处,磨墨处,无瓷油。是梁亦有之也。

高足碗 十国南平

周羽冲《三楚新录》:高从诲时,荆南瓷器皆高足,公私竞置用之,谓之高足碗。

宋 器

白定仁和馆瓶　哥窑瓶

《妮古录》:余秀州买得白定瓶一。口有四纽,斜烧成"仁和馆"三字,如米氏父子所书。又于项元度家,见哥窑瓶。

纸槌、鹅颈、茄袋、花尊、花囊、蓍草、蒲槌等式瓶

袁宏道《瓶史》:江南人家所藏旧瓯,青翠入骨,砂斑垤起,可谓花之金屋。其次官、哥、象、定等窑,细媚滋润,皆花神之精舍斋。瓶宜矮而小,窑器如纸槌、鹅颈、茄袋、花尊、花囊、蓍草、蒲槌,形制短小,方入清供。

吉州窑白紫色大小瓶

《格古要论》:吉州宋时有五窑,书公烧者最佳,有白色、紫色花瓶。大

者直数两,小者有花。

箸瓶 官、哥、定窑

《香笺》:箸瓶,吴中近制短颈细孔者,插箸下重不仆。官、哥、定窑者,不宜日用。

玛瑙釉小罂

《六研斋笔记》:汝窑用玛瑙为末作釉,当时止供御,绝难得。余倅汝,仅见温指挥使家一小罂。

按,古器,瓶、罂,属汲器、酒器而已。释子有所谓频伽瓶者,用以洗手,故佛氏有供花之说,《名义》谓未闻用瓶。《秘阁闲谈》谓:巴东下岩僧,得一青瓷碗,折花供佛也。至定、官、哥窑,而花瓶之款遂多。至明而讲清供者,花瓶最重。张谦德《瓶花谱》云:贮花先须择瓶。春冬用铜,夏秋用瓷,因乎时也。堂厦宜大,书屋宜小,因乎地也。贵瓷铜,贱金银,尚清雅也。忌环,忌对,象神明也。口欲小,足欲厚,取其安稳不泄气也。其论精矣。支廷训为之作传曰《涵春君传》,其略云:借交于姚魏,受知于陶令,折节于董奉、师门,披衷于六郎、西子。姓湛氏,名撷英,移芳其字云。

又按,《考槃馀事》:养兰蕙,须用瓢,牡丹则用蒲槌瓶,方称。瓶内须打锡套管,收口作一小孔,以管束花枝,不令斜倒。又可注滚水,插牡丹、芙蓉等花。冬天贮水插花,则不冻损瓶质。亦安置花瓶之良法,不可不知。

陶砚

《麈史》:郭惟济得陶器,体圆,色白,中虚,径六七寸,酌水于轮廓间,隆起处磨墨甚良,古砚也。

哥窑砚

《曝书亭集·古林哥窑砚铭》:丛台澄泥邺宫瓦,未若哥窑古而雅,绿如春波渟不泻,以石为之出其下。

哥窑三山五山笔格
白定卧花哇哇笔格

《考槃馀事》：笔格有哥窑三山五山者，制古色润。有白定卧花哇哇，莹白精巧。

按，《说文》：咳，小儿笑声。《礼记》"咳而名之"是也。《孟子》：孩提之童。注：知孩笑。唐司空图文：女则牙牙学语。《通雅·谚原》：赤子曰孖儿，逐字转注为小儿，声则同哇哇，如所云牙牙也。《广韵》：哇，小儿声。

官、哥窑圆式、钵盂式、仪棱肚式水中丞
青冬瓷菊瓣水中丞
定窑瓶式水中丞
又束口圆肚三足者
龙泉窑细花纹水中丞
官、哥窑方圆壶，立瓜、卧瓜壶
官哥窑双桃注、双莲房注、牧童卧牛注、方注，笔格内贮水作注
定窑瓜壶、茄壶、驼壶，又可格笔
定窑蟾注
青冬瓷天鸡壶

《考槃馀事》：水中丞，陶者有官、哥窑瓮肚圆式，有钵盂小口式者，有仪棱肚者，有青冬瓷、菊瓣、瓮肚、圆足者。有定窑印花长样如瓶，但口敞可以贮水者，有圆肚束口三足者。有龙泉瓮肚，周身细花纹。近用新烧均窑，俱法此式，奈不堪用。水注，陶者有官、哥方圆壶，有立瓜、卧瓜壶，有双桃注，有双莲房注，有牧童卧牛者，有方者，有笔格内贮水用者。有定窑枝叶缠扰瓜壶，有蒂叶茄壶，有驼壶，可格笔。有蟾注。有青冬瓷天鸡壶，底有一窍者。工致精极，俱可入格。

按，《西京杂记》：广川王有玉蟾蜍一枚，以盛书滴。秦嘉妻与嘉书"今奉金错碗一枚，以盛书水"，即后之所谓砚滴也。水中丞，本宋可山林洪"文房十八官"。酒壶，古称注子。唐太和中，中官恶其名同郑注，改偏提。水注，沿注子之名也。《砚北杂志》载：南唐金蟾蜍砚滴,有铭,篆书腹下,甚古,附记于此。左足心曰"舍月窟",右足心曰"伏羲几",左后足曰"为我用",右后足曰"贮清泚"。额下左右各三字,曰"端溪石,澄心纸";腹两傍各三字,曰"陈元氏,毛锥子";腹下两旁各七字,曰"同列无哗听驱使,微吾润泽乌用女"。

官、哥、龙泉、定笔洗

《考槃馀事》:陶者有官、哥元洗、葵花洗、磬口洗、元肚洗、四卷荷叶洗、卷口蔗段洗、长方洗,但以粉青纹片朗者为贵。有龙泉双鱼洗、菊花瓣洗、钵盂洗、百折洗。有定窑三籁元洗、梅花洗、绦环洗、方池洗、柳斗元洗、元口洗、棱洗。有中盏作洗、边盘作笔觇者。有定窑匾坦小碟最多,俱可作笔觇。

哥窑蟠螭镇纸
青冬瓷狮鼓镇纸
哇哇狻猊镇纸

见《考槃馀事》。

按,《砚北杂志》云:薛道祖与米元章为书画友,其笔砚间物,云镇纸宜金虎,盖取重也。

官、哥、青冬窑瓷印

《考槃馀事》:印章有哥窑、官窑、青冬窑者,制作巧,纽色之妙,不可尽述。

按,秦以前,金玉为印,其后乃铸铜,最讲纽色。至元末,会稽王冕以花乳石代之,而镫明镫光,质温色雅。笔意得尽,最相宜也。昌化、寿山,相继而起,为品多矣。陶印亦莹润可喜。窃恐工于冶,未必工于篆,即觅工篆者为之,入火后未必能丝发不走。莫若仿古铜章,纽色烧成,用钢刀锲之,更带生趣。

官、哥窑方印色池，八角、委角印色池
定窑印花纹、方印色池

《考槃馀事》：印色池，官、哥窑方者佳。尚有八角、委角者，最难得。定窑方池外，有印花纹，佳甚，亦少者。

按，《考槃馀事》又云：有陆子冈做周身连盖滚螭、白玉印池，工致侔古，近多效制。有三代玉方池，内外土锈，血侵四裹，不知何用。今以为印池，似甚合宜。又云：诸玩器，玉当较胜于瓷。惟印色池，以瓷为佳，玉亦未能胜也。此言良是。愚谓近制多工华丽，如陆子冈白玉印池之式，当令陶人仿而为也。

官、哥、定窑、龙泉彝炉、乳炉

《香笺》：香炉，官、哥、定窑、龙泉彝炉、乳炉，大如茶杯，而式雅者为上。亦见《考槃馀事》。

按，《博物要览》云：宣炉之式，多仿宋瓷，其款多佳，惜乎存世者少也。古无香炉，古铜器为香炉用者，皆尊、彝、卣、鼎礼器。后之为炉者，亦即仿此为式。古博山炉是烧香之器，其制与今香炉迥异。长安丁缓作者，九层，镂为奇禽怪兽，穷诸灵异，皆自然运动。合德遗飞燕金博山五层炉，见《西京杂记》，此制今不见矣。

定窑香盒

《香笺》：有宋剔梅花蔗段盒，有定窑、饶窑者，有倭盒、三子、五子者。必须子口紧密，不泄香气，方妙。亦见《考槃馀事》。

按，香贵燥湿得宜，合和入窨，须蜡纸封固，埋地下半月余，用香室瓷盒最宜。盒亦作合，亦称合子。合中小合子曰义子，即《香笺》所云倭盒之三子、五子也。《博物要览》云：均窑有炉合，黄沙泥坯，不佳。

糊斗

《考槃馀事》：有建窑外黑内白长罐，定窑元肚并蒜蒲长罐，哥窑方斗

如斛，中置一梁。俱可作糊斗。

书镫

《考槃馀事》：有定窑三台灯檠，有宣窑两台灯檠，俱堪书室取用。

瓷箫

《南村随笔》：德化瓷箫，色莹白，式亦精好，但百枝中无一二合调者。合则其声凄朗，远出竹上。

瓷枕

《考槃馀事》：旧窑枕，长二尺五寸，阔六寸者，可用。长一尺者，谓之尸枕，乃古墓中物。虽宋瓷白定，亦不可用。有瓷石者，如无大块，以碎者琢成枕面，下以木镶成枕，最能明目益睛，至老可读细书。

《居易录》：德州赵侍郎宅，掘得古冢，有一瓷枕，枕上有杜诗"百宝装腰带"四句。

　　按，《丰宁传》云：益眼者无如瓷石为枕，可老而不昏，宁皇宫中多用之。

官窑花浇

《曝书亭集·官窑花浇铭》：赪兮若鱼尾之散余霞，润兮若海棠之过朝雨。

　　按，罗虬《花九锡》：三曰甘泉浸。《清异录》谓润花雨为花沐浴。花浇可以代润花之雨，而备九锡之一矣，其制当托始于抱瓮之灌。

定窑兔毛花

许次纾《茶疏》：茶瓯，古取定窑兔毛花者，亦斗、碾茶用之耳。

定州花瓷

《苏东坡集·试院煎茶》诗：潞公煎茶学西蜀，定州花瓷琢红玉。

建安兔毫盏

蔡襄《茶录》：茶色白，宜黑盏。建安所造者，绀黑，纹如兔毫。其坯微厚，熁之久，热难冷，最为要用。出他处者，皆不及也。其青白盏，斗试家不用。

鹧鸪斑

《清异录》：闽中造茶盏，花纹鹧鸪斑点，试茶家珍之。

按，《方舆胜览》云：兔毫盏，出瓯宁。下注云：黄鲁直诗"建安瓷碗鹧鸪斑"，是鹧鸪斑即兔毫盏。斗试之法：以水痕先退者为负，耐久者为胜，故较胜负曰一水、两水。茶色白入黑盏，水痕易验，兔毫盏之所以贵也。又《茶录》云：凡欲点茶，先须熁盏令热，冷则茶不浮。兔毫坯厚，久热用之适宜。称兔毫者，皆曰建安，而许次纾谓定州兔毛花为斗碾之宜，定州先有之耶？东坡《试院煎茶》诗云"定州花瓷琢红玉"，又不独贵黑盏。《送南屏谦师》诗云："道人晓出南屏山，来试点茶三昧手。忽惊午盏兔毛斑，打出春瓮鹅儿酒。"又以兔毫盏盛鹅儿酒矣。

小海鸥

《清异录》：耀州陶匠，创造一等平底深碗，号小海鸥。

卵碗

苏东坡《食槐叶冷淘》诗：青浮卵碗槐芽饼。

紫碗

《苏东坡集》"兴隆节侍宴前一日，微雪，与子由同访王定国，小饮清虚堂"诗云：银瓶泻油浮蚁酒，紫碗铺粟盘龙茶。

铜叶汤氅

《演繁露》《东坡后集·从驾景灵宫诗》云：病贪赐茗浮铜叶。按，今御前赐茶，皆不用建盏，用大汤氅，色正白，但其制样似铜叶汤氅耳。铜叶色黄,褐色也。

按,寿州瓷黄,茶色紫,洪州瓷褐,茶色黑,《茶经》以为不宜茶也。铜叶以形名,不以色名。然邢瓷白,越瓷青,陆谓越在邢上,宋人又尚建安黑盏,不取白者,大抵宜于斗试耳。饮器自然以白为上,故当日御前茶器用白。

东坡茗碗

《苏东坡集·赠杜介》诗:仙葩发茗碗,翦刻分葵蓼。注:《东坡十八罗汉颂后跋》,轼家藏十八罗汉像,每设茶供,则化为白乳,或凝为花木、桃李、芍药,仅可指名。

益公汤盏

《夷坚志》:周益公以汤盏赠贫友,归以点茶,才注汤其中,辄有双鹤飞舞,啜尽乃灭。

按,此二事甚奇,然亦如窑变之类,时或有之。盖陶出于土,又聚水火之精华也。《吴船录》云:蜀眉郡治军资库中,有一水瓮,满贮石子,每月朔祠之,仍增水石各一器,不知几年,而至今不满。《幽雅志》云:曹著为建康小吏,忽有卢府君,见府门前有大瓮,可受五百石,风云出其中。事亦相类,故附记于此。

定窑劝盘

《格古要论》:定劝盘,古之洗也。古人用汤瓶、酒注,不用壶瓶及有嘴折盂。茶钟、台盘,始于元朝,古定、官窑无此器。

官窑人面杯

《妮古录》:余于项元度家,见官窑人面杯。

哥窑合卺双桃杯,有承盘

《妮古录》:项希宪言,司马公哥窑合卺双桃杯,一合一开,即有哥窑盘承之,盘中一坎正相容,亦奇物也。后入刘锦衣家。

按，承盘，汉时已有之，见《礼》注。《格古要论》以定劝盘为古之洗，非也。《周礼·祭器图》：洗形如罍，洗、罍，受一斛。罍形似壶，与劝盘不相似。且《妮古录》载哥窑合卺杯，已有承盘，彰彰如此矣。合卺，见《仪礼·昏礼》，曰：尊于房户之东，无玄酒，篚在南，实四爵，合卺。《注》：破匏也；四爵两卺凡六，为夫妇各三酳。《释文》《字林》作𢀖，蠡也。古制用匏，亦用蠡。胡应麟《甲乙剩言》云：都下高邮守杨君家，藏合卺玉杯一器，以两杯对峙，中通一道，使酒相过。两杯之间，承以威凤，凤立蹲兽之上，高不过三寸许。制作甚妙，可与此匹。

哥窑八角把杯

《妮古录》：余于项元度家，见哥窑八角把杯。

按，《南史》：齐徐孝嗣议王侯贵人昏，连卺以真银杯，盖出近俗。今除金银连环，自余新器，悉用埏陶。是杯之用陶，在六朝已然矣。酒杯亦曰酒钟，东坡诗：薄薄酒，饮两钟。

酒榼

《清异录》：瓷宫，谓耀州青榼。

按，《孔丛子》云：昔有遗谚：尧舜千钟，孔子百觚，子路嗑嗑，尚饮十榼。酒器有钟、有榼，其来已久。扬雄《酒箴》云：鸱鹉滑稽，腹大如壶，尽日盛酒，人复借酤。应劭注：鸱鹉，榼形。是榼又名鸱鹉也。后又单名之曰鸱。黄鲁直诗：时送一鸱开锁眉。苏东坡诗：金钱百万酒千鸱。

饶州花青碗

《格古要论》：饶州御土窑，体薄而润，色白，花青，较定器少次。

按，此饶器之始。

箸瓶

《香笺》所引，亦出《考槃馀事》。

浙瓷

《太平寰宇记》：杭州亭市山余石乡亭市村，多陶户，善作大瓮。今谓之浙瓷，在南渡后。

秘色瓷

《六研斋笔记》：南宋余姚有秘色瓷。

按，此即钱氏秘色窑之遗也。今未得见秘色窑器，岂《笔记》所谓粗朴耐久似钧窑者？前之秘色，亦如此与？

元　器

饶州小足印花碗
饶州青黑色戗金酒壶、酒盏

《格古要论》：元朝烧小足印花，内有"枢府"字者最高。又有青黑色戗金者，多是酒壶、酒盏，甚可爱。

按，饶窑在宋元时，有命则开，停即止，故所传者少。今只据《格古要论》，以存大概。

陶说卷六　说器下

海盐　朱琰　述

明　器

绿瓷燎炉

《春明梦余录》：圜丘外围方墙，门四，内灵星门。南门外东南，砌绿瓷燎炉，旁毛血池。

按，古炊器用陶，周陶人甑、盆、题、鬲，皆炊器也。此因祭天地尚质之义，法古用陶之制。

大尊牺尊著尊

小罍

大羹和羹碗

毛血箆豆盘

扁壶方罐

看瓶牡丹瓶壶瓶

拜砖

以上嘉窑祭器，见《江西大志》。

按，古祭器用陶，大尊而外，甒大、壶、缶、簋、豆，用之于祭，未有经证，明陶器既盛，乃充其类而为之，又杂以后代之制。拜砖者，当拜之地。《汉官仪》：明光殿省中，以丹朱漆地，故曰丹墀，尚书伏其下奏事，此拜地之饰也。王仁裕《入洛记》：含元殿龙尾道，各上六七十步，方达第一级，皆花砖，此饰地之砖也。今移殿省之制于庙，故用瓷砖。嘉窑所烧，而列之于前者，祭器也。

压手杯 永乐窑

《博物要览》：压手杯，坦口折腰，沙足滑底。中心画双狮滚球，球内篆

"大明永乐年制"六字,或四字,细若粒米,此为上品。鸳鸯心者次之,花心者又其次也。杯外青花深翠,式样精妙,传世可久,价亦甚高。

按,此即氉也,坦口折腰,手把之,其口正压手,故名。

白坛盏 以下宣德窑

《博物要览》:盏心有"坛"字,白瓯,所谓坛盏是也。质细,料厚,式美,足称文房佳器。

按,汉竹宫紫泥为坛,齐梁《郊祀歌》称紫坛。其后经箓醮事,皆曰坛。此盏当是坛中供器。

白茶盏

《博物要览》:较坛盏少低,瓮肚,釜底线足,光莹如玉。内有绝细龙暗花,底有"大明宣德年制"暗款,隐隐橘皮纹起。虽定瓷何能比方,真一代绝品。

红鱼靶杯

《博物要览》:以西红宝石为末,图画鱼形,自骨内烧出,凸起,宝光,鲜红夺目。若紫黑色者,火候失手,似稍次矣。

按,靶,镫靶也,从革。弓弝,从弓。刀欛,又从木,从霸。剑,又称镡。《急就章》注云:镡,剑刃之本,入把者也。总之,皆手把处。《稗编》刀靶,《古镜记》剑靶,皆借靶,原可通用。然《妮古录》哥窑八角把杯作把,靶杯,从手,作把为是。

青花龙、松、梅花靶杯
青花人物、海兽酒靶杯
竹节靶罩盖

《博物要览》:此发古未有。

轻罗小扇扑流萤茶盏

徐应秋曰:人物毫发具备,俨然一幅李思训画。

五采桃注　石榴注　双瓜注　双鸳注　鹅注

《考槃馀事》：双瓜注，采色类生。双鸳注、鹅注，工致精极。

磬口洗　鱼藻洗　葵洗　螭洗

按，古礼器有洗。此以洗笔之器，亦名洗也。《考槃馀事》云：笔书后，即入笔洗中，涤去滞墨，则毫坚不脱，可耐久用。洗完即加笔帽，免挫笔锋。若有油腻，以皂角汤洗之。此可备用笔法。又东坡以黄连煎汤，调轻粉醮笔头，候干收之。山谷以川椒黄蘗煎汤，磨松烟染笔藏之。《文房宝饰》谓养笔以硫黄酒舒其毫，此收新笔法也。

朱砂大碗　朱砂小壶

《博物要览》：色红如日，用白锁口。

卤壶　小壶

《博物要览》：此等皆发古未有。

按，冯可宾《岕茶笺》云：茶壶，窑器为上，又以小为贵。每一客，壶一把，任其自斟自饮，方为得趣。壶小则香不涣散，味不躭阁。愚谓茶器以罩盖为上，罩盖亦以小为贵。然罩盖之大者，不过如小壶而止。若茶壶愈大，其失香变味愈甚，下之下矣。

敞口花尊

按，尊与瓶异。瓶，口小于腹；尊，腹小于口。瓶高，尊庳。尊，仿古尊也。

漏空花纹填五彩坐墩
五彩实填花纹坐墩
填画蓝地五彩坐墩
青花白地坐墩
冰裂纹坐墩

《博物要览》：漏空花纹，填以五采，华若云锦。又以五采实填花纹，绚艳悦目。二种皆深青地子。有蓝地填画五采，如石青剔花，有青花白地，有冰裂纹者。种种式样，非前代曾有。

按，宋学士王珪召对蕊珠殿，设紫花坐墩，命坐。墩，音顿。《尔雅》：丘，一成为丘敦。又：如覆敦者，敦丘。注：敦，盂也。敦，音堆。《诗》"至于顿丘"，《毛传》"丘一成为顿丘"，敦转为顿，坐墩亦如覆盂形，故以是名。从土者，《尔雅》注云：江东呼地高堆为敦。墩是敦俗字，相仍用之也。墩与杌子异，杌子有足，俗又以杌之小者曰凳。均窑亦有坐墩。《博物要览》云：黄沙泥坯，器质粗厚，未佳。

扁罐蜜食桶罐

《博物要览》：甚美，多五采烧色。

按，释氏有澡灌。《西域志》载：月支国佛澡灌青石，名罗勒。惠远法师《澡灌铭序》云：得摩罗勒石澡灌。皆作灌，以水可灌濯也。后人从缶，作罐。凡盛物小器，皆曰罐。又《急就章》注云：椭，小桶，以盛盐豉、蜜食。桶，古之椭也。

灯檠
雨台
幡幢雀食瓶
蟋蟀盆

按，戗金宣盆最重，亦有戗金蟋蟀盆，《吴梅村集》有歌。又苏州陆、邹二姓所造，极工巧，雕镂精致，出之大秀、小秀者尤妙。大、小秀，邹氏二女也。当时重促织之戏，胜负至千百，不惜重直购盆，故精巧如此，匪独陶器。

五彩靶杯以下成化窑

《博物要览》：成窑上品，无过葡萄瞥口五彩扁肚靶杯，式较宣杯妙甚。

鸡缸

《高江村集·成窑鸡缸歌》注：成窑酒杯，种类甚多，皆描画精工，点色深浅,瓷质莹洁而坚。鸡缸上画牡丹,下有子母鸡,跃跃欲动。

按,《野获编》云:窑器初贵成化,次则宣德。杯盏之属,初不过数金。顷来京师,成窑酒杯,每对至博银百金,为吐舌不能下。《曝书亭集》云:尝以月之朔望,观京师慈仁寺集。贵人入市,见陈瓷碗,争视之。万历窑器,索白金数两。宣德、成化款者,倍蓰。至鸡缸,非白金五镒市之不可,有力者不少惜。以陶器而得玉之上价,其贵重如此。

宝烧碗
朱砂盘

《高江村集·均窑瓶歌》注:成窑鸡缸、宝烧碗、朱砂盘,最精致,价在宋瓷上。

按,宝烧,以西红宝石末烧也。

人物莲子酒盏
青花纸薄酒盏
草虫小盏
五供养浅盏
五彩齐箸小碟
香合
各样小罐

《博物要览》:皆精妙可人。

高烧银烛照红妆酒杯
锦灰堆
秋千、龙舟、高士、娃娃杯
满架葡萄、香草、鱼藻、瓜茄、八吉祥、优钵罗花、西番莲杯

《高江村集·成窑鸡缸歌》注:成窑酒杯,有名高烧银烛照红妆,一美人持烛照海棠也。锦灰堆,折枝花果堆四面也。秋千,士女戏秋千也。龙舟,斗龙舟也。高士,一面画周茂叔爱莲,一面画陶渊明对菊也。娃娃,五

婴儿相戏也。满架葡萄,画葡萄也。其他香草、鱼藻、瓜茄、八吉祥、优钵罗花、西番莲,皆描画精工,色莹而坚。

按,《考槃馀事》,有定窑哇哇狻猊镇纸。哇,小儿声,故以此称婴孩,详见前。明器,皆从女作娃。吴楚之间谓好曰娃,吴有馆娃宫。扬雄赋:资娜娃之珍髦。师古曰:美女也。指婴孩,作哇哇为是。

坛盏 以下嘉靖窑

《博物要览》:小白瓯,内烧茶字、酒字、枣汤、姜汤字者,乃世宗经箓醮坛用器,亦曰坛盏,不及宣德。

按,坛盏有大、中、小三号。内有茶字者佳,姜汤字为下。盏色以正白如玉为最,较之宣窑不及,其佳者亦足重也。

磬口、馒心、圆足、外烧三色鱼扁盏
红铅小花合子,大如钱

《博物要览》:二品为世珍,小合子花青画美,向后官窑,恐不能有此。

赶珠龙、外一秤金、娃娃花碗
里外满地娇花碗
竹叶、灵芝、团云龙、穿花龙凤碗
外海水苍龙捧八卦、里三仙炼丹花碗
外龙凤鸾雀、里云龙碗
外鲭鲌鲤鳜、里云雀花碗
外天花捧寿山福海字、里二仙花盏
外双云龙、里青云龙花酒盏
外云龙、里升龙花盏
外博古龙、里云鹤花酒盏
外双龙、里双凤花盏
外四季花耍娃娃、里出水云龙花草瓯
外出水龙、里狮子花瓯
外乾坤六合、里升龙花瓯

福寿康宁花钟
里外万花藤、外有控珠龙茶钟
外耍戏娃娃、里云龙花钟
外团龙菱花、里青云龙茶钟
外云龙、里花团钟
松竹梅酒尊
里外满地娇花碟
里外云鹤花碟
外龙穿西番莲、里穿花凤花碟
外结子莲、里团花花碟
外结子莲、里龙凤碟
外凤穿花、里升降戏龙碟
灵芝捧八宝罐
八仙过海罐
耍戏鲍老花罐
孔雀牡丹罐
狮子滚绣球罐
转枝宝相花托八宝罐
满地娇、鲭鲌鲤鳜、水藻、鱼罐
江下八俊罐
巴山出水飞狮罐
水火捧八卦罐
八瓣海水飞龙花样罐
苍狮龙花瓶
灵芝四季花瓶
外四季花、里三阳开泰花盘
外九龙花、里云龙海水盘
海水飞狮龙捧福寿字花盘
外画四仙、里云鹤花盘
外云龙、里八仙捧寿花盘
云鹤龙果盒

青苍狮龙盒

龙凤群仙捧寿字花盒

双云龙花缸

里云龙花缸

转枝莲托八宝、八吉祥、一秤金、娃娃花坛

转枝莲托百寿字花坛

右器皆青花白地。

按，《法华经》：是人甚希有，过于优昙华。《疏》：优昙华，钵名，省文曰昙钵，遂有昙之名。而瓷之小者，亦以昙称。《群碎录》云：今人呼藏酒器曰昙，又从土作壜，陆龟蒙《谢山泉》诗云"石坛封寄野人家"是也。壜、坛古今字耳，亦作甔。皮日休诗"酒甔香竹院"，陆游诗"美酝绿盈甔"。甔之名，由来已古，或以此转而为坛也。

青碗 天青色碗 翠青色碗

外穿花鸾凤、里青如意团鸾凤花膳碗

青酒盏

外荷花鱼水藻、里青穿花龙、边穿花龙凤瓯

青茶钟

青碟 天青色碟 翠青色碟

暗鸾鹤花碟

转枝宝相花、回回花罐

暗龙花罐

纯青里海水龙、外拥祥云地、贴金三狮龙等花盘

双云龙缸

外青双云龙、宝相花缸

头青素缸

双云龙穿花坛

青瓷砖

右器皆青瓷。

　　　　双云龙花碗
　　　　双云龙雀盏
　　　　四季花盏

右器皆里白外青。

　　　　暗姜芽海水花碗
　　　　暗鸳鹤花酒盏爵盏
　　　　磬口茶瓯
　　　　暗龙花茶钟
　　　　甜白酒钟
　　　　甜白壶瓶
　　　　甜白盘
　　　　暗姜芽海水花坛

右器皆白瓷。

　　　　暗龙紫金碗金黄色碗
　　　　暗龙紫金碟金黄色碟

右器皆紫色。

　　　　鲜红改矾红色碗、碟
　　　　翠绿色碗、碟
　　　　青地闪黄、鸾凤穿宝相等花碗
　　　　黄地闪青、云龙花瓯
　　　　青地闪黄、鸾凤穿宝相花盏爵
　　　　黄花、暗龙凤花盒
　　　　紫金地闪黄、双云龙花盘碟
　　　　素穰花钵

右器杂色。以上俱见《江西大志》。

按,《魏志》:赐女倭以绛地交龙锦。《通雅》云:凡锦皆有地。绛地,裴松之不知,欲改为绨,可笑也。又宋仁宗景祐诏,以青罗绘龙麟,饰冕筒,补空地以云龙钿窠。《通雅》云:钿窠,锦上云龙之地也。五彩瓷,如制锦之法,故有青地、黄地、紫金地之名,画花亦如之。走龙、云凤、麒麟、狮子、鸳鸯、万金、盘龙对凤、孔雀、仙鹤芝草、大窠狮子、双窠云雁、大姜芽、云鸾、宜男百花、穿花凤、聚八仙、滴珠龙、狮子盘球、水藻戏鱼,皆古锦名。陶人画染之作,约略相似。

双云龙、凤霞穿花、喜相逢、翟雉、朵朵菊花、缠枝宝相花、灵芝、葡萄桌器以下隆庆窑

按,《清异录》:五代时,贵势以筵具更相尚。至方丈之案不能胜,旁挺二案翼之。参差数百,谓之绰楔台盘。又《北辕录》:淳熙丙申,待制张子政贺金国生辰。抵馆供晚食,先设茶筵具瓦垅。此云桌器,即筵具也。约一桌之器,而整齐之瓷色花样,俱以类从。明窑始见于此,今亦盛行。古人用几筵,今之桌,所以代几也。《杨亿谈苑》云:咸平、景德中,主家造檀香倚卓。借倚卓字。后人从木,作椅桌。又桌字加木傍作槕,俗书也。

外穿花龙凤、五彩满地娇、朵朵花,里团龙鸾凤、松竹梅、玉簪花碗
外双云龙凤、九龙海水、缠枝宝相花、里人物、灵芝、四季花盘
外双云龙凤、竹叶、灵芝、朵朵云龙、松竹梅、里团龙、四季花碟
外双云龙、芙蓉花、喜相逢、贯套海石榴、回回花、里穿花翟雉、青鹨鹅荷花、人物、狮子、故事、一秤金、全黄、暗龙钟
外穿花龙凤、八吉祥、五龙淡海水、四季花捧乾坤清泰字、八仙庆寿、西番莲、里飞鱼、红九龙、青海水鱼、松竹梅、穿花龙凤瓯
双穿云龙花凤、狮子滚绣球、缠枝牡丹花、青花果翎毛、五彩云龙、宝相花、草虫罐
穿花龙凤、扳枝娃娃、长春花、回回宝相花瓶
外梭龙、灵芝、五彩曲水、梅花、里云龙、葵花、松竹梅、白暗云龙盏
外云龙、五彩满地娇、人物故事、荷花、龙、里云龙曲水、梅花盆

双云龙、回回花果翎毛、九龙淡海水、荷花、红双龙、缠枝宝相花香炉
双云梭龙、松竹梅、朵朵菊花香盒
双云龙花凤、海水兽、狮子滚绣球、穿花喜相逢、翟鸡相斗

　　按，《广韵》：柤，煎药滓。凡食有滓者，亦称柤。斗，所以盛之也。俗作渣。

双云龙花凤、海水兽、穿花翟鸡、狮子滚绣球、朵朵四季花醋滴
双云龙凤、草兽、飞鱼、四季花、八吉祥、贴金孔雀、牡丹花坛，有盖，狮子样

　　右器皆青花白地，见《陶书》。

外双云、荷花、龙凤、缠枝西番莲、宝相花，里云团龙、贯套八吉祥、龙边姜芽海水、如意、云边、香草、曲水、梅花碗以下万历窑
外云龙、荷花、鱼、耍娃娃、篆福寿康宁字、回回花、海兽、狮子滚绣球，里云鹤、一把莲、萱草花、如意云、大明万历年制字碗
外团云龙、鸾凤、锦地八宝、海水、福禄寿、灵芝，里双龙捧寿、长春花、五彩凤穿四季花碗
外寿意、年鐙、端阳节、荷花、水藻鱼，里底青、正面云龙、边松竹梅碗
外双云龙、八仙过海、盒子心、四季花，里正面龙、篆寿字、如意、葵花、边竹叶、灵芝碗
外穿花云龙鸾凤、缠枝宝相、松竹梅，里朵朵四季花、回回样、结带、如意、松竹梅，边竹叶、灵芝盘
外荷花龙、穿花龙凤、松竹梅、诗意、人物故事、耍娃娃，里朵朵云、边香竹叶、灵芝、暗云龙宝相花盘
外团螭虎、灵芝、如意、宝相花、海石榴、香草，里底龙捧永保万寿、边鸾凤宝相花、永保洪福齐天、娃娃花盘
外缠枝莲托八宝、龙凤、花果、松竹梅、真言字、折枝四季花，里底穿花龙、边朵朵四季花、人物故事、竹叶、灵芝、寿意、牡丹花盘
外穿花鸾凤、花果翎毛、寿带花、满地娇、草兽、荷叶、龙，里八宝、苍龙、宝相花捧真言字、龙凤、人物故事碟

外缠枝牡丹花托八宝、姜芽海水、西番莲、五彩异兽、满地娇、里双云龙、
暗龙凤、宝相花、狮子滚绣球、八吉祥、如意云灵芝、花果碟
外长春、转枝宝相花、螭虎、灵芝、里五彩龙凤、边福如东海、八吉祥、
锦盆堆、边宝相花、结带八宝碟
外缠竹叶、灵芝、花果、八宝、双云龙凤、里龙穿四季花、五彩寿意、
人物、仙桃，边葡萄碟
外双云龙、贯套海石榴、狮子滚绣球，里穿花云龙、如意云，边香草、
红九龙、青海水、五彩鹭鸶荷花、遍地真言字钟
外蟠桃结篆寿字、缠枝四季花、真言字，里云鹤、火焰宝珠、暗双云龙、
荷花鱼、青海水钟
外穿花龙凤、八仙庆寿、回回缠枝宝相花，里团云龙、荷花鱼、
江芹子花捧真言字瓯
外团龙、如意云、竹叶、灵芝、五彩水藻鱼，里篆寿字、如意、牡丹花、
五彩如意瓯
外云龙、长春花、翎毛、士女、娃娃、灵芝捧八吉祥，里葡萄、朵朵四季花、
真言字、寿带花盏
外穿花双云龙、人物故事、青九兽、红海水，里如意香草、曲水梅花、
穿花翟鸡、白姜芽红海水盏
外双云龙凤，里黄葵花、转枝灵芝、五彩菊花盏
如意云龙、穿花龙凤、风调雨顺、天下太平、四髇头捧永保长春字、
混元八卦、神仙捧乾坤清泰字盒
异兽朝苍龙、如意云锦、满地娇、锦地葵花、方胜、花果翎毛、草虫盒
万古长春、四海来朝、面龙、四季花、人物故事盒
天下太平、四方香草如意、面回纹人物、五彩方胜盒
人物故事、面云龙、娃娃面、四季花、五彩云龙、花果翎毛、灵芝捧寿字盒
外海水飞狮、缠枝四季花、长春、螭虎、灵芝、石榴，里葵花、牡丹、
海水宝相花杯
外牡丹、金菊、芙蓉、龙凤、四季花、五彩八宝、葡萄、蜂赶梅花，里葵花、
牡丹、篆寿字、五彩莲花、古老钱杯盘
外云龙海水，里顶妆云龙箸盘
缠枝金莲花托篆寿字酒海

乾坤八卦、灵芝、山水、云龙香炉

外莲花、香草、如意、顶妆云龙、回纹香草、云龙、灵芝、宝相玲珑、古老钱炉

穿花龙凤、草兽衔灵芝、锦雉、牡丹、云鹤、八卦、麻叶西番莲瓶

团龙、四季花、西番莲托真言字、凤穿四季花、葡萄西瓜瓣、云龙捧圣寿字、杏叶、五彩水藻金鱼壶瓶

云龙、芦雁、松竹梅、半边葫芦花瓶

花果、翎毛、香草、草虫、人物故事花瓶

凤穿四季花、满地娇、五彩龙穿四季花、灵芝托八宝璎珞、香草花瓶

山水、飞狮、云龙、孔雀、牡丹、八仙过海、四阳捧寿、陆鹤乾坤、五彩人物故事罐

双云龙穿花、喜相逢粗斗

云龙、回纹、香草、人物故事、花果、灵芝粗斗

双云龙、缠枝宝相花醋滴

云龙棋盘

按，纹楸，棋盘也，故曰楸枰。《棋天洞览》云：元颐本枰棋声与律吕相应，盖用响玉棋盘，非有异术。得瓷为盘，所以助丁丁者，当与响玉比胜矣。

海水云龙、四季花、金菊、芙蓉檠台

陆鹤乾坤、灵芝、八宝、宝相花、如意、云龙烛台

宝山海水、云龙团座、攀桂娃娃、茈菰、荷叶、花草烛台

云龙凤穿四季花罱烛罐

锦地花果、翎毛、边双龙捧珠心屏

锦地云穿宝相花、灵芝、河图洛书笔管

按，王羲之《笔经》云：昔人或以琉璃、象牙为笔管，丽饰则有之，然笔须轻便，重则踬矣。近有以绿沉漆竹管及镂管见遗，斯亦可玩，何必金玉？斯言参书家三昧，瓷管恐亦嫌重。

八宝团龙笔冲

按，王献之有斑竹笔筒，名"裘钟"，世无其匹。《考槃馀事》以笔筒必湘竹为雅品，似亦不然。如近日陶器，颇多妙制。若此八宝团

龙,恐非清玩所宜。

麒麟、盒子心、缠枝宝相花、回纹、花果、八吉祥、灵芝、海水、梅花香奁

按,《急就章》:芬薰脂粉膏泽筒。注:筒,本用竹,其后转用金玉杂物,写竹状而为之,皆所以盛膏泽者也。愚谓香奁陶器,可仿古制,写竹状,大小高下,随器变易,亦是雅玩。

云龙回纹扇匣
海水、顶妆玲珑三龙山水笔架
蹲龙、宝象、人物砚水滴
人物故事、香草莲瓣槟榔盏
锦地、盒子心、龙穿四季花冠盏
外盒子心、锦地、双龙捧永保长寿、四海来朝、人物故事、四季花,里灵芝、
松竹、梅兰巾盏
玲珑双龙捧珠、飞龙狮子、海马凉墩
庆云、百龙百鹤、五彩百鹿、永保乾坤坛
水藻鱼、八宝、香草、荷花、满地娇、海水、梅花缸

右器皆青花白地。

云龙棋盘
升降海水云龙笔管
海水龙、盒子心、四季花笔冲
贯套如意、山水、灵芝花尊
宝山海水、云龙、人物故事、香草、莲瓣烛台
云龙凤穿四季花蒻烛罐
穿花山水、升降龙、青云鸾凤缸
香草玲珑、松纹锦、四季花香奁
锦地、盒子心、四季花果、翎毛、八宝罐
云龙回纹扇匣
玲珑山水笔架
四季花巾盏

云龙、回纹、四季花相斗

升转云龙、回纹、香草缸

右器皆五彩。

里白外青、贯套海石榴瓯

里白外青、对云龙、狮子滚绣球、缠枝金莲、宝相花缸

青地白花、白龙穿四季花笔冲

青双云龙捧篆寿字、飞丝龙穿灵芝、草兽、人物故事、百子图坛

五彩荷花云龙、黄地紫荷花凉墩

暗花云龙宝相花、全黄茶钟

黄地五彩、里白、外螭虎、灵芝、四季花、香草、回纹香炉

暗花鸾凤宝相花白瓷瓶

里白、外红绿黄紫、云龙膳盘

右器杂彩。以上皆见《陶书》。

仿白定长方印池

《考槃馀事》：近日所烧有盖白定长方印池，并青花白地，纯白者，古未有，宜多蓄之。且有长六七寸者，佳甚。

仿定器文王鼎炉、彝炉

《博物要览》：新仿定器，如文王鼎炉、兽面戟耳彝炉，不减定人制法，可用乱真。若周丹泉初烧为佳，亦须磨去满面火气，可玩。若继周而烧者，合炉、桶炉，以锁子甲、球门锦、龟纹、穿挽为花地者，制作极工，不入清赏，较丹泉之造远甚。

流霞盏

《池北偶谈》：近日一技之长，如雕竹则濮仲谦，螺甸则姜千里，嘉兴铜炉则张鸣岐，宜兴泥壶则时大彬，浮梁流霞盏则昊十九，皆知名海内。

卵幕杯

《居易录》：万历时，浮梁昊十九所制瓷器，妙极人巧。尝作卵幕杯，莹

白可爱,一枚重才半铢。

　　按,昊十九,自号壶隐道人,隐于陶。《居易录》称其能诗,书法赵承旨。性不嗜利,所居席门瓮牖而已。此一雅人,不仅以一技鸣矣。樊玉衡赠诗云:宣窑薄甚永窑厚,天下知名昊十九。更有小诗清动人,匡庐山下重回首。李日华诗云:为觅丹砂斗市廛,松声云影自壶天。凭君点出流霞盏,去泛兰亭九曲泉。余亦追赠一诗,记于末云:龙泉兄弟知名久,甄土新裁总后尘。独有流霞在江上,壶中高隐得诗人。

跋 一

　　右《陶说》六卷，吾宗笠亭先生之所著也。先生闻见广博，而著论务裨实用。客游饶州，饶产之巨，莫如景德镇之瓷，而其器尤为日用不可缺，乃以亲见之事，参诸旧闻。其说不诬，洵可传也。文藻不敏，性好涉猎典籍。若陶器一类，实前人所未备，此书允推创制。而鄙意闻见所及，尚有数事可资采择者。

　　若吾杭新平镇素瓷，唐贞观时名于天下，今其地久废，其说犹存。他若宜兴洪春所制之茶壶，流传海内，例所宜广。武林绣谷吴氏所藏百八酒器，一时名宿，各有诗歌，亦可胪陈其形式，而备其说。杨中丞雍建尝监窑事，其酌定事宜，见于文集者，亦有可采。至书瓷一节，仁和邵远平尝禁绝之，以为敬圣惜字之一端。而世宗时亦有请书年号，以垂永久者，谕旨不允其请。凡巨细各条，当俟暇时稍为辑录，以正有道。

　　先生勤学好古，文藻契慕已久，未获亲炙丰采。而今者读先生之书，辄有所献。知大雅虚怀，必不以鄙猥而斥其妄也。

乾隆三十九年岁次甲午春仲，文藻谨跋

跋 二

　　典籍于今大备矣。《考工》之书,汉隋唐宋诸《志》,撰述寥寥。若朱遵度《漆经》、杜镐《铸钱故事》之类,不过数种而已。《宣和博古图》、吕与叔《考古图》,大率详列彝器款识,无关民间日用之器具。前明则吕棠之《宣德彝器谱》,傅浚之《铁冶志》,汪砢玉之《古今鎈略》,皆莅其官,亲其事,纂辑成书。而陶器一艺,古今曾未闻述作。

　　海盐朱笠亭先生,经世才也。丁亥岁,馆于江西大中丞吴公宪署,因得悉景德窑器之制,撰成《陶说》六卷。考古验今,灿然具陈。草野编氓,目不睹先王礼器法物,而瓦盆土缶,无人不资为饮食之用。此书流传,天下之乐闻其说者广矣,岂特补古人未备已哉?

　　先生需次就诠,属博雠校,付之梓氏。既竣,因书数语于后。

　　　　　　　乾隆甲午三月朔,新安后学鲍廷博识于知不足斋

阳羡名陶录

[清]吴骞

【题解】

《阳羡名陶录》，二卷，清吴骞撰。骞，字槎客，号兔床，浙江仁和（今浙江杭州）人，生活在乾隆、嘉庆年间。吴骞博古好学，富收古玩，藏书极富，遇善本图书，倾囊相购，达数十万卷，后建"拜经楼"聚书。与其时贤达黄丕烈、陈鳣等人为密交，三人经常互相访书、借书、校书，感情深厚。

因祖上有别业在宜兴张渚，吴骞经常回去探视，所以对宜兴紫砂的相关情况比较了解。乾隆五十一年（1786）前后，吴骞在周高起《阳羡茗壶系》的基础上，撰成《阳羡名陶录》两卷。上卷分《原始》《选材》《本艺》《家溯》四类，介绍宜兴紫砂壶的起源、泥料、技艺特点，以及金沙寺僧、供春、时大彬等近四十位艺人的技艺概况。下卷分《丛谈》《文翰》两类，收录了多位贤人雅士对紫砂茶艺的记载，以及明清文人对紫砂壶的夸赞之文，涉及记、铭、赞、赋、诗等体裁。相较《阳羡茗壶系》，《阳羡名陶录》增加了多位紫砂陶瓷名家，以及多种紫砂陶瓷诗文。总体来说，《阳羡名陶录》重在记载制壶名家和作品，汇辑紫砂相关文献，因此在紫砂工艺的记载上，相对简单。不过，它的编纂和成书，真实地反映了明代以后宜兴紫砂陶瓷地位的上升。

《阳羡名陶录》最早收刻于《拜经楼丛书》，后有《榆园丛刻》等多种版本，文字偶有差别，但总体一致。特别是黄宾虹等选编《美术丛书》时，将其收入初集第三辑，这在一定程度上说明，紫砂陶瓷技术已被纳入艺术欣赏、艺术收藏的视角。今即据《美术丛书》版本点校整理。另外，吴骞后又编出《阳羡名陶录》的《续录》一卷，同样分为"家溯""本艺""谈丛""艺文"四类，体例与《阳羡名陶录》相同，增加了部分文献和几位名家。《美术丛书》未收录，本次亦不作整理。

自 序

　　上古器用陶匏，尚其质也。《传》称虞舜陶于河滨，器皆不苦窳。"苦"读如"盬"。苦者何？薄劣粗厉之谓也。窳者何？污窬痹敀之等也。然则苦窳之陶，宜为重瞳之所弗顾者。厥后阏父作周陶正，武王赖其利器用也，以大姬妻其子而封之陈。《春秋》述之。三代以降，官失其职，象犀珠玉，金碧焜耀，而陶之道益微。今陶穴所在皆有，不过以为瓴、甋、罂、缶之须，其去苦窳者几何？惟义兴之陶，制度精而取法古，迄乎胜国诸名流出，凡一壶一卣，几与商彝周鼎并为赏鉴家所珍，斯尤善于复古者与！

　　予暨来荆南？雅慕诸人之名，欲访求数器。破数十年之劳，而所得益寥寥焉。虑岁月滋久，并作者姓氏且弗章，拟缀辑所闻，以传好事。暨阳周伯高氏，尝著《茗壶系》，述之颇详。兹复稍加增润，为《阳羡名陶录》，超览君子，更有以匡予不逮，实厚愿焉！

　　　　　　　　　　乾隆丙午春仲月吉，兔床吴骞书于桃溪墨阳楼

阳羡名陶录卷上

海宁　吴骞槎客　编

原　始

相传壶土所出,有异僧经行村落,日呼曰:"卖富贵土。"人群嗤之。僧曰:"贵不欲买,买富何如?"因引村叟指山中产土之穴,及去,发之,果备五色,灿若披锦。

陶穴环蜀山,山原名独,东坡先生乞居阳羡时,以似蜀中风景,改名此山也。祠祀先生于山椒,陶烟飞染,祠宇尽墨。按《尔雅·释山》云:"独者,蜀。"则先生之锐改厥名,不徒桑梓殷怀,抑亦考古自喜云尔。

吴骞曰:明王升《宜兴县志》引陆希声《颐山录》云:颐山东连洞灵诸峰,属于蜀山,蜀山之麓有东坡书院。然则蜀山盖颐山之支脉也。又徐一夔《蜀山草堂记》:东坡筑书堂,其址入于金陵保宁之官寺久矣,遂为寺之别墅。今东坡书院前有石坊,宋牧仲中丞题曰:"东坡先生买田处。"

选　材

嫩黄泥,出赵庄山,以和一切色土,乃黏埴可筑,盖陶壶之丞弼也。

石黄泥出赵庄山,即未触风日之石骨也,陶之乃变朱砂色。

天青泥,山螽墅陶之变,黯肝色。又其夹支有梨皮泥,陶现冻梨色;淡红泥,陶现松花色;浅黄泥,陶现豆碧色;密口泥,陶现轻赭色;梨皮和白砂,陶现淡墨色。山灵腠胳,陶冶变化,尚露种种光怪云。

老泥出团山,陶则白砂星星,宛若珠琲。以天青、石黄和之,成浅深古色。

白泥出大潮山,陶瓶、盎、缸、缶用之。此山未经发用,载自江阴白石山。即江阴泰望山东北支峰。

吴骞曰：按大潮山一名南山，在宜兴县南，距丁、蜀二山甚近，故陶家取土便之。山有洞，可容数十人，又张公、善权二洞，石乳下垂，五色陆离，陶家作釉，悉于是采之。

出土诸山，其穴往往善徙，有素产于此，忽又他穴得之者，实山灵有以司之，然皆深入数十丈乃得。

本　艺

造壶之家，各穴门外一方地，取色土筛捣，部署讫，弇窑其中，名曰"养土"，取用配合，各有心法，秘不相授。壶成幽之，以候极燥，乃以陶瓷俗谓之缸掇。庋五六器，封闭不隙，始鲜欠、裂、射、油之患。过火则老，老，不美观；欠火则稚，稚，沙土气。若窑有变相，匪夷所思，倾汤贮茶，云霞绮闪，直是神之所为，亿千或一见耳。

规仿名壶曰"临"，比于书画家入门时。

壶供真茶，正在新泉活火，旋瀹旋啜，以尽色声香味之蕴。故壶宜小不宜大，宜浅不宜深，壶盖宜盎不宜砥。汤力茗香，俾得团结氤氲。宜倾竭即涤，去渟泽。乃俗夫强作解事，谓时壶质地坚结，注茶越宿，暑月不馊。不知越数刻而茶败矣，安俟越宿哉？况真茶如菟脂，采即宜羹，如笋味，触风随劣。悠悠之论，俗不可医。

壶宿杂气，满贮沸汤，倾即没冷水中，亦急出冷水写之，元气复矣。

品茶用瓯，白瓷为良，所谓"素瓷传静夜，芳气满闲轩"也。制宜弇口邃腹，色泽浮浮而香味不散。

茶洗，式如扁壶，中加一项鬲而细窍其底，便过水漉沙。茶藏，以闭洗过茶者，仲美、君用各有奇制，皆壶使之从事也。水勺、汤铫，亦有制之尽美者，要以椰匏、锡器，为用之恒。

壶之土色，自供春而下及时大初年，皆细土淡墨色，上有银沙闪点，迨硇砂和制，穀绉周身，珠粒隐隐，更自夺目。

壶经用久，涤拭日加，自发暗然之光，入手可鉴，此为文房雅供。若腻滓斓斑，油光烁烁，是曰"和尚光"，最为贱相。每见好事家藏列颇多名制，而爱护垢染，舒袖摩娑，惟恐拭去，曰："吾以宝其旧色尔。"不知西子蒙不洁，堪充下陈否耶？以注真茶，是藐姑射山之神人，安置烟瘴地面矣，岂不舛哉？

周高起曰：或问以声论茶，是有说乎？答曰：竹垆幽讨，松火怒飞，蟹眼徐窥，鲸波乍起，耳根圆通为不远矣。然炉头风雨声，铜瓶易作，不免汤腥；沙铫亦嫌水气，惟纯锡为五金之母，以制茶铫，能益水德，沸亦声清；白金尤妙，第非山林所办尔。

家 溯

金沙寺僧，久而逸其名矣。闻之陶家云：僧闲静有致，习与陶缸瓮者处，抟其细土，加以澄练，捏筑为胎，规而圆之，刳使中空，踵传口、柄、盖、的，附陶穴烧成，人遂传用。

吴骞曰：金沙寺在宜兴县东南四十里，唐相陆希声之山房也。宋孙觌诗云："说是鸿磐读书处，试寻幽伴拄孤藤。"建炎间，岳武穆曾提兵过此，留题。

供春，学宪吴颐山家僮也。颐山读书金沙寺中，春给使之暇，窃仿老僧心匠，亦淘细土抟坯，茶匙穴中，指掠内外，指螺文隐起可按，胎必累按，故腹半尚现节腠，视以辨真。今传世者，栗色暗暗，如古金铁，敦庞周正，允称神明垂则矣。世以其系龚姓，亦书为龚春。

周高起曰：供春，人皆证为龚春。予于吴冏卿家见大彬所仿，则刻"供春"二字，足折聚讼云。

吴骞曰：颐山名仕，字克学，宜兴人，正德甲戌进士，以提学副使擢四川参政。供春实颐山家僮，而周系曰青衣，或以为婢，并误，今不从之。

董翰，号后溪，始造菱花式，已殚工巧。

赵梁，多提梁式。<small>梁亦作良。</small>

元畅。<small>《茗壶系》作元锡，《秋园杂佩》作袁锡，《茗壶谱》作元畅。</small>

时朋，一作鹏，亦作朋。时大彬之父，与董、赵、元是为四名家，并万历间人，乃供春之后劲也。董文巧，而三家多古拙。

李茂林，行四，名养心，制小圆式，妍在朴致中，允属名玩。<small>案，春至茂</small>

林,《茗壶系》作正始。

周高起曰:自此以往,壶乃另作瓦缶囊闭入陶穴,故前此名壶,不免沾缸坛油泪。

时大彬,号少山。或陶土,或杂砂碙土,诸款具足,诸土色亦具足。不务妍媚,而朴雅坚栗,妙不可思。初自仿供春得手,喜作大壶,后游娄东,闻陈眉公与琅琊、太原诸公品茶试茶之论,乃作小壶。几案有一具,生人闲远之思,前后诸名家并不能及,遂于陶人标大雅之遗,擅空群之目矣。案,大彬,《茗壶系》作大家。

周高起曰:陶肆谣云,"壶家妙手称三大",盖谓时大彬及李大仲芳、徐大友泉也。予为转一语曰:明代良陶让一时,独尊少山,故自匪佞。

李仲芳,茂林子,及大彬之门,为高足第一。制渐趋文巧,其父督以敦古。仲芳尝手一壶,视其父曰:"老兄,者个何如?"俗因呼其所作为"老兄壶"。后入金坛,卒以文巧相竞。今世所传大彬壶,亦有仲芳作之,大彬见赏而自署款识者。时人语曰:"李大瓶,时大名。"

徐友泉,名士衡,故非陶人也。其父好时大彬壶,延致家塾。一日,强大彬作泥牛为戏,不即从,友泉夺其壶土出门而去,适见树下眠牛将起,尚屈一足,注视捏塑,曲尽厥形状,携以视大彬,一见惊叹,曰:"如子智能,异日必出吾上。"因学为壶,变化式土,仿古尊罍诸器,配合土色所宜,毕智穷工,移人心目。厥制有汉方、扁觯、小云雷、提梁卣、蕉叶、莲芳、凌花、鹅蛋、分裆索耳、美人垂莲、大顶莲、一回角、六子诸款。泥色有海棠红、朱砂紫、定窑白、冷金黄、淡墨、沉香、水碧、榴皮、葵黄、闪色、梨皮诸名。种种变异,妙出心裁。然晚年恒自叹曰:"吾之精,终不及时之粗。"友泉有子,亦工是技,人至今有大徐、小徐之目,未详其名。案,仲芳、友泉二人,《茗壶系》作名家。

欧正春,多规花卉果物,式度精妍。

邵文金,仿时大汉方独绝。

邵文银。

蒋伯荂,名时英。此四人并大彬弟子。蒋后客于吴,陈眉公为改其字之"敷"为"荂",因附高流,讳言本业,然其所作,坚致不俗也。

陈用卿,与时英同工,而年技俱后。负力尚气,尝以事在缧绁中,俗名

"陈三骏子"。式尚工致,如莲子、汤婆、钵盂、圆珠诸制,不规而圆,已极妍饰。款仿钟太傅笔意,落墨拙,用刀工。

陈信卿,仿时、李诸传器具,有优孟、叔敖处,故非用卿族。品其所手作,虽丰美逊之,而坚瘦工整,雅自不群。貌寝意率,自夸洪饮,逐贵游间,不复壹志尽技。间多伺弟子造成,修削署款而已。所谓心计转粗,不复唱《渭城》时也。

闵鲁生,名贤,规仿诸家,渐入佳境,人颇醇谨,见传器,则虚心企拟,不惮改。为技也,进乎道矣。

陈光甫,仿供春、时大,为入室。天夺其能,早告一目。相视口的,不极端致。然经其手摹,亦具体而微矣。案,正春至光甫,《茗壶系》作"雅流"。

陈仲美,婺源人。初造瓷于景德镇,以业之者多,不足成其名,弃之而来。好配壶土,意造诸玩,如香盒、花杯、狻猊炉、辟邪、镇纸。重镂叠刻,细极鬼工。壶象花果,缀以草虫,或龙戏海涛,伸爪出目。至塑大士象,庄严慈悯,神采欲生,璎珞花鬘,不可思议。智兼龙眠、道子,心思殚竭,以夭天年。

沈君用,名士良,踵仲美之智而妍巧悉敌。壶式上接欧正春一派,至尚象诸物,制为器用,不尚正方圆,而笋缝不苟丝发。配土之妙,色象天错,金石同坚。自幼知名,人呼之曰"沈多梳",宜兴垂髫之称。巧殚厥心,亦以甲申四月夭。案,仲美、君用,《茗壶系》作神品。

邵盖。

周后溪。

邵二孙。并万历间人。

　　吴骞曰:按周嘉胄《阳羡茗壶谱》,以董翰、赵梁、元畅、时朋、时大彬、李茂林、李仲芳、徐友泉、欧正春、邵文金、蒋伯荂,皆万历时人。

陈俊卿,亦时大彬弟子。

周季山。

陈和之。

陈挺生。

承云从。

沈君盛,善仿友泉、君用。以上并天启、崇祯间人。

陈辰,字共之,工镌壶款,近人多假手焉,亦陶之中书君也。

周高起曰：自邵盖至陈辰，俱见汪大心《叶语》附记中。大心，字体兹，号古灵，休宁人。镌壶款识，即时大彬初倩能书者落墨，用竹刀画之，或以印记，后竟运刀成字，书法闲雅，在《黄庭》《乐毅》帖间，人不能仿，赏鉴家用以为别。次则李仲芳，亦合书法。若李茂林，朱书号记而已。仲芳亦时代大彬刻款，手法自逊。案，赵盖至陈辰，《茗壶系》入别派。

徐令音，未详其字，见《宜兴县志》，岂即世所称小徐者耶？

项不损，名真，槜李人，襄毅公之裔也，以诸生贡入国子监。

吴骞曰：不损故非陶人也。尝见吾友陈君仲鱼藏茗壶一，底有"砚北斋"三字，旁署"项不损"款，此殆文人偶尔寄兴所在。然壶制朴而雅，字法晋唐，虽时、李诸家，何多让焉？不损诗文深为李檀园、闻子将所赏，颇以门才自豪，人目为狂，后入修门，坐事死于狱。《静志居诗话》载其《题闺人梳奁铭》云："人之有发，旦旦思理，有身有心，奚不如是。"此铭虽出于前人，然不损亦非一干狂者。或云"人之有发"云云，乃唐卢仝所作《栉铭》。

沈子澈，崇祯朝人。

吴骞曰：仁和魏叔子禹新为余购得菱花壶一，底有铭曰"石根泉蒙，项叶漱齿，鲜涤尘热"，后署"子澈为密先兄制"。又桐乡金云庄比部旧藏一壶，摹其式寄余，底有铭云"崇祯癸未沈子澈制"。二壶款制极古雅浑朴，盖子澈实明季一名手也。

陈子畦，仿徐最佳，为时所珍，或云即鸣远父。

陈鸣远，名远，号鹤峰，亦号壶隐，详见《宜兴县志》。

吴骞曰：鸣远一技之能，间世特出。自百余年来，诸家传器日少，故其名尤噪。足迹所至，文人学士争相延揽。常至海盐馆张氏之涉园，桐乡则汪柯庭家，海宁则陈氏、曹氏、马氏，多有其手作，而与杨中允晚研交尤厚。予尝得鸣远天鸡壶一，细砂作紫棠色，上镌庚子山诗，为曹廉让先生手书，制作精雅，真可与三代古器并列。窃谓就使与大彬诸子周旋，恐未甘退就邾莒之列耳。

徐次京。

惠孟臣。

葭轩。

郑宁侯。皆不详何时人,并善摹仿古器,书法亦工。

张燕昌曰:王汈山长子翼之燕书斋一壶,底有八分书"雪庵珍赏"四字,又楷书"徐氏次京"四字,在盖之外口,启盖方见,笔法古雅,惟盖之合口处,总不若大彬之元妙也。余不及见供春手制,见大彬壶,叹观止矣。宜周伯起有"明代良陶让一时"之论耳。又余少年得一壶,底有真书"文杏馆孟臣制"六字,笔法亦不俗,而制作远不逮大彬,等之自桧以下可也。

吴骞曰:海宁安国寺每岁六月廿九日香市最盛,俗称齐丰宿山。于时百货骈集,余得一壶,底有唐诗"云入西津一片明"句,旁署"孟臣制",十字皆行书。制浑朴,而笔法绝类褚河南,知孟臣亦大彬后一名手也。葭轩工作瓷章,详《谈丛》。又闻湖汊质库中有一壶,款署"郑宁侯制",式极精雅,惜未寓目。

《阳羡名陶录》卷上终

阳羡名陶录卷下

海宁　吴骞槎客　编

丛　谈

　　蜀山黄黑二土皆可陶，陶者穴火，负山而居，累累如兔窟。以黄土为胚，黑土傅之，作沽瓴、药炉、釜鬲、盘盂、敦缶之属，粥于四方，利最溥。近复出一种似均州者，获直稍高，故土价踊贵，亩逾三十千。高原峻坂，半凿为陂，可种鱼，山木皆童然矣。陶者甬东人，非土著也。王稚登《荆溪疏》

　　往时龚春茶壶，近日时大彬所制，大为时人宝惜，盖皆以粗砂制之，正取砂无土气耳。许次纾《茶疏》

　　茶壶陶器为上，锡次之。冯可宾《茶笺》

　　茶壶以小为贵，每一客壶一把，任其自斟自饮，方为得趣。何也？壶小，则香不涣散，味不耽阁。同上

　　茶壶以砂者为上，盖既不夺香，又无熟汤气。供春最贵，第形不雅，亦无差小者。时大彬所制又太小。若得受水半升，而形制古洁者，取以注茶，更为适用。其提梁、卧瓜、双桃、扇面、八棱细花、夹锡茶替、青花白地诸俗式者，俱不可用。文震亨《长物志》

　　宜兴罐，以龚春为上，时大彬次之，陈用卿又次之。锡注，以黄元吉为上，归懋德次之。夫砂罐，砂也；锡注，锡也。器方脱手，而一罐一注，价五六金。则是砂与锡之价，其轻重正相等焉，岂非怪事？然一砂罐、一锡注，直跻之商彝、周鼎之列而毫无惭色，则是其品地也。张岱《梦忆》

　　茗注莫妙于砂，壶之精者，又莫过于阳羡，是人而知之矣。然宝之过情，使与金玉比值，毋乃仲尼不为已甚乎？置物但取其适，何必幽渺其说，必至殚精竭虑而后止哉？凡制砂壶，其嘴务直，购者亦然，一曲便可忧，再曲则称弃物矣。盖贮茶之物与贮酒不同，酒无渣滓，一斟即出，其嘴之曲直可以不论，茶则有体之物也，星星之叶，入水即成大片，斟泻时，纤毫入嘴，则塞而不流。啜茗快事，斟之不出，大觉闷人，直则保无是患矣。李渔《杂说》

　　时壶名远甚，即遐陬绝域犹知之。其制，始于供春，壶式古朴风雅，茗

具中得幽野之趣者。后则如陈壶、徐壶，皆不能仿佛大彬万一矣。一云供春之后四家，董翰、赵良、袁锡，疑即元畅。其一即大彬父时鹏也。彬弟子李仲芳，芳父小圆壶。李四老官号养心，在大彬之上，为供春劲敌，今罕有见者。或沦鼠菌，或重鸡彝，壶亦有幸不幸哉？陈贞慧《秋园杂佩》

宜兴时大彬，制砂壶名手也。尝挟其术以游公卿之门。其子后补诸生，或为四书文以献嘲。破题云"时子之入学，以一贯得之"，盖俗称壶为罐也。《先进录》

均州窑器，凡猪肝色、火里红，青绿错杂若垂涎，皆上三色之烧不足者，非别有此样。此窑惟种菖蒲盆底佳，其其它坐墩、墩炉、合、方瓶、罐子俱黄砂泥坯，故器质不足。近年新烧，皆宜兴砂土为骨，釉水微似，制有佳者，但不耐用。《博物要览》

宜兴砂壶，创于吴氏之仆曰供春，及久而有名，人称龚春。其弟子所制更工，声闻益广，京口谈长益为之作传。《五石瓠》

近日一技之长，如雕竹则濮仲谦，螺甸则姜千里，嘉兴铜器则张鸣岐，宜兴茶壶则时大彬，浮梁流霞盏则昊十九，皆知名海内。王士祯《池北偶谈》

供春制茶壶，款式不一，虽属瓷器，海内珍之，用以盛茶不失元味，故名公巨卿。高人墨士恒不惜重价购之。继如时大彬，益加精巧，价愈腾。若徐友泉、陈用卿、沈君用、徐令音，皆制壶之名手也。徐喈凤《重修宜兴县志》

陈远，工制壶、杯、瓶、盒，手法在徐、沈之间，而所制款识书法雅健，胜于徐、沈。故其年虽未老，而特为表之。同上

毗陵器用之属，如笔、笺、扇、箸、梳、枕及竹木器皿之类，皆与他郡无异，惟灯则武进有料丝灯，壶则宜兴有茶壶。澄泥为之，始于供春，而时大彬、陈仲美、陈用卿、徐友泉辈，踵事增华，并制为花樽、菊合、香盘、十锦杯子等物，精美绝伦，四方皆争购之。于琨《重修常州府志》

明时宜兴有欧姓者，造瓷器曰"欧窑"，有仿哥窑纹片者，有仿官均窑色者，采色甚多，皆花盆、奁架诸器具，颇佳。朱炎(琰)《陶说》

供春壶式，茗具中逸品。其后复有四家，董翰、赵良、袁锡，其一则时鹏，大彬父也。大彬益擅长，其后有彭君实、龚春、陈用卿、徐氏壶，皆不及大彬。彬弟子李仲芳，小圆壶制精绝，又在大彬之右，今不可得。近时宜兴沙壶，复加饶州之鎏，光彩射人，却失本来面目。陈其年诗云："宜兴作者称供春，同时高手时大彬。碧山银槎濮谦竹，世间一艺皆通神。"高江村诗云："规制古朴复细腻，轻便可入筠笼携。山家雅供称第一，清泉好瀹三

春荬。"昔杜茶村称澄江周伯高著《茶茗二系表》,渊源支派甚悉。阮葵生《茶余客话》

台湾郡人,茗皆自煮,必先以手嗅其香,最重供春小壶。供春者,吴颐山婢名;制宜兴茶壶者,或作龚春者,误。一具用之数十年,则值金一笏。周澍《台阳百咏注》

昔在松陵王汋山楠。话雨楼,出示宜兴蒋伯荂手制壶,相传项墨林所定式,呼为"天籁阁壶"。墨林以贵介公子,不乐仕进,肆其力于法书名画及一切文房雅玩。所见流传器具无不精美,如张鸣岐之交梅手炉、阁望云之香几及小盒等,制皆有墨林字,则一名物之赖天籁以传,莫非子京精意所萃也。张燕昌《阳羡陶说》

先府君性嗜茶,所购茶具皆极精。尝得时大彬小壶,如菱花八角,侧有款字。府君云:"壶制之妙,即一盖可验试。随手合上,举之能吸起全壶,所见黄元吉、沈鹭雏锡壶亦如是。陈鸣远便不能到此。"既以赠一方外,事在小子未生以前,迄今五十余年,犹珍藏无恙也。余以先人手泽所存,每欲绘图勒石纪其事,未果也。同上

往梧桐乡汪次迁安。曾赠余陈鸣远所制研屏一,高六寸弱、阔四寸一分强,一面临米元章《垂虹亭》诗,一面柯庭《双钩兰》,惜乎久作碎玉声矣。柯庭名文柏,次迁之曾大父,鸣远曾主其家。同上

汪小淮海。藏宜兴瓷花尊一,若莲子而平底,上作数孔,周束以铜,如提梁卣,质朴浑,气尤静雅。余每见必询及。无款,不知为谁氏作,然非供春、少山后作者所能措手也。同上

余于禾中骨董肆得一瓷印,盘螭钮,文曰"太平之世多长寿人",白文,切玉法,侧有款曰"葭轩制"。葭轩不知何许人,此必百年来精于刻印。昔时少山陈共之工镌款,字特真书耳。若刻印则有篆法、刀法、摹印之学,非有数十年功者,不能到也。吴兔床著《阳羡名陶录》,鉴别精审,遂以为赠。时丙午夏日。同上

陈鸣远手制茶具雅玩,余所见不下数十种,如梅根笔架之类,亦不免纤。然余独赏其款字,有晋唐风格。盖鸣远游踪所至,多主名公巨族,在吾乡与杨晚研太史最契。尝于吾师樊桐山房见一壶,款题"丁卯上元为岢木先生制",书法似晚研,殆太史为之捉刀耳。又于王汋山家见一壶,底有铭曰:"汲甘泉,瀹芳茗,孔颜之乐在瓢饮。"阅此,则鸣远吐属亦不俗,岂隐于壶者与?同上

吾友沙上九人龙。藏时大彬一壶，款题"甲辰秋八月，时大彬手制"。近于王汋山季子斋头见一壶，冷金紫，制朴而小，所谓"游娄东见弇州诸公后作"也。底有楷书款，云"时大彬制"，内有纹一线，殆未尝陶铸以前所裂，然不足为此壶病。同上

余少年得一壶，失其盖，色紫而形扁，底有真书"友泉"二字，殆徐友泉也。笔法类大彬，虽小道，洵有师承矣。同上

客耕武原，见茗壶一于倪氏六十四研斋，底有铭曰"一杯清茗，可沁诗脾。大彬"，凡十字。其制朴而雅，砂质温润，色如猪肝，其盖虽不能吸起全壶，然以手拨之则不能动，始知名下无虚士也。即手摹其图，复系以诗云。陈鳣《松研斋随笔》

文　翰

记

宜兴瓷壶记
周容

今吴中较茶者，壶必宜兴瓷，云始万历间大朝山寺僧当作金沙寺僧。传供春。供春者，吴氏小史也。至时大彬以寺僧始止削竹如刃，刓山土为之。供春更斫木为模，时悟其法，则又弃模。而所谓削竹如刃者，器类增至今日，不啻数十事。用木重首作椎，椎唯炼土作掌，厚一薄一，分听土力。土稚不耐指，用木作月阜，其背虚缘易运代土，左右是意与终始用镯。长视笔，阔视薤，次减者二，廉首齐尾，廉用割、用剃、用剔，齐用抑、用趁、用抚、用推。凡接文深浅，位置高下，齐廉并用，壶事此独勤。用角，阔寸，长倍五，或圭或笏，俱前薄后劲，可以服我屈伸为轻重。用竹木如贝窍其中，纳柄凡转，而藏暗者借是。至于中丰两杀者，则有木如肾，补规万所困。外用竹若钗之股，用石如碓，为荔核形，用金作蝎尾。意至器生，因穷得变，不能为名。土色五，腻密不招客土，招则火知之，时乃故入以砂，炼土克谐。审其燥湿展之，名曰"土毡"。割而登诸月，有序先腹，两端相见。

廉用媒土,土湿曰"媒"。次面与足,足面先后,以制之丰约定,足约则先面,足丰则先足。初浑然虚含,为壶先天,次开颈,次冒,次耳,次嘴。嘴后着,戒也。体成,于是侵者剃之,骄者抑之,顺者抚之,限者趁之,避者剔之,暗者推之,肥者割之,内外等时。后起数家,有徐友泉、李茂林,有沈君用。

甲午春,余寓阳羡,主人致工于园,见且悉工,曰:"僧草创,供春得华于土,发声光尚已。时为人敦雅古穆,壶如之,波澜安闲,令人喜敬。其下俱因瑕就瑜矣。今器用日烦,巧不自耻。"嗟乎!似亦感运升降焉。二旬,成壶凡十,聚就窑火。予构文祝窑,文略曰:"器为水而成,火先明德功,繇土以立,木亦见材。"又曰:"气必足夫阴阳,候乃持夫昼夜,欲全体以致用,庶含光以守时。"云云。是日主人出时壶二,一提梁卣,一汉觯,俱不失工所言。卫懒仙云:"建工虽巧,不能徒手而就,必先器具修而后制度精。瓷壶以大彬传,几使旗人攞指。"此则详言本末,曲尽物情,文更峭健,可补《考工》之逸篇。

铭

茗壶铭
沈子澈

石根泉,蒙顶叶,漱齿鲜,涤尘热。

陶砚铭
朱彝尊

陶之始,浑浑尔。

茶壶铭
汪森

茶山之英,含土之精。饮其德者,心恬神宁。
酌中泠,汲蒙顶。谁其贮之古彝鼎,资之汲古得修绠。

赞

陈远天鸡酒壶赞
吴骞

娲兮炼色，春也审敀。宛尔和风，弄是天鸡。月明花开，左挈右提。浮生杯酒，函谷丸泥。

赋

阳羡茗壶赋 并序
吴梅鼎

六尊有壶，或方或圆，或大或小。方者腹圆，圆者腹方；范金琢玉，弥甚其侈。独阳羡以陶为之，有虞之遗意也。然粗而不精，与窳等。余从祖拳石公，读书南山，携一童子名供春，见土人以泥为缶，即澄其泥以为壶，极古秀可爱，世所称供春壶是也。嗣是，时子大彬师之，曲尽厥妙。数十年中，仲美、仲芳之伦，用卿、君用之属，接踵骋伎，而友泉徐子集大成焉。一瓷罂耳，价埒金玉，不几异乎！顾其壶为四方好事者收藏殆尽。先子以蕃公嗜之，所藏颇夥，乃以甲乙兵燹，尽归瓦砾，精者不坚，良足叹也。有客过阳羡，询壶之所自来，因溯其源流，状其体制，胪其名目，并使后之为之者，考而师之。是为赋。

惟宏陶之肇造，实运巧于姚虞。爰前民以利用，能制器而无窳。在汉秦而为甄，宝厥美曰"康瓠"。类瓦缶之太朴，肖鼎鬲以成区。杂瓷瓯与瓿甄，同锻炼以无殊。然而艺匪匠心，制不师古，聊抱瓮以团砂，欲挈瓶而范土。形每侪乎欹器，用岂侔夫周簠。名山未凿，陶甄无五采之文；巧匠不生，镂画昧百工之谱。爰有供春，侍我从祖，在髫龄而颖异，寓目成能，借小伎以娱闲，因心挈矩。过土人之陶穴，变瓦甄以为壶；信异僧而琢山，斫阴凝以求土。时有异僧绕白砀、青龙、黄龙诸山，指示土人曰："卖富贵土。"人异之，凿山得五色土，因以为壶。于是砠白砀，凿黄龙。宛掘井兮千寻，攻岩有骨；若入渊兮百仞，采玉成峰。春风花浪之滨，地有画溪花浪之胜。分畦茹滤；秋月玉潭之上，地近玉女潭。并杵椎舂。合以丹青之色，图尊规矩之宗。停椅梓之槌，酌剪裁于成片。握文犀之刮，施剧掠以为容。稽三代以博古，考秦汉以程功。圆者如丸，体稍纵为龙蜑；壶名龙蜑。方兮若印，壶名印方皆供春式。角偶刻以秦琮。又有刻角印方。脱手则光能照面，出冶则资比凝铜。彼新奇兮万变，师造化兮元功。信陶壶之鼻祖，亦天下之良工。过此则有大彬之典重，时大彬。价拟璆琳；仲美之雕镂，陈仲美。巧穷毫发。仲芳骨胜，而秀出刀镌；李仲芳。正春肉好，而工疑刻画。欧正春。求其美丽，争称君用离奇；沈君用。尚彼浑成，金曰用卿醇饬。陈用卿。

若夫综古今而合度，极变化以从心，技而进乎道者，其友泉徐子乎？缅稽先子，与彼同时。爰开尊而设馆，令效技以呈奇。每穷年而累月，期竭智以殚思。润果符乎球璧，巧实媲乎班倕。盈什百以韫椟，时阅玩以遐思。若夫燃彼竹炉，汲夫春潮，浥此茗碗，烂于琼瑶。对炜煌而意骇，瞻诡丽以魂销。方匪一名，圜不一相，文岂传形，赋难为状。尔其为制也，象云罍兮作鼎，壶名云罍。陈螭觯兮扬杯。螭觯名。仿汉室之瓶，汉瓶。则丹砂沁采；刻桑门之帽，僧帽。则莲叶擎台。卣号提梁，提梁卣。腻于雕漆。君名苦节，苦节君。盖已霞堆。裁扇面之形，扇面方。觚棱峭厉。卷席方之角，芦席方。宛转潆洄。诰宝临函，诰宝。恍紫庭之宝现；圆珠在掌，圆珠。如合浦之珠回。至于摹形象体，殚精毕异，韵敌美人，美人肩。格高西子，西施乳。腰洵约素，照青镜之菱花，束腰菱花。肩果削成，采金塘之莲蒂。平肩莲子。菊入手而疑芳，合菊。荷无心而出水。荷花。芝兰之秀，芝兰。秀色可餐；竹节之清，竹节。清贞莫比。锐榄核兮幽芳，橄榄六方。实瓜瓠兮浑丽。冬瓜丽。或盈尺兮丰隆，或径寸而平砥。或分蕉而蝉翼，或柄云而索耳。或番象与鲨皮，或天鸡与篆珥。分蕉蝉翼、柄云索耳、番象鼻、鲨鱼皮、天鸡、篆珥，皆壶款式。匪先朝之法物，皆刀尺所不拟。

若夫泥色之变，乍阴乍阳。忽葡萄而绀紫，倏橘柚而苍黄。摇嫩绿于新桐，晓滴琅玕之翠；积流黄于葵露，暗飘金粟之香。或黄白堆沙，结哀梨兮可啖。或青坚在骨，涂髹汁兮生光。彼瑰琦之窑变，匪一色之可名。如铁如石，胡玉胡金。备五文于一器，具百美于三停。远而望之，黝若钟鼎陈明廷；追而察之，灿若琬琰浮精英。岂随珠之与赵璧，可比异而称珍者哉！乃有广厥器类，出乎新裁。花蕊婀娜，雕作海棠之盒；沈君用海棠香盒。翎毛璀璨，镂为鹦鹉之杯。陈仲美制鹦鹉杯。捧香奁而刻凤，沈君用香奁。翻茶洗以倾葵。徐友泉葵花茶洗。瓶织回文之锦，陈六如仿古花尊。炉横古干之梅。沈君用梅花炉。卮分十锦,陈六如十锦杯。菊合三台。沈君用菊合。凡皆用写生之笔墨,工切琢于刀圭。倘季伦见之,必且珊瑚粉碎;使棠溪观此,定教白玉尘灰。用濡毫而染翰,志所见而徘徊。

诗

坐怀苏亭焚北铸炉,以陈壶、徐壶烹洞山岕片歌

熊飞

显皇垂拱升平季,文盛兵销遍恬喜。
是时朝士多韵人,竞仿吴依作清事。
书斋蕴藉快沈燎,汤社精微重茶器。
景陵铜鼎半百沽,荆溪瓦注十千余。
宣工衣钵有施叟,时大后劲模陈徐。
凝神昵古得古意,宁与秦汉官哥殊。
余生有癖尝涎觊,窃恐尤物难兼图。
昔年挟策上公车,长安米价贵如珠。
辍食典衣酬夙好,铸得大小两施炉。
今年阳羡理蓓架,怀苏亭畔乐名壶。
苏公癖王予梓里,此地买田贻手书。
焉知我癖非公癖,臭味岂必分贤愚。
闲煮惠泉烧柏子,梧风习习引轻裾。
吁嗟!
洞山岕片不多得,任教茗战难相克。
亭中长日三摩挲,犹如瓣香茶话随公侧。顾智跋:偶检残编,得熊公《怀苏亭》歌词,想见往时风流暇逸。今亭既湮没,故附梓于志,以志学宫昔有此亭,亦见阳羡茗壶固甲天下也。骞按,飞又作濰,四川人,崇祯中官宜兴教谕。

陶宝肖象歌为冯本卿金吾作

林古度茂之

昔贤制器巧含朴,规仿尊壶从古博。我明供春时大彬,量齐水火抟埴作。
作者已往嗟滥觞,不循月令仲冬良。荆溪陶正司陶复,泥砂贵重如珩璜。

世间茶具称为首,玩赏楷模在人手。粉锡型模莫与争,素瓷斟酌长相偶。
义取炎凉无变更,能使茶汤气永清。动则禁持慎捧执,久且色泽生光明。
近闻复有友泉子,雅式精工仍继美。常教春茗注山泉,不比瓶罍罄时耻。
以兹珍赏向东吴,胜却方平众玉壶。癖好收藏阮光禄,割爱举赠冯金吾。
金吾得之喜绝倒,写图锡名曰陶宝。一时咏赞如勒铭,直似千年鼎彝好。

赠冯本卿都护陶宝肖像歌
俞彦仲茅

何人霾向陶家侧,千年化作土赭色。球来捣冶水火齐,去声。义兴好手夸埏埴。

春涛沸后春旗濡,彭亨豕腹正所须。吴儿宝若金服匿,贪缘先入步兵厨。

于今东海小冯君,清赏风流天下闻。主人会意却投赠,朕以长句缥缃文。

陈君雅欲酣茗战,得此摩挲日千遍。尺幅鹅溪缀剡藤,更教摩诘开生面。图为王宏卿所写。

一时佳话倾璠玙,堪备他年班管书。月笋冯园名。即今书画舫,研山同伴玉蟾蜍。

过吴迪美朱萼堂看壶歌兼呈二公
周高起伯高

新夏新晴新绿焕,茶室初开花信乱。羁愁共语赖吴郎,曲巷通人每相唤。
伊余真气合寄怀,闲中今古资评断。荆南土俗雅尚陶,茗壶奔走天下半。
吴郎鉴器有渊心,曾听壶工能事判。源流裁别字字矜,收贮将同彝鼎玩。
再三请出豁双眸,今朝乃许花前看。高盘捧列朱萼堂,匣未开时先置赞。
卷袖摩挲笑向人,次第标题陈几案。每壶署以古茶星,科使前贤参静观。
指摇盖作金石声,款识称堪法书按。某为壶祖某云礽,形制敦庞古光灿。
长桥陶肆纷新奇,心眼欹歔多暗换。寂寞无言意共深,人知俗手真风散。
始信黄金瓦价高,作者展也天工窜。技道曾何彼此分,空堂日晚滋三叹。

供春、大彬诸名壶，价高不易办。予但别其真而旁搜残缺于好事家，用自怡悦，诗以解嘲

阳羡名壶集，周郎不弃瑕。尚陶延古意，排闷仰真茶。

燕市曾酬骏，齐师亦载车。也知无用用，携对欲残花。吴迪美曰：用涓人买骏骨、孙膑刖足事，以喻残壶之好。伯高乃真赏鉴家，风雅又不必言矣。

赠高侍读澹人以宜壶二器并系以诗

陈维崧 其年

宜壶作者推龚春，同时高手时大彬。
碧山银槎濮谦竹，世间一艺俱通神。
彬也沉郁并老健，沙粗质古肌理匀。
有如香盦乍脱藓，其上刻画螭凫蹲。
又如北宋没骨画，幅幅硬作麻皮皴。
百余年来迭兵燹，万宝告竭珠犀贫。
皇天劫运有波及，此物亦复遭荆榛。
清狂录事偶弄得，一具尚值三千缗。
后来往者或间出，巉削怪巧徒纷纶。
腊茶褐色好规制，软媚讵入山斋珍。
我家旧住国山下，谷雨已过芽茶新。
一壶满贮碧山荠，摩挲便觉胜饮醇。
迩来都下鲜好事，碗嵌玛瑙车渠银。
时壶市纵有人卖，往往赝物非其真。
高家供奉最淡宕，羊腔讵屑膏吾唇。
每年官焙打急递，第一分赐书堂臣。
头纲八饼那足道，葵花玉銙宁等伦。
定烦雅器瀹精茗，忍使茅屋埋佳人。
家山此种不难致，卓荦只怕车辚辚。
未经处仲口已缺，岂亦龙性愁难驯。
昨搜败簏剩二器，函走长鬣逾城闉。
是其姿首仅中驷，敢冀拂拭充綦巾。

家书已发定续致,会见荔子冲埃尘。

宜壶歌答陈其年检讨
高士奇澹人

荆南山下罨画溪,溪光潋滟澄沙泥。
土人取沙作茶器,大彬名与龚春齐。
规制古朴复细腻,轻便堪入筠笼携。
山家雅供第一称,清泉好瀹三春荑。
未经谷雨焙嫩绿,养花天气黄莺啼。
旗枪初试泻蟹眼,年年韵事宜幽栖。
柴瓷汉玉价高贵,商彝周鼎难考稽。
长安人家尚奢靡,镂锼工巧矜象犀。
词曹官冷性淡泊,叨恩赐住蓬池西。
朝朝傫直趋殿陛,夜冲街鼓晨听鸡。
日间幼子面不见,糟妻守分甘咸齑。
纵有小轩列图史,那能退食闲品题。
近向渔阳历边徼,春夏时扈八骏蹄。
秋来独坐北窗下,玉川兴发思山溪。
致札元龙乞佳器,遂烦持赠走小奚。
两壶圆方各异状,隔城郑重裹锦缔。
长篇更题数百字,叙述历落同远赍。
拂拭经时不释手,童心爱玩仍孩提。
湘帘夜卷银汉直,竹床醉卧寒蟾低。
纸窗木几本精粲,翻憎玛瑙兼玻璃。
瓦瓶插花香爇缶,小物自可同琰圭。
龙井新茶虎跑水,惠泉庙岕争鼓鼙。
他年扬帆得恩请,我将携之归故畦。

以陈鸣远旧制莲蕊水盛、梅根笔格为借山和尚七十寿口占二绝句
查慎行悔馀

梅根已老发孤芳,莲蕊中含滴水香。

合作案头清供具,不归田舍归禅房。

偶然小技亦成名,何物非从假合成。
道是抟沙沙不散,与翻新句祝长生。

希文以时少山砂壶易吾方氏核桃墨
马思赞 仲韩

汉武袖中核,去今三千年。其半为酒池,半化为墨船。
磨休斫骨髓,流出成元铅。曾落盆池中,数岁膏愈坚。
质胜大还丹,舐者能升天。赠我良友生,如与我周旋。
岂敢计施报,报亦非戋戋。譬彼十五城,难易赵璧然。
有明时山人,搦砂成方圆。彼视祖李辈,意欲相后先。
我谓韩齐王,羞与哙等肩。青娥易嬴马,文枕换玉鞭。
投赠古有之,何必论媸妍?以多量取寡,差觉胜前贤。

陶器行赠陈鸣远
汪文柏 季青

荆溪陶器古所无,问谁作者时与徐。时大彬、徐友泉。泥沙入手经抟埴,光色便与寻常殊。后来多众工,摹仿皆雷同。陈生一出发巧思,远与二子相争雄。茶具方圆新制作,石泉槐火鏖松风。我初不识生,阿髯尺素来相通。谓陈君其年也。赠我双卮颇殊状,宛似红梅岭头放。平生嗜酒兼好奇,以此饮之神益王。倾银注玉徒纷纷,断木岂意青黄文。厂盒宣炉留款识,香奁药碗生氤氲。数物悉见工巧。吁嗟乎!人间珠玉安足取,岂如阳羡溪头一丸土?君不见,轮扁当年老斫轮;又不见,梓庆削鐻如有神。古来技巧能几人,陈生陈生今绝伦。

蜀冈瓦暖砚歌
胡天游 稚威

苍青截铁坚不阿,瑑珞敲玉铿而瑳。太一之船却斤斧,帝鸿之纽掀穴窠。

贝堂伏卵抱沂鄂，瓠肉削泽无瘢瘕。
琅琅一片扰历落，仡仡四面平倾颇。
祝融相土刑德合，方轸员盖经营多。
东有日山西有月，包之郛郭环之涯。
乾坤大腹吞乐浪，荆吴悬胃藏蠡鄱。
静如辰枢执魁柄，动如牡钥张机牙。
严冬牛目畏积雪，终旬狸骨僵偃波。
一丸未脱手旋磨，寸裂快逐纹生靴。
分明落纸困倚马，绊拘行步偕屦骡。
火山有军宠围燎，热坂近我胜嘘呵。
剑门一道塞井络，春候三月暄江沱。
东宫香胶铭绛客，湘妾紫鲤浮晴涡。
咸池勃张浴黑帝，神鳌研掣随皇娲。
虹窗焰流玉抱肚，月髓水转金虾蟆。
蜀冈工良近莫过，捣泥滤水相挽挱。
千窑万埴列门户，堆器不尽十马驮。
温姿劲骨夺端歙，轻肤细理欺杪椤。
燔烧颜色出美好，端正不待切与磋。
早从仲将试点漆，峡樯悬溜骏注坡。
诗篇送似因赚得，若彼取鸟致以囮。
豹囊干煤吐柏麝，古玉笏笏徐研摩。
端州太守轻万石，宫凌秦羽矾羞鼍。
时烦拭濯安且固，捧盈恒恐遭跌蹉。
画螭蟠凤围一尺，锦官为汝城初襄。
萧行孔草虽懒擅，须记甲乙亲吟哦。

凝铺潭影滑幽璞，秋生龙尾凉侵霞。
行斜次杂其绻蜿，手无停度剧弄梭。
欲铭功德向四壁，顾此坚凛谁能劚。
阑干垂手鲜琢玉，捧侍未许宫钗娥。

露清绀浅叶幽㴋，日冷赭淡冈夔岮。
莹陈天智比珍谷，巧斫山骨殊磋磋。
炎烹烬化出抟造，域分宇立开婆娑。
水轮无风自然举，气母袭地归于和。
陂谣鸿隙两黄鹄，敌树角国双元蜗。
线连罗浮走复折，气通艮兑无壅讹。
封翰菀毳失鶏鹿，冻蜂作噩衔刀戈。
似同天池败蚩雾，比困秦法遭斯苛。
尔看利器喜入用，初如得宝良可歌。
洎汤初顾五熟釜，灌垒等拔千囊沙。
共工虽怒霸无所，温洛自润扬其华。
沉沉鸦色晕余渲，霭霭雨族披圆罗。
山驰岳走事俄顷，霆翻电薄酣滂沱。
时时正见黝镜底，北斗摽耀垂天河。
为罂为皿为饮槛，壶如婴武杯如蠃。
智搜技彻更复尔，谁与作者黜则那。
马肝或谤瓜削面，凤味兼状鹭食荷。
华元蟠然抱坦拓，周顗空洞非媕婀。
我初见此贪不觉，众中奇畜拟橐驼。
温泉火井佐沐邑，华阳黑水环梁蟠。
青霜倒开漾海色，乌虬尾掉重云拖。
比于中国岂无士，今者只悦哀台佗。
装书未取押玒瑁，格笔迟斫珊瑚柯。
启之刀剑快出匣，止为熊虎严蛰窝。
《国风》好色陈姣嬥，《离骚》荒忽追

夜遥灯语风撼碧，萦者为蚓簇者蛾。
宏农客卿座上客，雄鸣借扫么与么。
砚乎与汝好相结，分等石友亦已加。
他年涂窜《尧典》字，伴我作籀书《归禾》。

台阳百咏
周澍静澜

寒榕垂荫日初晴,自泻供春蟹眼生。疑是闭门风雨候,竹梢露重瓦沟鸣。

论瓷绝句
吴省钦冲之

宜兴妙手数龚春,后辈还推时大彬。一种粗砂无土气,竹炉谗煞斗茶人。

周梅圃送宜壶

春彬好手嗟难见,质古砂粗法尚传。
携个竹炉萧寺底,红囊须瀹惠山泉。

观六十四研斋所藏时壶率成一绝
陈鳣仲鱼

陶家虽欲数供春,能事终推时大彬。安得携来偕砚北,注将勺水活波臣。予尝自号东海波臣。

无锡买宜兴茶具　二首
冯念祖尔修

陶出玲珑碗,供春旧擅长。团圆双日月,刻划五文章。直并拎砂妙,还夸肖物良。清闲供茗事,珍重比流黄。

敢云一器小,利用仰前贤。陶正由三古,《茶经》第二泉。
却听鱼眼沸,移就竹炉边。妙制思良手,官哥应并传。

陶山明府仿古制茗壶以诒好事 五首

吴骞槎客

洞灵岩口庀精材，百遍临模倚钓台。传出河滨千古意，大家低首莫惊猜。

金沙泉畔金沙寺，白足禅僧去不还。此日蜀冈千万穴，别传薪火祀眉山。

百和丹砂百炼陶，印床深锁篆烟消。奇觚不数宣和谱，石鼎联吟任尉缭。明府尝梦见"尉缭了事"四字，因以自号茗壶，并署之。

翛翛琴鹤志清虚，金注何能瓦注如。玉鉴亭前人吏散，一瓯春露一床书。

陶泓已拜竹鸿胪，玉女钗头日未晡。多谢东坡老居士，如今调水要新符。东坡调水符事在凤翔玉女洞，旧《宜兴县志》移于玉女潭。辨详《桃溪客语》。

芑堂明经以尊甫瓜圃翁旧藏时少山茗壶见视，制作醇雅，形类僧帽，为赋诗而返之

蜀冈陶复苏祠邻，天生时大神通神。千奇万状信手出，巧夺坡诗百态新。

清河视我千金宝，云有当年手泽好。想见硇砂百炼精，传衣夜半金沙老。

一行铭字昆吾刻，岁纪丙申明万历。弹指流光二百秋，真人久化莲台锡。吴梅鼎《茗壶赋》云："刻桑门之帽，则莲叶擎台。"

昨暂留之三归亭，箧中常作笙磬声。趺然起视了无睹，惟见竹炉汤沸海。

月松风清，乃知神物多灵闪，不独君家双宝剑。愿今且作合浦归，免使龙光斗牛占。

噫嗟公子慎勿嗟，世间万事犹抟沙。他日来寻丙舍帖，春风还啜赵州茶。

诗余

满庭芳 吾邑茶具俱出蜀山，暮春泊舟山下，漫赋此词

陈维崧

　　白甄生涯，红泥作活，乱烟细袅孤村。春山脚下，流水浴柴门。紫笋碧鲈时候，溪桥上、市贩争喧。推蓬望，高吟杜句，旭日散鸡豚。　　田园淳朴处，牵车粥畚，垒石支垣。看鸥彝、扑满磊磊丘樊。而我偏怜茗器，温而栗，湿翠难扪。掀髯笑，盈崖绿雪，茶事正堪论。

《阳羡名陶录》卷下终

景德镇陶录

[清]蓝浦　撰
[清]郑廷珪　增补

【题解】

《景德镇陶录》，十卷，清蓝浦撰、郑廷珪增补。浦，字滨南，江西景德镇人，生活于乾隆年间。出身景德镇的蓝浦，对当地陶瓷生产流程、工艺特点、窑口分布等情况非常熟悉，后来参阅历代陶瓷文献，博征众家之说，辅以实践经验，在乾隆末年撰成《景德镇陶录》初稿八卷。蓝浦逝世后，其弟子郑廷珪在初稿的基础上，增补了两卷（今卷一和卷十），成为十卷本《景德镇陶录》，在嘉庆二十年（1815）杀青付梓，流传至今。

从内容来说，《景德镇陶录》卷首引用《陶说》中的《陶冶图说》，形象地介绍了陶瓷制业的常规流程；卷二记述了清代景德镇御窑口若干事项，以彰显特殊的行业地位；卷三和卷四则记述了窑口情况、工人种类、瓷器款识、釉彩原料等多种陶瓷烧制实践相关内容，可以大致了解清代中前期景德镇瓷器的原料、烧制及经销情况等；卷五至卷七，将重点放在了景德镇陶瓷制造历史、窑口特点、古窑分布等史迹考证方面，包括对定、汝、官、龙泉、哥、钧等窑口的考证，以及四十多处古窑的地点、特点考证；卷八和卷九为陶瓷文献杂编，将笔记文集、丛书方志中，有关景德镇陶瓷的文本汇集在一起，种类丰富；卷十是郑廷珪补述蓝浦所未及者，汇辑了唐宋以来有关景德镇的文献记载，列为"余论"。

《景德镇陶录》对景德镇陶瓷业的行业流程、分布情况、瓷土釉料及历代沿革等，均有全面深入的论述，特别是卷三、卷四的"陶务"部分，记载了景德镇的十七工与十八作，对了解和研究清代陶瓷窑口的分工有重要参考价值。《景德镇陶录》较之前的《陶说》等陶瓷专书，内容更加全面，历代沿革更加具体，是研究景德镇陶瓷史及中国古代陶瓷业的重要文献。

《景德镇陶录》主要有嘉庆二十年异经堂刻本和光绪十七年（1891）京都书业堂重刻本，上海神州国光社于1928年出版过影印本。今据书业堂本点校整理。

重刻景德镇陶录序

　　夫象形制器，赖利用于前民；鸿宝成篇，资饷遗于后载。然而秦灰易烬，鲁壁仅存，几同三箧之亡，犹借一编之守。虽晏楹其可纳，恐唐肆以难求。非仗茂先《博物》之搜，畴为高密遗书之订，此《景德镇陶录》之所为重刻也。

　　昌江有陶，肇于陈代。景德名镇，著于宋时。兑矢和弓，熟则生巧。宋斤鲁削，迁弗为良。世历千余年，莫之改也；利通十数省，无以加焉。毂击肩摩，四方云集，巷连鳞接，万户星稠。诚江右一大都会也。

　　文学蓝滨南先生向有《陶录》一书，辑成于郑问谷副车，鉴定于刘克斋明府。绘其状于图，而复申以说；纪其原于卷，而又析以条。远稽古制，以证夫群书；旁引邻封，以通夫外译。杂记皆笔针墨炙，余编亦书隽言鲭。事可实征，悉属耳濡目染；辞殊夸尚，均关土俗民风。作《贡》尚沿夏后之规，《考工》足补《周官》之阙。曾经剖厥，久奉臬圭，逮造寇扰枌榆，遂致灾延梨枣。蓝仙已嗟夫长逝，郑志只述夫小同。幸一裔以堪尝，虑双鸥之莫借。《兰亭》真本，空思萧翼赚来；荐福残碑，谁代率更摹出？则有丹徒张少嵒司马，读书读律，亦吏亦仙。燕公擅著作之才，白傅得江山之趣。留心时务，广搜有用之书；厪念民依，永垂不朽之业。爰捐鹤俸，复事校雠。俾播鸡林，益腾声价。洽闻殚见，博涉曹仓；胫走翼飞，贵增洛纸。应识殳虫戈鸟，咸登甲库之编；从教月斧星盘，胥列《酉阳》之俎。悯艰难于兆姓，如陈座右《豳风》；借鼓铸于群伦，几炼炉中丹火。网罗散佚，还合浦之珠光；拂拭重新，吐丰城之剑气。廷鉴识荆有幸，慕蔺维殷，思利器于仁贤，夙怀攻错；承旧传于弓冶，敢懈钻研。钵托元沙，壶倾宝液。爰春风之橐籥，乐夏喝之饼饝。景提挈于前徽，仰扶轮于大雅。感君高谊，广收枯竹焦桐；索我弁言，聊效匏宣瓦奏。

　　是为序。

　　　　时大清同治九年岁次庚午小春月朔，赐进士出身、诰授奉政大夫、
　　　　　　钦加同知衔、直隶即用知县，古番愚弟王廷鉴拜撰

景德镇陶录序

　　自海盐朱桐川著《陶说》，于是陶器有专书，用补前贤所不逮。而《说古》自唐虞以来，《说器》详官、哥、定、汝，博考群书，足无挂漏；独《说今》景德镇陶，惜犹多所未备。盖其制器之委曲精详，诚有非采访纪录可得而尽也。余承乏浮梁，镇隶于籍。案籍镇广袤数十里，业陶数千户，其人五方错杂，贤不肖并处，编审固有司之责。又公事偶闲，辄微行入陶肆，以察良莠，以稽勤怠，而其制器之委曲精详，亦遂熟于耳目，欲为镇陶成专书而未暇。

　　郑生廷桂，余始至邑观风所得士也。招馆东轩，课余次儿学。一日，以其师蓝滨南文学《陶录》遗稿来质于余，其所记载，则又多余耳目所未逮。盖生乎其地，自少而长，习知其事，随时而笔之于书，良非采访纪录、偶焉旁涉者可同日语也。虽其稿本文词草创，卷帙有未竟，然譬诸梓材，既勤朴斫，惟其涂丹艧矣。遂亟属郑生因仍而增损之，成书十卷，中亦博考群书，旁及诸陶，而以其专为镇陶而有事也，总题《景德镇陶录》。

　　夫古圣人制器尚象，以利生民，其功于饮食日用者，固非必智巧具而功能备也。自我国家惠工给值，供役无扰，民安而物阜，工勤而器良，镇人日以盛，镇陶日以精，莫不奋兴鼓舞，用副时会之隆，有不知其所由然矣。是录之成，其不又补桐川所不逮，而为有心时务者所亟赏乎！为之序。

　　　　　　　　　　时嘉庆二十年小春月朔，知浮梁县事广德刘丙

景德镇陶录总目

昌南蓝浦滨南氏原著
门人郑廷桂问谷补辑
男浍汲春校字

卷一
 图 说附

卷二
 国朝御窑厂恭纪
 镇器原起

卷三
 陶务条目

卷四
 陶务方略

卷五
 景德镇历代窑考

卷六
 镇仿古窑考

卷七
 古窑考
 各郡县窑考附
 外译窑考附

卷八
 陶说杂编上

卷九
 陶说杂编下

卷十
 陶录余论

鉴定

广德刘克斋先生
阳湖恽子居先生
武宁卢来庵先生
永丰张鹤舫先生
靖安舒白香先生
同邑邓菽原先生

商订姓氏

古润汪度次裴
鄱阳周作孚涧东
归安张九芝循兰
广德李元杰笠樵
广德刘寅巽甫
南昌龚鉽沤舸
同里项绅漪南
同里吴钦楸砺斋

编校姓氏

休宁汪沂鲁川
同里汪屿与山
都昌曹昕曙山
都昌鲍升衢云阶
都昌江宗海观澜
同里吴家杰英山
同里李中成君美
同里刘守谦牧郊
同里钱进珍席儒
同里陈锡暇纯甫
同里罗文锦松云
都昌鲍腾鸾祥云
甥程楷筠心
婿史文蔚典勋
同怀郑日焕辉文

景德镇陶录　卷一

昌南蓝浦滨南氏原著
门人郑廷桂问谷补辑

图　说附

景德镇图

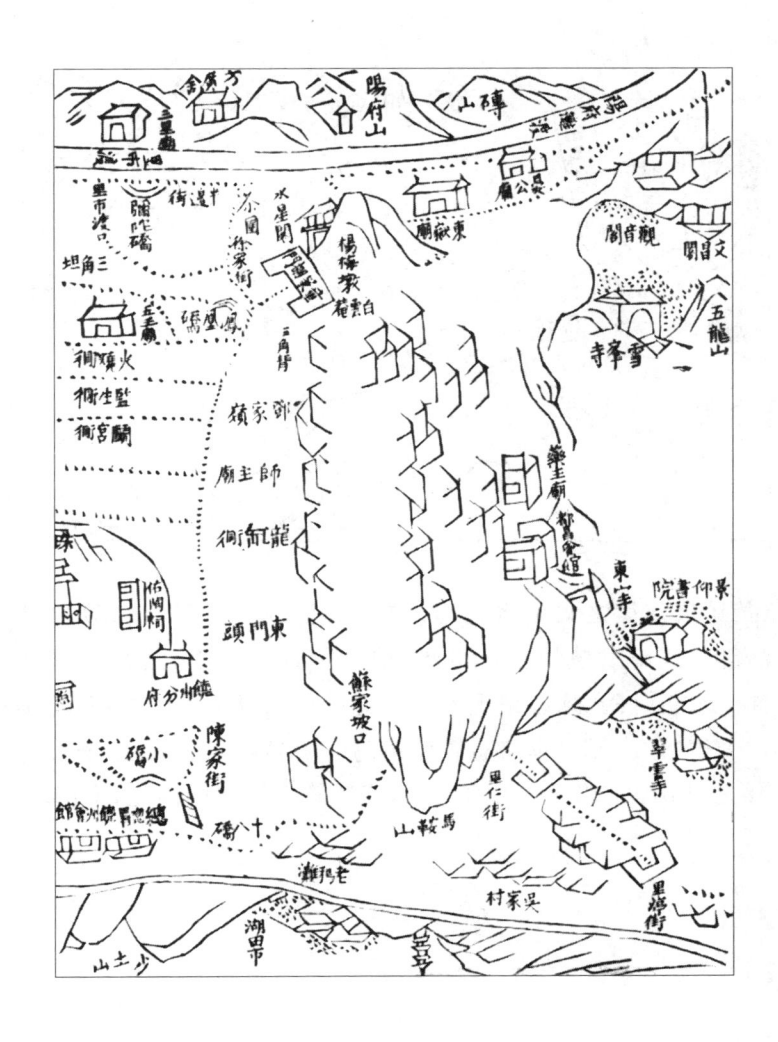

景德镇属浮梁之兴西乡,去城二十五里,在昌江之南,故称昌南镇。其自观音阁、江南雄镇坊至小港嘴,前后街计十三里,故又有"陶阳十三里"之称。水土宜陶,陈以来土人多业此。至宋景德年始置镇,奉御董造,因改名"景德镇"。元置本路总管监镇陶。明洪武二年,《江西大志》作三十五年。就镇之珠山设御窑厂,置官监督,烧造解京。国朝因之,沿旧名。

御窑厂图

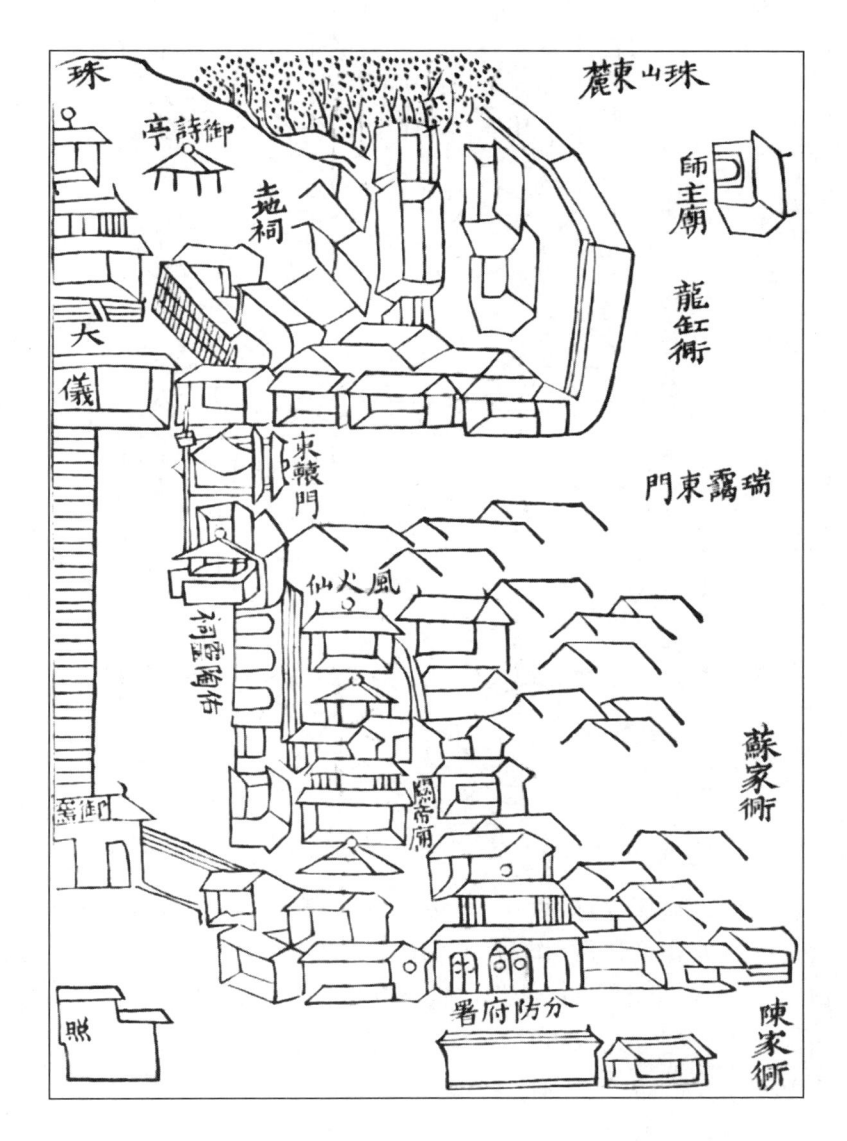

厂跨珠山,周围约三里许。中为大堂,堂后为轩、为寝。寝北有小阜,即珠山所由名,旧建亭其上。堂两旁为东西序,又东迤南各有门,又东为官署,为东西大库房,为仪门,为鼓亭,为督工亭,为狱房,今废。为陶务作

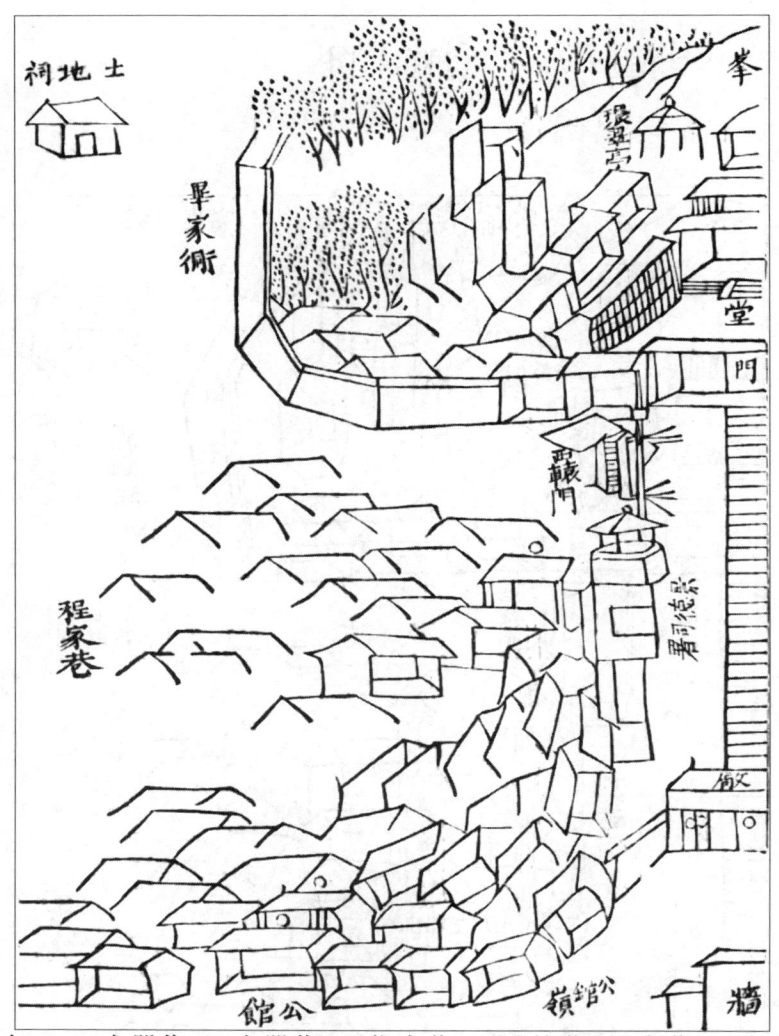

二十有三：曰大器作，曰小器作，曰仿古作，曰雕镶作，曰印作，曰画作，曰创新作，曰锥龙作，曰写字作，曰色彩作，曰漆作，曰匣作，曰染作，曰泥水作，曰大木作，曰小木作，曰船作，曰铁作，曰竹作，曰索作，曰桶作，曰东碓作，曰西碓作。为窑式六：曰青窑，曰龙缸窑，曰风火窑，曰色窑，烧炼颜色者。曰㸑㸑窑，窑制大小不一，厂坯上㳂，用火㸑烘。有漏㳂者，再上㳂入窑烧。曰匣窑。厂匣皆先空烧，再装坯烧。又前后甃井二，柴房二，窑役歇房二。厂内神司三：曰佑陶灵祠，曰真武殿，曰关帝庙；厂外神祠一：曰师主庙。厂之西为公馆，东为饶九南巡道行署。今饶州府同知署。头门外树屏墙一，有东西二甬道，通市街。

谨案,邑《志》:厂大堂旧题曰"秉成",仪门外为厂场。左右四门:东曰熙春,旋改为迎曦,南曰阜安,西曰澄川,北曰待诏。又阜安门外有秉节制度坊,珠山上有朝天阁,有冰立堂,有环翠亭,今并改替。惟厂署规制如旧,环翠亭犹存。

厂供应,旧《志》:拨浮梁县十三里、鄱阳县三十五里,附厂供应正派。后鄱阳县知县徐俊以厂役合派七县,申请还县。惟在镇十三里中供役,其七邑惟听事人答应。

管厂总事一名。

副管事一名。

档子房听事一名。

听事吏一名。

书手二名。

机兵十六名。

门役二名。

库役二名。

上班众匠役。以水、火、金、木、土五行别役,报开民族轮供。

谨案,此皆旧制,国朝沿革,谨详二卷。

陶成图

取土

陶用泥土,皆须采石制练。土人设厂采取,借溪流为水碓舂之,澄细淘净,制如砖式,曰"白不",以徽州祁门为上,出坪里、葛口二山。开窖采取,剖有黑花如鹿角菜形者佳。此土色纯质细,可制细器。别有高岭、玉红、箭滩数种,皆以所产之地名。若黄不、渤果,尤作粗瓷者所必需,其采制法同。幅中为开采,为碓舂,大略如是。

练 泥

练泥

造瓷首需练泥，必以精纯为上。其法：以缸浸泥，用木钯搅翻，摽渣沉，过以马尾细箩；再澄夹层细绢袋，过泥匣内，俾水渗浆稠；复以无底木匣，下铺砖，细布紧包，更以砖压之。水干成泥，用铁锹翻扑结实。若泑水，必炼灰配合，灰出邑南乡。幅中以曲木贯小铁锅耳者，调泑者也；以锹翻扑者，练泥者也。

镀　匣

镀匣

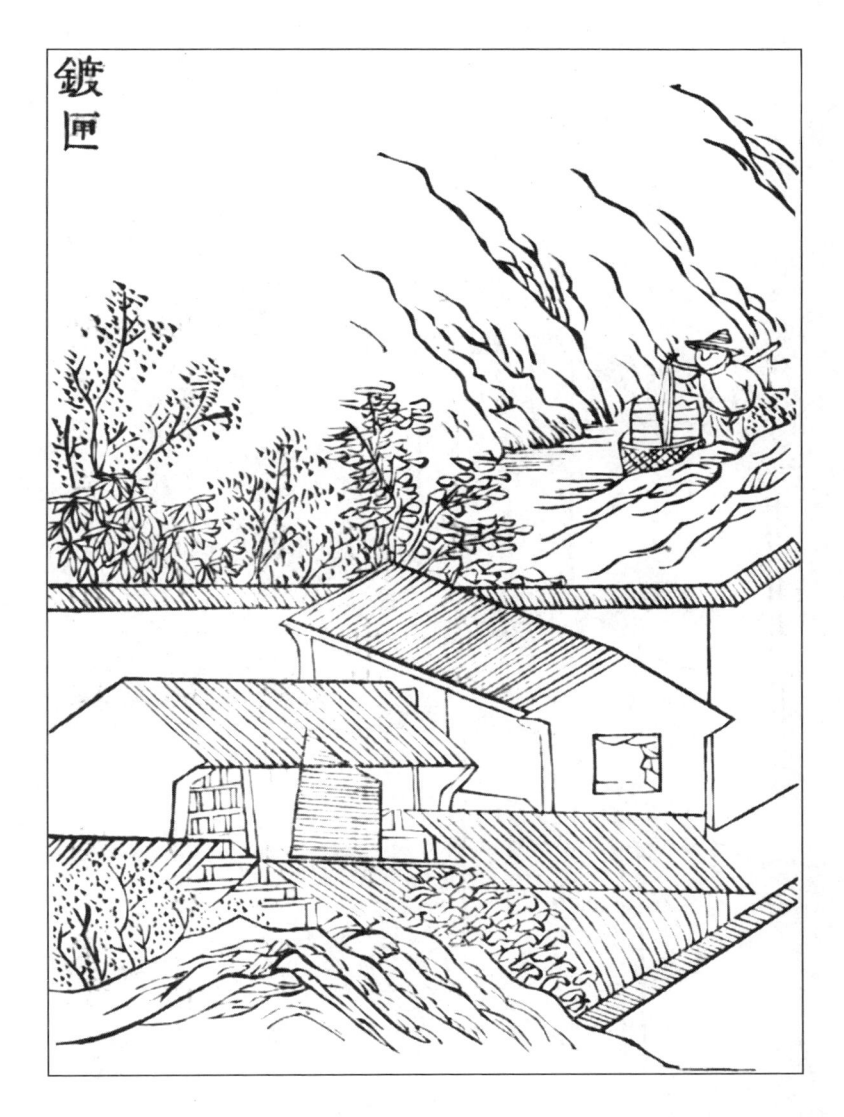

瓷坯入窑，必装匣烧，方不粘裂，且能免风火冲突、坯有黄黑之患。匣钵亦土作，土出景德镇马鞍山、里村、官庄等处，有黑、红、白三色，更以宝石地所产砂土配合，则入火经烧。其造法用轮车，与拉坯同。土不必过细，匣成阴干，略旋平正，先入窑空烧一次，再装坯烧，名曰"镀匣"。若造作，则有厂居，幅中从略。

修　模

圆器之造，每一器必有一模，大小款式方能画一。其模子必须与原样相似，但尺寸不能计算。大抵一尺之坯，经烧后得七八寸，亦收缩之理然也。故模子必须先修。模不曰造，而曰修者，一模必修数次，然后无大小参差之异。镇修模匠另有店居，名手有数，盖必熟谙土性、窑火者，乃推能事。幅中情形颇肖。

洗　料

洗料

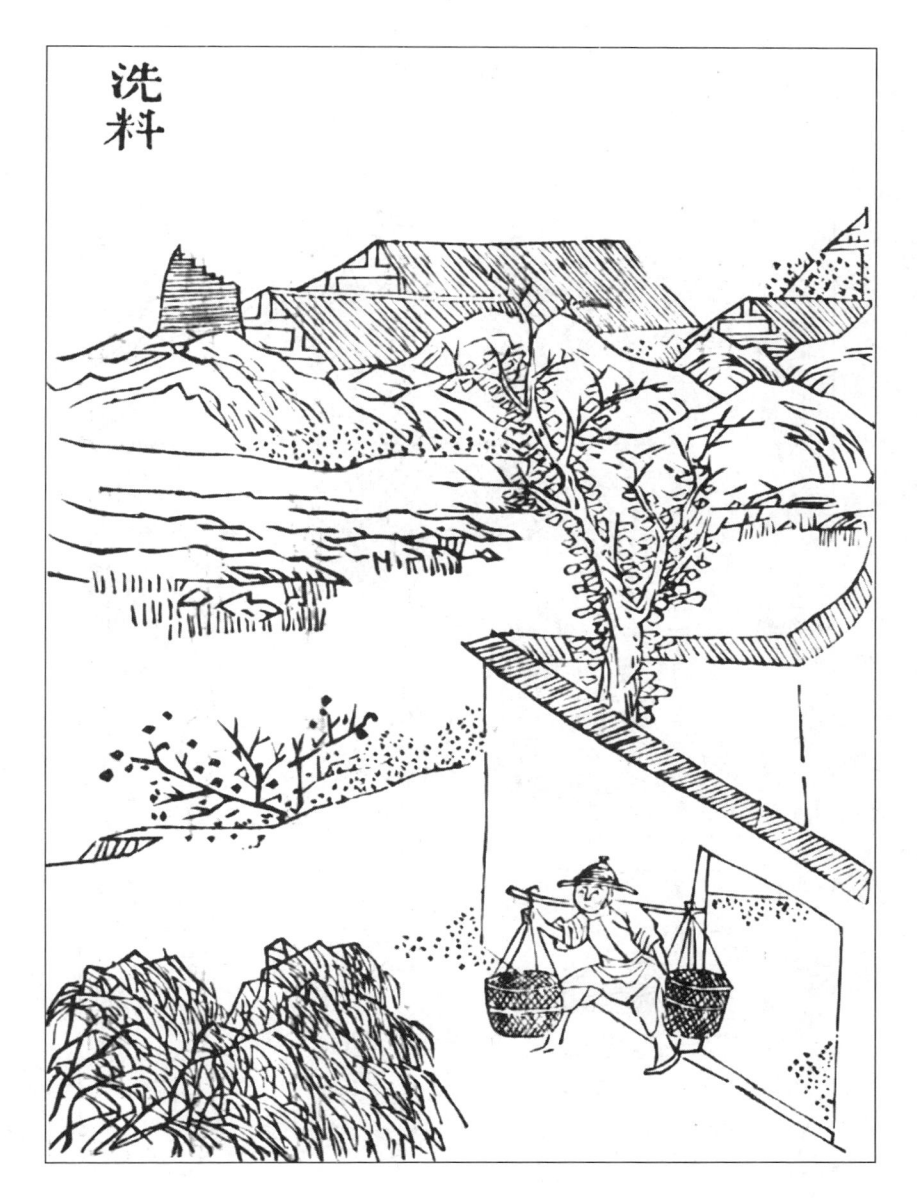

　　青料为画瓷之用,而霁青、东青各釉色,亦需料配合,以浙江出者为上,云南、广东及本省各处亦产此。商贩采买,来镇投行发卖,必先自拣选其大而圆者,色以黑黄明亮为最,再以小黄土匣装,入窑炼熟,方可用。其用料之法:研乳极细,调水画坯,罩以白泑,经烧则现青翠。若不罩泑,则见火飞散,亦大奇也。幅中拣洗之事特详。

做 坯

圆器之制，其方棱者，则有镶、雕、印、削之作；而浑圆之器，必用轮车拉成，大者拉一尺以上坯，小者拉一尺以内坯。车如圆木盘，下设机局，旋转甚便。拉者坐于车上，以小竹竿拨车使疾转，双手按泥随拉之，千百不差毫黍。若琢器，其浑圆者，亦如造圆器法；其方棱者，则用布包泥，以平板拍练成片，裁方黏合，各有机巧。幅中两拟其状。

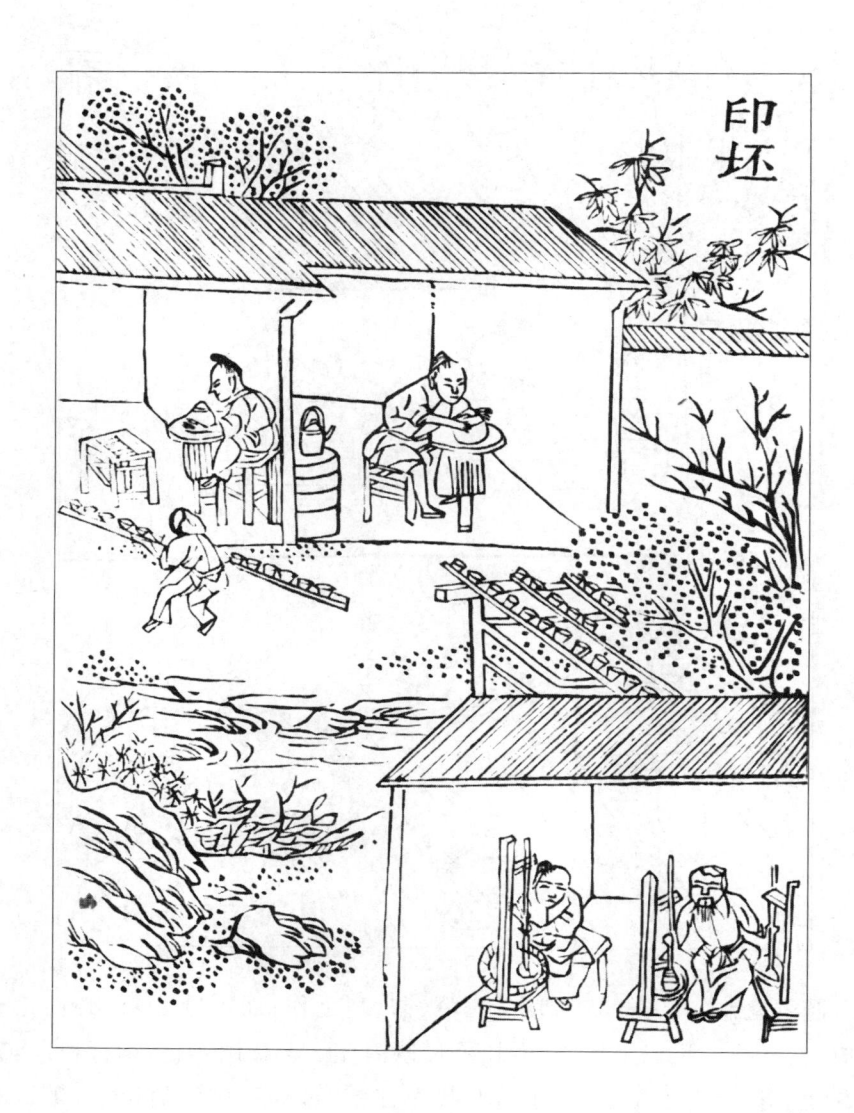

印 坯

圆器拉成坯，必俟阴干，不可令见日色，恐日晒则有拆裂之患，故有印坯一行。坯稍干，则用修就模子，以手拍按，使泥坯周正匀结。其法：以小轮车旋转印拍，褪下模子阴干，以备镟削。幅中略具其状。又有乳料之工，用矮凳贮料钵，上装直木安瓷槌乳之。有双手乳者，有左右乳者，疾瞽老幼多资生焉。

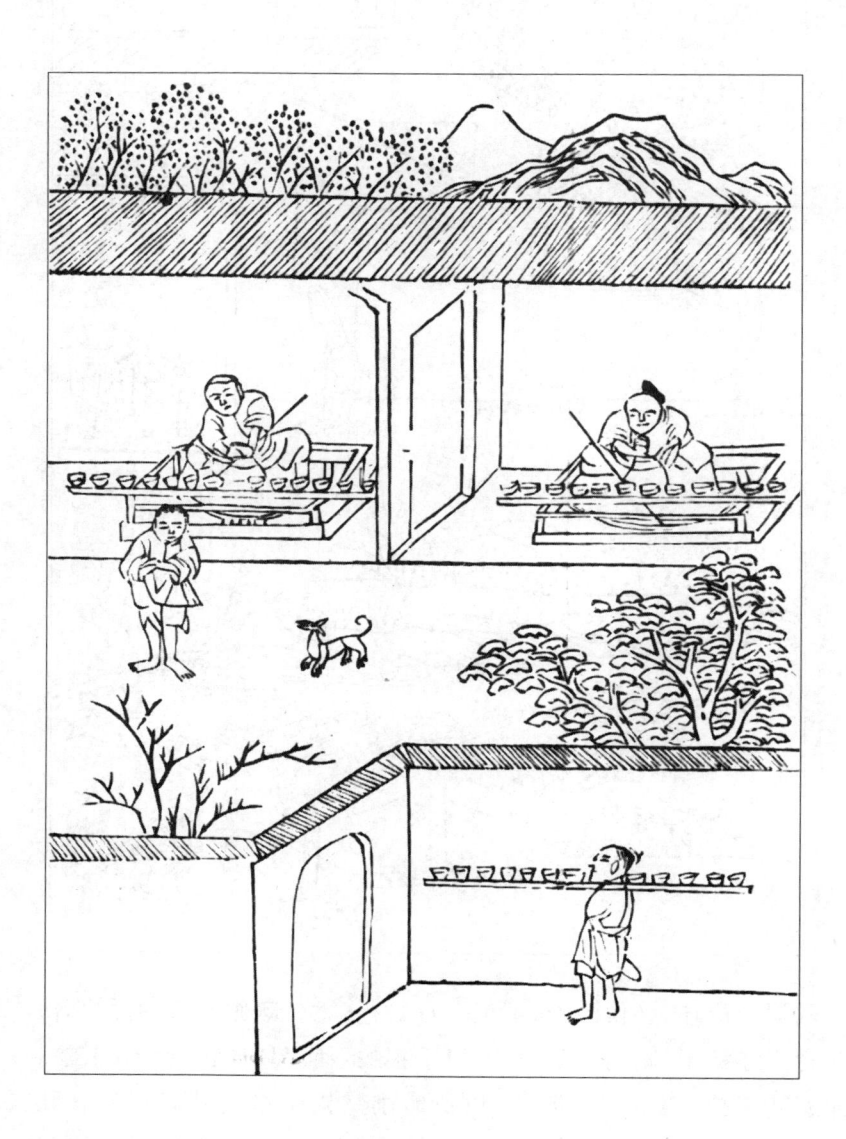

镟　坯

坯之尺寸定于模，而光平必需镟削。旋工亦用轮车，惟中心立一木桩，桩视坯之大小，其顶浑圆，名曰"顶钟"，裹以丝绵，恐损坯也。将坯扣合桩上，拨轮使转，用刀旋削，则器之里外皆光平矣。拉坯之时，坯足必留一靶，长二三寸，便于把握，以画坯蘸泑。工毕，始旋去其柄，挖足写款。幅中镟挖并列。

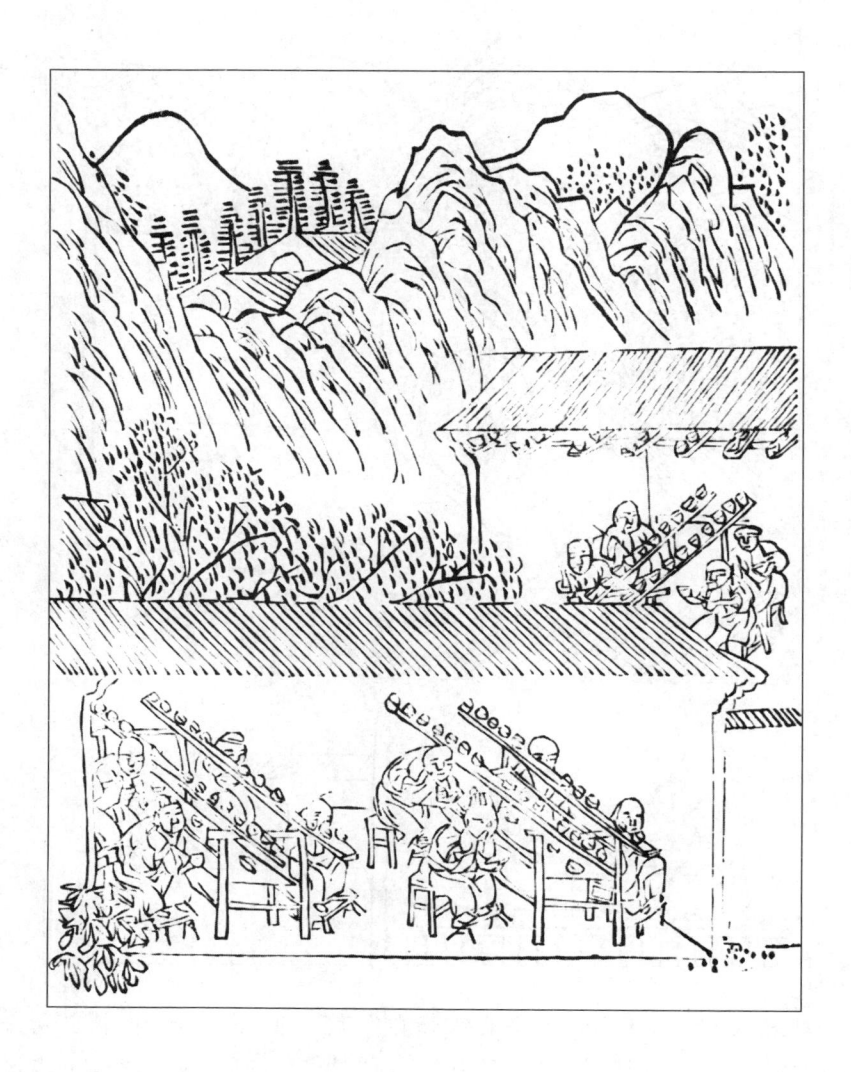

画　坯

青花画坯，圆、琢器皆有之。一器动累什百，画者则画而不染，染者则染而不画，所以一其手而不分其心也。其余拱锥、雕镂，业似同而各习一家；釉红、宝烧，技实异而类近于画。至如器上之边线青箍，原出镟坯之手；底心之识铭书记，独归落款之工。花鸟虫鱼，写生以肖物为上；宣、成、嘉、万，仿古以多见为精。幅中画染分处，以为画一。

荡 坯

凡青花与观、汝等器，均须上泑。旧法：长方棱角者，用毛笔拓泑，弊每失于不匀。浑圆之器，俱在缸内蘸泑，弊又失于体重多破，故全器难得。今圆器之小者，仍于缸内蘸泑；其圆琢大件，俱用吹泑法，以竹筒蒙细纱吹之，俱视器之大小与泑之厚薄，别其吹之。遍数有三四遍至十七八遍者。幅中备著其制。

满 窑

窑制长圆,形如覆瓮。高、宽皆丈余,深长倍之,上罩窑棚。其烟突围圆,高二丈余,在窑棚之外。瓷坯既成,装匣入窑,分行排列,中间疏散,以通火路。其窑火有前、中、后之分,安放坯匣,皆量泑之软硬,以定窑位。发火时,随将窑门砖封,留一方孔入柴,片刻不停。有试照者,熟则止火,窨一昼夜始开。幅中满烧备具。

开　窑

開窯

瓷器之成,窯火是賴。開窯類以三日,其窯中瓷匣尚帶紫紅色。惟開窯工匠用布數十層制成手套,蘸以冷水護手,復用濕布裹頭面肩背,入窯搬匣。瓷器既出窯,熱窯安放新坯,因新坯潮濕,就熱窯烘焙,可免入火坼漏之病。幅中搬運、收理者為出窯瓷器,肩柴者、收籌者為現在燒窯。

彩　器

圆琢白器，五彩绘画，摹仿洋彩，须将各种颜料研细调合，必熟谙颜色、火候之性，以眼明、心细、手准为佳。其用颜料法有三：一用芸香油，一用胶水，一用清水。盖油便于渲染，胶便于拓抹，而清水调色则便于堆填。幅中有就棹者，有手持者，有眠侧于低处者，各因器之大小，以就运笔之便。

烧　炉

爐燒

白瓷加彩后，复须烧炼以固颜色，爰有明、暗炉之制。小器则用明炉，口门向外，周围炭火，置铁轮其下，托以铁叉，以钩拨轮使转，以匀火气。大件则用暗炉，高三尺，径二尺余，周围夹层贮炭火，下留风眼，将瓷器贮于炉，人执圆板，以避火气。炉顶泥封，烧一昼夜为度。幅中形情备悉。

以上诸说多采唐隽公《陶冶图说》。

郑琇蕴山绘。

景德镇陶录　卷二

昌南蓝浦滨南氏原著
门人郑廷桂问谷补辑

国朝御窑厂恭纪

国朝建厂造陶,始于顺治十一年奉造龙缸,面径三尺五寸,墙厚三寸,底厚五寸,高二尺五寸,经饶守道董显忠、王天眷、王锳等督造,未成。十六年,奉造栏板,阔二尺五寸,高三尺,厚五寸,经守道张思明、工部理事官噶巴、工部郎中王日藻等督造,亦未成。十七年,巡抚张朝璘疏请停止。康熙十年,奉造祭器等项陶成,始分限解京。十九年九月,始奉烧造御器,差广储司郎中徐廷弼、主事李廷禧来镇,驻厂监督,悉罢向派饶属夫役额征。凡工匠物料、动支正项、销算公帑,俱按工给值。陶成之器,每岁照限解京。二十二年二月,差工部虞衡司郎中臧应选、笔帖式车尔德来厂代督,器日完善,其后渐罢。

雍正六年,复奉烧造,遣内务府官驻厂协理,以榷淮关使遥管厂事,政善工勤,陶器盛备。乾隆初,协理仍内务人员。八年,改属九江关使总管,其内务协理如故。五十一年,裁去驻厂协理官,命榷九江关使总理,岁巡视,以驻镇饶州同知、景德巡检司共监造督运。今上御极以来,诏崇节俭,每年陶器需用无多,而陶工益裕矣。

厂器岁解运数例附

《陶成纪事》载:厂器陶成,每岁秋、冬二季,雇觅船只夫役解送圆、琢器皿六百余桶。岁例:盘、碗、钟、碟等上色圆器,由一二寸口面,以至二三尺口面者,一万六七千件。其选落之次色,尚有六七千件,一并装桶解京,以备赏用。其瓶、罍、樽、彝等上色琢器,由三四寸高,以至三四尺高大者,亦岁例二千余件。尚有选落次色二三千件不等,一并装桶解京,以备赏用。

厂给工食人役 附

九江关总管事一名，九江关幕。内档房书办二名，选瓷房总头目一名，副总头一名，在关办事。头目七名，一名长住，其余十日一轮上宿。玉作二名，帖写一名，画样一名，圆器头一名，雕削头一名，青花头一名，满窑一名，守坯房一名，挑夫一名，听差一名，买办一名，把门一名。

以上二十八名，计工给食，其余工作头目雇倩，俱给工价，于九江关道款内开报。

镇器原起

景德器

仿于元，即北宋时镇窑。

宋器

仿于明，即景德后之镇窑，曾经内府发器样，故又呼"发宋器"。

湘湖器

仿于唐窑，本宋之湘湖市窑。

湖田器

仿于明，即元之近镇窑。

洪器

仿于唐窑，本明之洪武厂器。

永乐器

仿于唐窑。

宣德器

仿于年窑。

成化器

仿于年窑。

正德器

仿于唐窑。

嘉靖器

仿于唐窑。

隆、万器

仿于唐窑。
以上皆明厂器。

欧器

亦仿于唐窑,即明宜兴欧氏窑。

广器

仿于唐窑,即广之江阳瓷。

均器

仿于宋末,即宋初之禹州窑。

碎器

仿于元,即宋之吉州分窑。

紫金泑器

仿于明厂窑。

官古器

此镇窑之最精者,统曰"官古",式样不一,始于明。选诸质料,精美细润,一如厂官器,可充官用,故亦称"官"。今之官古,有混水青者,有淡描青者,有兼仿古名窑泑者。若疑为宋之汴、杭官窑,则误。

假官古器

始于明,亦非仿汴、杭官窑,乃镇瓷之貌为精细而假充官古式者。质料不及官古器,花式则同。有专造此种户,所谓充官古也。

上古器

始于明,镇窑之次精者,统称"上古"。质料、工作颇佳。其曰"古"者,以时尚古器,非仿宋代器式。或曰,精细似过于景德窑。

中古器

明以来镇窑统曰"中古",精而又次之器也。质料不及上古,故云"中"。其称"古",意则同前。

汸古器

此假中古器,近今所造。花式、汸色不异中古,而质胎不美。自有汸古器,而真中古遂贵。

常古器

镇窑稍粗器也,统曰"常古"。质料、工作无可品,但供日用之常。其以"古"称,别乎饭、冒等器耳。汸古器户、常古器户,皆互兼造。

小古器

此镇窑专造小圆器者,如盏、杯、碗、碟等类。质料、工作如中古;较之常器,又高一筹,俗亦"古"之云尔。

饭器

镇器最粗下者,厚实其质,拙略其工,统呼"饭货",人以"渣""冒"等字目之。

子法器

有专作此器户。大小毕有,精粗各具,内兼梨式。所谓子式,上宽直,下而锐平;法式,口微撇,宽折而下直。子式势稍长,法式势稍扁。

子梨器

今镇子法器,有改子梨器者,大小精粗皆造。子即子式。所谓梨式,口平而势圆,样微似梨,又或兼磬式。

脱胎器

镇窑专造此者。有半脱胎,极薄;有真脱胎,更如纸薄,为最精美器。所谓脱胎,脱去胎质,纯以泑成也。

填白器

此种器与脱胎,皆昉于明厂。工作亦分精粗。所谓填白,盖纯白器可填画彩者。古作"甜白",殆甜净之意。

洋器

洋器专售外洋者。商多粤东人,贩去与洋鬼子载市。式多奇巧,岁无定样。

东青器

镇窑专仿东青户,亦分精粗,有大小式,惟官古户兼造者尤佳。或讹冬青,或讹冻青,要其所仿泑色则一。

霁红器

陶户能造霁红者少,无专家,惟好官古户仿之。

雾青器

亦官古户兼仿造,镇陶无专作雾青器者。得其精美,可推上品。俗与好霁红并重,今讹作济青。

龙泉器

镇初有专造龙泉器户,今惟官古中仿之,碎器户亦仿龙泉泑。然无论专造、兼仿,皆具精粗、大小、浅深色。

白定器

陶户专仿白定者,盏、碗、杯、碟等具外,又多小件玩器,精粗各在造户为之,亦有青花。

汝器

镇陶官古大器等户,多仿汝窑泑色。其佳者,俗亦以"雨过天青"呼之。

官窑器

自来有专仿户,今惟兼仿,碎器户亦造。若厂仿者,尤佳。

哥器

镇无专仿者,惟碎器户兼造,遂充称哥窑户。以前户能辨本原,今仿哥者只照式仿造,究不知"哥"何由称矣!

景德镇陶录　卷三

昌南蓝浦滨南氏原著
门人郑廷桂问谷补辑

陶务条目

陶有窑 俗呼曰"烧窑"，统名"风火窑"。

烧柴窑。或囵烧，或搭烧。
烧槎窑。有囵烧，亦有搭烧。
包青窑。惟烧柴窑，厂器尽搭此等窑烧。民户亦有搭烧者，亦或自造烧。
大器窑。有自造烧者，有搭他户坯烧者。
小器窑。有自造烧者，亦搭他户坯烧。

窑有户 俗统呼曰"窑户"。

烧窑户。有烧柴窑，有烧槎窑，又号"叫坯窑户"。
搭坯窑户。或搭柴窑，或搭槎窑。
烧囵窑户。即有烧自造户，或自造烧，亦搭一二他户坯烧。
柴窑户。有烧户、搭户、囵窑户。
槎窑户。亦有烧户、搭户、囵窑户。

户有工 列纪各工，人数不一，外有挑货工及管债人，皆不列入。

淘泥工。即兼练泥工。
拉坯工。俗呼"做坯"。
印坯工。俗呼"拍模"。

镟坯工。俗呼"利坯""挖坯"。

画坯工。

舂灰工。或兼合灰。

合泑工。有配灰者,有合色者。

上泑工。有蘸上者,有吹上者。

挑磋工。柴窑不用,惟磋窑有之。

抬坯工。又呼"挑坯"。

装坯工。装坯入匣,重叠待满。

满掇工。有满窑工,满窑则召之,不在常佣内。开窑又有出窑工。

烧窑工。俗呼"把庄",然分三手,有事溜火者、事紧火者、事沟火者。

开窑工。有外伴专业此务,开窑则召来者,有管债人兼作此务者。

乳料工。

舂料工。

砂土工。

彩之工附。

乳颜料工。

画样工。

绘事工。

配色工。

填彩工。

烧炉。

工有作 "作"者,一户所作器也,各户或有兼作,统名曰"作"。

官古器作。

上古器作。

中古器作。

泑古器作。

小古器作。

常古器作。

粗器作。

冒器作。
子法器作。
脱胎器作。
大琢器作。
洋器作。
雕镶作。
定单器作。
仿古作。
填白器作。
碎器作。
紫金器作。

作有家 凡精粗分画,各有家数,曰"家"。

青花家。
淡描家。
各彩家。

陶所资各户

柴户。
槎户。
匣户。
砖户。
白土户
青料户。
篾户。
木匠户。
桶匠户。
铁匠户。

修模户。

盘车户。

乳钵荡口户。

打蓝户。

炼灰户。

镟刀户其刀如"自"字、"已"字形。

陶余资用陶中所余物,有可资于用者。

窑砖。

窑槎。

窑煤。

镇瓷花式

官古式。

上古式。

中古式。

泑古式。

小古式。

常古式。

子式。

法式。

梨式。

炉式。

撇式。

宫式。

冒式。

锅式。

宋式。

兰竹式。
白器式。
瓮式。
盖式。
湖窑式。
古式。
三级式。
折边式。
花桶式。
大琢式。
宣德民式。
匙托式。
正德民器式。
套器式。
雕镶小器式。
以上各器式，又分多式。其为某式，则有某式之花样，未另列。

仿古各泑色

铁骨大观泑。有粉青、月白、大绿三种。
铜骨无纹汝泑。有人面洗色泽。
铁骨哥泑。有米色、粉青二种。
铜骨鱼子纹汝泑。
白定泑。有粉定、土定，厂止仿其粉定一种。
均泑。有玫瑰紫、海棠红、茄花紫、梅子青、骡肝、马肺、新紫、米色、天蓝、窑变十种。
宣窑霁红泑。有鲜红、宝石红二种。
宣窑霁青泑、浓红泑。有橘皮棕眼。
厂官窑泑。有鳝鱼黄、蛇皮绿、黄斑点三种。
龙泉泑。有浅、深二种。
东青泑。有浅、深二种。
湘窑宋泑。有米色、粉青二种。
油绿泑。色如窑变，如碧玉，光彩中斑驳古雅。

炉均泑。色如东窑、宜兴挂泑之间，而花纹流淌，变化过之。

欧窑泑。有红纹、蓝纹二种。

广窑泑。青点一种。

月白无纹泑。有浅、深二种，微类大观泑，系白泥胎器。

宣窑宝烧泑。有三鱼、三果、三芝、五福四种。

龙泉泑宝烧。新制，有三鱼、三果、三芝、五福四样。

翡翠泑。有素翠、青点、金点三种。

吹红泑、吹青泑。

永窑脱胎、素白、锥拱等器皿。

万、正窑五彩器皿。

成窑五彩器皿。

宣花黄地器皿。

法青泑。系新试得，较霁青、浓红、深翠等泑，无橘皮棕眼。

西洋雕铸像生器皿。画法渲染，悉仿西洋笔意。

浇黄、浇绿锥花器皿。

浇紫器皿。有素花、锥花二种。

锥花器皿。有各种泑色。

抹红、彩红等器皿。

西洋黄色器皿、紫色器皿。

抹银、抹金器皿。

彩水墨器。系新制。

新制山水、人物、花卉、翎毛，仿笔墨浓淡意。

宣窑填白器。有厚薄、大小不等。

嘉窑青花、成窑淡描青花。

米色泑。有浅、深二种，与宋米色不同。

泑里红器皿。有通用红泑绘画者、有青叶红花者。

紫金泑。有红、黄二种。

浇黄五彩器皿。系新试得。

浇绿器皿。有素地、锥花二种。

洋彩器皿。新仿西洋法琅画法，山水、人物、花卉、翎毛，无不精细入神。

拱花器皿。各种泑色俱有。

西洋红色、绿色器皿。

乌金泑。有黑地白花、黑地描全二种，系新制。

西洋乌金器皿。系新制。

东洋抹金、抹银器皿。

配合釉料

紫金釉。用罐水、炼灰、紫金石水合成。

翠色釉。用炼成古铜水、硝石合成。

金黄釉。用黑铅末、碾赭石合成。

矾红釉。用青矾炼红，加铅粉、广胶合成。

紫色釉。黑铅末加石子青、石末合成。

浇青釉。用釉水、炼灰、石子青合成。

浇绿釉。用炼过黑铅末加古铜末、石末合成。

豆油釉。用豆青油水、炼灰、黄土合成。

纯白釉。用釉水、炼灰合成，即纯白器。

浇黄釉。用牙硝、赭石合成。

霁红釉。用红铜条、紫英石合成，兼配碎器不宝石、玛瑙。

霁青釉。用青料配泑合成。

东青釉。用紫金釉、水合成。

龙泉釉。用紫金釉微掺青料合成。

炉均釉。用牙硝、晶料配釉合成。

碎器釉。用碎器不出三宝棚者，细淘则成碎器，粗淘则成大纹片。

陶彩需用色料

铅粉。

焰硝。

青矾。

黑铅。

松香。

黛。
白炭。
金箔。
古铜。
赭石。
乳金银。
石子青。
紫金石。
五色石英。

景德镇陶录　卷四

昌南蓝浦滨南氏原著
门人郑廷桂问谷补辑

陶务方略

景德镇陶业，俗呼"货料"，操土音登写器物花式，字多俗省，其不见于字书字，如䃂、音又，俗当"泑"字。㙛音笃，俗指坯足。之类；其见于字书而俗借用者，如靶、字典音霸，辔革也。俗借为柄靶用。琢、字典音捉，治玉也。俗借为瓶、罍器名。不字典岸，入声。《说文》：櫱，同橐，木曲头不出也。俗借釉。不，音近敦字，上声。之类。他如饭作反，撇作丿，同作冂，盗作才，壶作乎，圾作件之类，虽土著犹参问乃得也。

镇陶字样，又有通用者，如缸，或作㼟、䍧等字，窑或作窯、窑等字，泑或作釉、䃂、油等字。群书杂记，亦多互见。

在镇陶作，器质粗细不一。有用官古不者，有用上古不者，有用中古不者，有用滑石者，有用䃂果配高岭者，有用滑石配白石者，有用余干不配高岭者，有用黄泥不者，有用捡渣者，各视所造器采用。

瓷土自来以麻仓为著，俗呼"麻村"。窑里，又呼"洞里"，属邑东乡，明末土竭，后复出。造成䃂果，则大坞岭为上，性硬，白而微汗，造瓷不挫，古器中多用作骨胎。他处亦有硬白土，或不免有油，又或白而性软耳。

䃂果，凡佳器全用作质，次品亦半用之，粗器则止和水合灰，以当水泑。嘉庆三年，邻邑乐平亦出此，为婺人起厂舂造，块式大于窑里所造，陶户试用颇不低。先是造户装至南港口，贿邑东人驾东港船接装入镇埠，货充窑里䃂果，今则明货于陶家矣。

高岭，本邑东山名，其处取土作不。初止土著汪、何、冯、方四姓业此，今则婺邑多充户，然必假四姓名号，刻印高岭块上，如曰"何山玉"、曰"汪某""方某"者。近邑西李家田大州上亦出土可用，不大下于东土，但造佳瓷者必求东埠出者耳。

高岭上者麻布口，次者糖口，最下磁器口。何谓磁器口？试照擘验土块，口如破磁片，滑平无纹而不糙，若刀切然。此土必无健性，造坯经烧必软挫。旧有红高岭，出邑东方家山，块色粉红，经烧则仍白色。后其姓以上竭近祖茔，遂请禁绝。

　　高岭不用碓舂，取土起棚，不过淘练成泥，印块而已。若砸不土，虽亦名土，实则取石。必先洗去石上浮土，再用锥碎成小块，然后杵臼一昼夜成土，始淘练印造。大约上春水大，每棚碓可全舂；下年水小力微，必减几支碓舂。水急力匀，舂土稠细；水缓力轻，舂土稍粗。故所出不砸，上春者佳，作坯亦比下年者胜。

　　同一不也，而有红、黄、白之分。红、白不，皆器之细者用，黄不，则惟粗器用之。然有一种淡黄带白色者颇佳，又不止粗器用也。

　　黄不土块大而坚，舂之杵舂亦必坚大；白不土稍松细，碓式亦次于舂黄不者。邑东王港以上有二十八滩，每滩皆有水碓，舂土作不。昔舂黄不户半于白不，今则舂造黄不者只五六处，余俱改舂白不。

　　不之绝佳者，惟寿溪坞所产。他处载来镇市，必曰"我寿溪不"，亦多可用。

　　瓷土，洪家坳旧出者与金家山所产同妙。后因与祁邑连界，属一势宦祖茔来脉，兴讼永禁。

　　坪里土、葛口土，皆祁门县所产。自余干土出，而坪里、葛口之土用者少矣。近邑南有小里土，亦可用。舂户多合用之，然不及余干土也。

　　不之名类不一，而玉红、提红二种为上。然二种不性软，必多合高岭方可用。余干不性颇健，少以高岭配合便可用。近日高岭所出，已不如前，陶户遂多用余干不。

　　水沠号为百家货，陶户用罩坯外，惟兰、宋、白、饭、砂、宫等坯不用。惟研合砸果，和水罩外。大抵槎窑粗器，多以砸果当水沠。

　　滑石作器胎，惟质佳耳。所衬出釉色，反不如不泥上釉，尤莹泽耐看，故官古不多用，洋器半用，惟雕镶小琢器肯用。然滑石瓷器画作，亦不及好官古。

　　捡渣，作质顶粗之器，如冒宫、冒饭、冒盂、冒令、莲子大碗、大草撇、砂古大砂炉二及小雕削禽鱼人物之类。捡渣者何？盖大窑户所淘泥不，倾去粗沉之土渣也。凡用捡渣户，雇工收捡于外，复加淘汰，练成泥，方可用。

　　青料以黑绿而润泽有光色者为上品，仿霁青器必用之。若青花淡描用青之法：先定花样画坯上，然后罩上沠，水干入窑烧，陶成遂现青翠色。若不用沠罩，其色仍黑；或先上沠，再画沠外，则料多烧飞。

镇有彩器,昔不大尚。自乾隆初,官民竞市,由是日渐著盛。俗呼"红店",其自称曰"炉户",皆不用古法明、暗炉之制,但以砖就地围砌如井样,高三尺余,径围三两尺,下留穴,中置彩器,上封火而已,谓之"烧炉",亦有期候。若问以明炉、暗炉,多不知为何。

凡器之高大件,最难烧造。如二尺四大盘、顶皮大碗、千圾五百圾大地瓶、五百圾大缸、三百圾花桶等器,口面既大,圾数又高,造时必倍。其坯式较劣,取优者送窑,经烧难保不有跷、扁、损、挫之患。

脱胎器薄,起于永窑。永窑尚厚,今俗呼"半脱胎"。另有如竹纸薄者一式,俗以"真脱胎"别之。此种真脱胎起自成窑,暨隆、万时之民窑。但隆、万尚蛋皮式,止一色纯白者,不似今多画青花,其净白尤浇美过之也。

上古、中古器,昔无琢类,不造小圆器,止有大碗、宫碗、七寸、五寸、四大器之称,今则小圆式亦造矣。

洋器有滑洋器、泥洋器之分。一用滑石制作器骨,工值重,是为滑洋器;一用不泥作器质,工值稍次,是为粗洋器。

小琢器户,亦呼"雕削",如造汤匙、挂瓶、茶托等具,画青花、淡描等花,或兼仿东青器。近闻仿造东青,新试得一法,用碙果作质,陶成则泑色益衬出,而美过于前仿东青器。

满窑一行,另有店居。凡窑户值满窑日,则召之至,满毕归店。主顾有定,不得乱召。俗传,先是乐平人业此,后挈鄱阳人为徒,此康熙初事。其后鄱邑人又挈都昌人为徒,而都邑工渐盛,鄱邑工所满者反逊之。今则镇分二帮,共计满窑店三十二间,各有首领,俗呼为"满窑头"。凡都、鄱二帮,满柴、槎窑,皆分地界。

窑内各有把庄头,亦为烧夫。烧夫中又分紧火工、溜火工、沟火工。火不紧洪,则不能一气成熟;火不小溜,则水气不由渐干,成熟色不漂亮;火不沟疏,则中、后、左、右不能烧透,而生甋所不免矣。烧夫有泼水一法,要火路周通,使烧不到处能回焰向彼,全恃泼火手段。凡窑皆有火眼,照来焰泼去,颇为工巧。

柴窑多烧细器,槎窑多烧粗器。前代厂制,一窑兼用柴、槎,四六配烧。今悉搭民窑,分柴、槎为二帮,故有柴窑、槎窑之称,其中又分大器窑、小器窑、包青窑诸号。

五曹,满器五行之名,都邑人呼为"五乎"。几曹几乎,皆行路之数。又传五乎实四担,坯匣共计三十二辇,亦有论柱数烧者。

烧窑户搭烧坯瓷,其满烧之规:当窑门前一二行,皆以粗器障搪怒火,三行后始有细器。其左右火眼处,则用填白器拥燎搪焰。正中几行,则满官古、东青等器。尾后三四行,又用粗器拥焰。若窑冲,惟排砖靠砌而已。

自烧自造者,谓之烧囵窑。或不搭他户烧,或亦搭一二户烧。窑门前用空满排以障火,如昔厂官窑满法者。三行后始用坯器,尾后亦满粗器,以搪火焰。

厂昔有大匣窑,专满空匣,今悉入民窑先烧,惟包青窑乃可搭烧。何谓包青?盖凡搭坯入其窑,必陶成皆青品,有苦窳不青器,则另偿包烧者。不独厂官器搭如此,即诸户搭烧亦然也。

瓷器固须精造,陶成则全赖火候。大都窑干、坯干、柴干,则少坼裂、色晦之患;土细、料细、工夫细,则无粗糙、滓斑之虞。

结砌窑巢,昔不可考。自元明以来,镇土著魏姓世其业。若窑小损坏,只需补修。今都邑人得其法,遂分业补窑一行。然魏族实有师法薪传。余尝见其排砌砖也,一手挨排粘砌,每粘一砖,只试三下,即紧粘不动;其排泥也,双手合舀一拱泥,向排砌一层砖中间两分之,则泥自靠结砖两路流至脚,砌砖者又一一执砖排粘;其制泥,稠如糖浆,亦不同泥水工所用者。

渣饼有平正细白者,是白不造成;有粗样者,是泥土打成。大小视坯足为度。凡坯装匣内,必用渣饼垫足,经烧后,其坭乃不粘匣底。又有用黄砂渣垫坭,亦不粘匣者。五代周烧柴窑器,所谓"足多粗黄土",盖此。

陶户收买础不,先于船中提少许捏成块,上划各土客字号,烧窑日置之火眼内,待烧熟,用铁钩探出,验辨货色,谓之"试照"。

本烧户亦有自试火照之法。盖坯器入窑,火候生熟,究不可定。因取破坯一大片,中挖一圆孔,置窑眼内,用钩探验生熟。若坯片孔内皆熟,则窑渐陶成,然后可歇火。

陶户坯作人众,必用首领辖之,谓之"坯房头",以便稽查口类、出入雇人。其有众坯工多事,则令坯房头处平;有惰工坯作,亦惟彼是让。

坯房发给人工:其为地下印、利、做坯等工,则皆四月内给值,十月找满,年终再给少许;其为画作上工,则按五月端节、七月半、十月半及年竣分给。至供饭一例,则阖镇皆三月朔起,有发市钱。

窑砖,旸阜滩沿河所造。其法:埏埴泥土,用方木匣印成,长七八寸,阔三四寸,先贮窑烧熟方可用。初烧者为新砖,烧数次者为老砖。老砖结窑佳。

　　俗有"估堆"之说。凡陶户提同口，有剩下零瓷或稍茅惊色杂者，则另堆聚一处，新旧大小不等，有此路行家觅户估买。昔多有估堆致富者，今则有外佳内窳弄巧者矣，俗谓"做堆"。

　　商行买瓷，牙侩引之，议价批单，交易成，定期挑货，必有票计器数为凭。其挑去瓷器有色杂茅损者，亦计其数载票，交陶户换补佳者，谓之"换票"。其瓷票、换票，皆素纸为之，或印行号、户号，加写器数，字或全用墨写。

　　商雇菱草工扎瓷，值有常规，照议如一。其稻草、篾片，皆各行长雇之菱草头已办。稻草出吾邑者好用，而邑北尤佳；篾则婺界所析，今里村、镇市亦有。

　　把庄一行，凡诸路客至，必雇定把庄头，挑收窑户瓷器，发驳则把庄头雇夫给力送下河。又有类色头，汇清同口，包纸装桶，菱草跟凳，皆有定例，俗又呼"油灰行"。

　　磨补瓷器，镇有勤手之徒，挨陶户零估收聚，茅糙者磨之，缺损者补之，俗呼为"磨茅塝店"。

　　过光瓷器，皆暗损未坏者，此诈伪之流贱市而涂固之。然沾热汤即破，只可盛干冷物，俗呼为"过江器"。

　　黄家洲苏湖会馆近河洲地，为小本商摆瓷摊所一大聚场也。面河距市中，方广约二里许，遍地皆瓷器摊，任来往乡俗零买，不拘同口个数。

　　瓷器街颇宽广，约长二三百武，距黄家洲地半里余。街两旁皆瓷店张列，无器不有，悉零收贩户整治摆售，亦有精粗、上中下之分。

　　潘家疃在镇之中秀渡对岸，疃内多潘姓。自国初已陶，然只坯坊陶窑多处，陶户仍居镇中，时至疃内省视烧造。其窑则皆烧槎，其坯亦有由镇载入疃窑烧者，亦有疃坯载送镇窑烧者，故中渡口一带河中，多有陶户装坯船、装瓷器船。

　　镇又有小本旅伴，手提大篮，采贩陶户诸瓷器，走黄家洲上及觅趁各瓷行零卖。其器稍有茅疵，亦或时得佳器，俗呼为"提洲篮"者。

景德镇陶录 卷五

昌南蓝浦滨南氏原著
门人郑廷桂问谷补辑

景德镇历代窑考

陈

至德元年,诏镇以埏埴贡建康。

唐

陶窑

唐初器也,土惟白壤,体稍薄,色素润,镇钟秀里人陶氏所烧造。邑《志》云:唐武德中,镇民陶玉者载瓷入关中,称为"假玉器",且贡于朝,于是昌南镇瓷名天下。

霍窑

窑瓷色亦素,土墡腻,质薄,佳者莹缜如玉,为东山里人霍仲初所作,当时呼为"霍器"。邑《志》载:唐武德四年,诏新平民霍仲初等制器进御。

宋

景德窑

宋景德年间烧造,土白壤而埴,质薄腻,色滋润。真宗命进御瓷器,底书"景德年制"四字。其器尤光致茂美,当时则效,著行海内。于是天下咸称景德镇瓷器,而昌南之名遂微。

湘湖窑附

镇东南二十里外有湘湖市，宋时亦陶。土壦埴，其体亦薄，有米色、粉青二色。蒋《记》云：器雅而泽，在当时不足珍。然唐公《陶成纪事》则曰：厂仿米色、粉青宋釉二种，得于湘湖故窑款色。盖其地村市尚寥落，有存窑址，自明已圮。

元

改宋监镇官为提领，至泰定后，又以本路总管监陶，皆有命则供，否则止，税课而已。故惟民窑著盛，然亦无多传名者。蒋《记》云："景德镇埏埴之器，洁白不疵。"据此，则元瓷尚白可知。又云："江、湖、川、广器用青白，出于镇之窑者也。"据此，则元瓷俱有青白色。又云："印花、画花、雕花之有其技。"据此，则元瓷已工巧画镂矣。又云："窑有尺籍，私之者刑。"据此，又非税课之一证乎？蒋公，名祈，元人也。

枢府窑

元之进御器，民所供造者，有命则陶。土必细白埴腻，质尚薄，式多小足、印花，亦有戗金、五色花者，其大足器则莹素。又有高足碗、蒲唇、弄弦等碟，马蹄盘、耍角盂各名式，器内皆作"枢府"字号。当时民亦仿造，然所贡者俱千中选十，百中选一，终非民器可逮。

湖田窑附

镇河南岸口有湖田市，元初亦陶。土壦垆，质粗，多黄黑色，即浇白者亦微带黄黑。当时浙东西行之，器颇古雅。蒋《记》云：浙东西之器尚黄黑，则出于昌水南之湖田窑者也。今窑市已墟，湖田村落尚在，其窑器犹有见者。

明

洪窑

洪武二年，设厂于镇之珠山麓，制陶供上方，称官瓷，以别民窑。除大龙缸窑外，有青窑、色窑、风火窑、匣窑、爁熿窑，共二十座。至宣德中，将龙缸窑之半改作青窑，厂官窑遂增至五十八座，多散建厂外民间。迨正德始称御器厂。

洪器土骨细腻，体薄，有青、黑二色，以纯素为佳。其制器，必坯干经年，重用车碾薄，上釉候干入火。釉漏者，碾去再上釉，更烧之。故汁水莹如堆脂，不易茅蔑，此民窑所不得同者。若颜色器中，惟青黑戗金壶盏甚好。

永窑

永乐年厂器也。土埴细，质尚厚，然有甚薄者如脱胎，素白器彩锥拱样始此。唐氏《肆考》云：永器有压手杯，中心画双狮滚球为上品，鸳鸯心者次之，花心又次之。杯外青花深翠，式样精妙。若后来仿制者，殊差。永器鲜红最贵。

宣窑

宣德间厂窑所烧。土赤埴壤，质骨如朱砂，诸料悉精，青花最贵，色尚淡，彩尚深厚，以甜白棕眼为常，以鲜红为宝。器皆腻实，不易茅蔑。唐氏《肆考》云：宣厂造祭红红鱼靶杯，以西红宝石为末入汹，鱼形自骨内烧出，凸起宝光，汁水莹厚。有竹节靶罩盖卤壶、小壶甚佳，宝烧霁翠尤妙。又白茶盏光莹如玉，内有绝细龙凤暗花，花底有暗款"大明宣德年制"，隐隐鸡橘皮纹。又有冰裂鳝血纹者，几与官、汝窑敌。他如蟋蟀澄泥盆，最为精绝。按，宣窑器无物不佳，小巧尤妙，此明窑极盛时也。祭红有两种，一为鲜红，一宝石红。唐氏所记乃宝石红，概以祭红言之，似误。宣青是苏泥勃青，故佳，成化时已绝。皆见闽温处叔《陶纪》。今宣窑瓷尚有存者。

成窑

成化厂窑烧造者。土腻埴，质尚薄，以五彩为上。青用平等青料，不及宣器，惟画彩高轶前后，以画手高、彩料精也。郭子章《豫章陶志》云：成窑有鸡缸杯，为酒器之最，上绘牡丹，下画子母鸡，跃跃欲动。五彩蒲萄撇口扁肚靶杯，式较宣杯妙甚。次若人物莲子酒盏、草虫小盏、青花纸薄酒盏，名式不一，色深浅莹洁而质坚，五采齐著。小碟、香盒、小罐，皆精妙可人。唐氏《肆考》云：神宗尚食，御前有成杯一双，直钱十万。明末已贵重如此。按，昔论明瓷者，首宣，次成，次永，次嘉。然宣彩未若成彩，其点染生动，有非丹青家所能及也。

正窑

正德中厂器。土埴细，质厚薄不一，色亦分青彩，惟霁红尤佳。嗣有大珰镇云南，得外国回青，价倍黄金，知其可烧窑器，命用之。其色古菁，故正窑青花多有佳品。按，回青以重色为贵，当日厂工恣为奸利，出售民埘。迨嘉靖间，邑令朱景贤设法调剂，其弊稍息。霁红即鲜红、宝石红两种。

嘉窑

嘉靖中厂器。土墡埴，质腻薄。时鲜红土绝，烧法亦不如前，仅可造矾红色。惟回青盛作，幽菁可爱，故嘉器青花亦著，五彩略备，然体制较之宣、成器则远甚。郭《记》云：世宗经箓醮坛用器，有小白瓯，名曰"坛盏"，正白如玉，绝佳。唐氏《肆考》亦载：嘉窑青尚浓，其厂器如坛盏、鱼扁盏、红铅小花盒子，足为世玩。

隆、万窑

穆宗、神宗年间厂器也。土埴坟，质有厚薄，色兼青、彩，制作益巧，无物不有。汁水莹厚如堆脂，有粟起若鸡皮者，有发棕眼若橘纹者，亦可玩。唐氏《肆考》云：明瓷至隆、万时，回青已绝，不及嘉窑青花；麻仓土亦告竭，饶土渐恶，器质较前多逊。又以淫巧为务，其秘戏器一种，殊非雅品，镇埘作俑自此。惟祭红器尚有佳者，然亦非鲜红、宝石红之祭红矣。

龙缸窑

明厂有龙缸窑，称大龙缸窑，亦曰"缸窑"。窑制：前宽六尺，后如前饶五寸，入身六尺，顶圆。鱼缸大样、二样者，止烧一口；瓷缸三样者，一窑给砌二台，则烧二口。缸多画云龙或青花，故统以龙缸窑名之。烧时，溜火七日夜。溜，缓小也，如小滴流，缓缓起火，使水气渐干渐熟，然后紧火二日夜。缸匣既红，而复白色，前后通明亮，方止火封门。又十日，窑冷方开。每窑约用柴百三十扛，遇阴雨或有所加。有烧过青双云龙宝相花缸、青双云龙缸、青双云龙莲瓣大缸、青花白瓷缸、青龙四环戏潮水大缸、青花鱼缸、豆青色瓷缸等式。

崔公窑

嘉、隆间人，善治陶，多仿宣、成窑遗法制器，当时以为胜，号其器曰"崔公窑瓷"，四方争售。诸器中惟盏式较宣、成两窑差大，精好则一。余青、彩花色悉同，为民陶之冠。

周窑

隆、万中人，名丹泉，本吴门籍，来昌南造器，为当时名手，尤精仿古器。每一名品出，四方竞重购之，周亦居奇自喜。恒携至苏、松、常、镇间，售于博古家，虽善鉴别者亦为所惑。有手仿定鼎及定器文王鼎炉与兽面戟耳彝，皆逼真无双，千金争市，迄今犹传述云。

壶公窑

神庙时烧造者，号壶隐道人。其色料精美，诸器皆佳。有流霞盏、卵幕杯两种最著。盏色明如朱砂，杯极莹白可爱，一枚才重半铢，四方不惜重价求之。亦雅制壶类，色淡青，如官、哥器，无冰纹。其紫金壶带朱色，皆仿宜兴时陈样，壶底款为"壶隐老人"四字。相传为昊十九，而籍不可知矣。李日华赠诗云："为觅丹砂斗市廛，松声云影自壶天。凭君点出流霞盏，去泛兰亭九曲泉。"

小南窑附

镇有小南街，明末烧造。窑独小，制如蛙伏，当时呼"虾蟆窑"。器粗整,土埴黄,体颇薄而坚。惟小碗一式,色白带青,有青花,花止兰朵、竹叶二种。其不画花,惟碗口周描一二青圈者,称"白饭器"。又有撇,坦而浅,全白者,仿宋碗。皆盛行一时,国初犹然。

国朝

陶至今日,器则美备,工则良巧,色则精全,仿古法先,花样品式,咸月异岁不同矣!而御窑监造,尤为超越前古,谨录其特著者。

康熙年臧窑

厂器也,为督理官臧应选所造。土埴腻,质莹薄,诸色兼备,有蛇皮绿、鳝鱼黄、吉翠、黄斑点四种尤佳,其浇黄、浇紫、浇绿、吹红、吹青者亦美。迨后有唐窑,犹仿其釉色。唐公《风火神传》载:臧公督陶,每见神指画呵护于窑火中,则其器宜精矣。

雍正年年窑

厂器也,督理淮安板闸关年希尧管镇厂窑务,选料奉造,极其精雅。驻厂协理官每月于初二、十六两期解送色样至关,呈请岁领关帑。琢器多卵色,圆类莹素如银,皆兼青、彩,或描锥、暗花、玲珑诸巧样,仿古创新,实基于此。《文房肆考》云:雍正初,楚抚严公希尧烧造厂器。以"年"为"严",又称"楚抚",殆误。邑《志》载年公《重修风火神庙碑记》,碑尚存。

乾隆年唐窑

厂器也,内务府员外郎唐英督造者。唐公以雍正戊申来驻厂协理,佐年著美。迄乾隆初榷淮,八年移理九江钞关,皆仍管陶务。公深谙土脉火性,慎选诸料,所造俱精莹纯全。又仿肖古名窑诸器,无不媲美;仿各种名釉,无不巧合;萃工呈能,无不盛备。又新制洋紫、法青、抹银、彩水墨、洋乌金、法琅画法、洋彩乌金、黑地白花、黑地描金、天蓝、窑变等釉色器皿。土则白壤而埴,体则厚薄惟腻,厂窑至此,集大成矣!既复奉旨恭编《陶冶图》二十页,次第作《图说》进呈。临川李巨来先生序公集云:"独斟酌华实间,有得于心。而龙缸、均窑,追绝业,复古制;翡翠、玫瑰,更出新奇。是公之陶,即公之心为之也。"

景德镇陶录 卷六

昌南蓝浦滨南氏原著
门人郑廷桂问谷补辑

镇仿古窑考

定窑

宋时所烧,出直隶定州,有南定器、北定器。土脉细腻,质薄,有光素、凸花、划花、印花、绣花诸种,多牡丹、萱草、飞风花式。以白色而滋润为正,白骨而加以汹水,有如泪痕者佳,俗呼"粉定",又称"白定"。其质粗而微黄者低,俗呼"土定"。东坡《试院煎茶》诗云:"定州花瓷琢红玉。"蒋《记》云:景德镇陶器有"饶玉"之称,视真定红瓷足相竞。则定器又有红者。间造紫定、黑定,然惟红、白二种,当时尚之。唐氏《肆考》云:古定器以政和、宣和间窑为最好,色有竹丝刷纹。其出南渡后者为南定,北贵于南,划花最佳,光素亦好。昌南窑仿定器,用青田石粉为骨,质粗理松,亦曰"粉定"。其紫定色紫,黑定色若漆,无足重也。

汝窑

汝亦汴京所辖。宋以定州白器有芒不堪用,遂命汝州建青器窑。土细润如铜,体有厚薄,色近雨过天青,汁水莹厚若堆脂,有铜骨无纹、铜骨鱼子纹二种。《格古要论》云:汁中棕眼隐若蟹爪者尤佳。《辍耕录》云:河北唐、邓、耀州悉效之,而汝窑为魁。底有芝麻花细小挣钉,当时珍尚。唐氏《肆考》云:汝器土脉质制,较官窑尤滋润,薄者为贵。屑玛瑙为油,如哥而深,微似卵白,真所谓淡青色也,然无纹者尤好。

官窑

宋大观、政和间,汴京自置窑烧造,命曰"官窑"。土脉细润,体薄,色青带粉红,浓淡不一,有蟹爪纹、紫口、铁足。大观中,釉尚月白、粉青、大绿三种,政和以后惟青分浓淡耳。案,南渡时,有邵成章提举后苑,袭旧京遗制，置窑于修内司烧造，曰"内窑"，亦名"官窑"。澄泥为范，极其精制，釉色亦莹澈，为当时所珍。后郊坛下别立新窑，亦曰"官窑"，式制不殊，比之旧窑、内窑，大不侔矣！唐氏《肆考》云：古官器，其妙处当在体质、油色。色带白而薄如纸者，颇亚于汝。伪者皆龙泉所造，无纹路。南宋余姚秘色瓷，今人率以官窑目之，不能别白，间见乱真。

东窑

北宋东京民窑也，即今开封府陈留等处。土脉黎细，质颇粗厚，淡青色，亦有浅深，多紫口、铁足，无纹，比官窑器少红润。唐氏《肆考》误以为"董窑"，又云：核之董窑似官，其不同者，质粗欠滋润。盖"东""董"声相近，唐氏半采《格古要论》，乃传闻之讹也。案，古东器虽有紫口、铁足，无蟹爪纹，不逮官窑多矣，唐氏何得云似？《陶成纪事》亦称"东窑"，载东青有浅、深二种。唐氏于东青色则书"冬青"，何不自知"东"之讹"董"也？且今所仿东青器，并无紫口、铁足，或更加彩矣。

龙泉窑

宋初处州府龙泉县琉田市所烧。土细墡，质颇粗厚，色甚葱翠，亦分浅深，无纹片。有一等盆，底有双鱼，盆外有铜掇环。器质厚实者，耐摩弄，不易茅篾，第工匠稍拙，制法不甚古雅耳。景德镇唐窑有仿龙泉宝烧一种，尤佳。《格古要论》以为亦有薄式。唐氏《肆考》云：古龙泉器，色甚葱翠，妙者可与官、哥争艳，但少纹片、紫骨、铁足耳。

哥窑

宋代所烧，本龙泉琉田窑，处州人章姓兄弟分造。兄名生一，当时别其所陶，曰"哥窑"。土脉细紫、质颇薄，色青，浓淡不一。有紫口、铁足，多断纹，隐裂如鱼子。釉惟米色、粉青二种，汁纯粹者贵。

唐氏《肆考》云：古哥窑器质之隐纹如鱼子，古官窑质之隐纹如蟹爪，碎器纹则大小块碎。古哥器色好者类官，亦号"百圾碎"，今但辨隐纹耳。又云：汁油究不如官窑。案，哥窑在元末新烧，土脉粗燥，色亦不好，见《格古要论》。旧呼"哥哥窑"，亦取土于杭。

章龙泉窑

即生一之弟章生二所陶者,仍龙泉之旧,又号"章窑",或曰"处器""青器"。土脉细腻,质薄,亦有粉青色、翠青色,深浅不一。足亦铁色,但少纹片。较古龙泉制度,更觉细巧精致,至今温处人犹称为"章窑"。唐氏《肆考》云:兄弟二窑,其色皆青,有浓淡,皆铁足。旧闻有紫足,少见。惟哥窑有纹,弟章窑无纹为别。《春风堂随笔》云:章窑所陶青器,纯粹如美玉,为世所贵,即官窑之类。案,白壤所造,外涂泑水,翠浅露白痕者真。明初,窑移处州,青器土垩,火候渐不及前矣。

均窑

亦宋初所烧,出钧台。钧台,宋亦称钧州,即今河南之禹州也。土脉细,釉具五色,有兔丝纹。红若胭脂、朱砂为最,青若葱翠、紫若墨者次之。三者色纯无少变杂者为上,底有一二数目字号为记者佳。若青黑错杂如垂涎,皆三色之烧不足者,非别有此样。俗取梅子青、茄皮紫、海棠红、猪肝、骡肺、鼻涕、天蓝等名。蒋《记》云:近年新烧,皆砂土为骨,釉水微似,制有佳者,俱不耐久。

唐氏《肆考》云:均窑始禹州,禹州昔号钧台,均合书钧,今通作均,沿写已久。此窑惟种菖蒲盆底佳甚。他如坐墩、炉、合、方瓶、罐子,多黄沙泥坯,则器质不佳。案,唐说特就古均器言之耳,若今镇陶所仿均器,土质既佳,瓶、炉尤多美者。

碎器窑

南宋时所烧造者,本吉安之庐邑永和镇另一种窑。土粗坚,体厚质重,亦具米色、粉青样。用滑石配釉,走纹如块碎,以低墨土赭搽熏既成之器,然后揩净,遂隐含红黑纹痕,冰碎可观,亦有碎纹素地加青花者。

唐氏《肆考》云:吉州宋末有碎器,亦佳。今世俗讹呼"哥窑",其实"假哥窑",虽有碎纹,不同鱼子,且不能得铁足。若铁足,则不能有声,惟仍呼"碎器"为称。案,所谓紫口、铁足,今镇陶多可伪设,即鱼子纹亦不必定属汝、哥类。凡圆琢小件,皆有精仿者矣。

景德镇陶录 卷七

昌南蓝浦滨南氏原著
门人郑廷桂问谷补辑

古窑考

东瓯陶

瓯越也,昔属闽地,今为浙之温州府。自晋已陶,其瓷青,当时著尚。杜毓《荈赋》所谓"器泽陶拣,出自东瓯"者是也。陆羽《茶经》云:"瓯越器青,上口唇不卷,底卷而浅,受半斤已下。"

关中窑

元魏时所烧,出关中,即今西安府咸阳等处。陶以供御。

洛京陶

亦元魏烧造,即今河南洛阳县也。初都云中,后迁都此,故亦曰洛京。所陶皆供御物。

寿窑

唐代所烧,江南之寿州也。瓷色黄,《茶经》以寿瓷为最下,云黄则茶色紫,不相宜。

洪州窑

洪州烧造者,亦见唐代。洪州,今南昌府。《格古要论》云:江右洪州器,黄黑色。《茶经》云:洪州瓷褐,令茶色黑,品更次寿州。陆佃曰:褐,色黄黑。

越窑

越州所烧,始唐代,即今浙江绍兴府,在隋唐曰越州。瓷色青,著美一时。《茶经》云：碗，越州为上。其瓷类玉、类冰，青而益茶，茶色绿，邢瓷不如也。陆龟蒙诗云："九秋风露越窑开，夺得千峰翠色来。"孟郊诗云："越瓯荷叶空。"顾况《茶赋》云："越泥如玉之瓯。"观此，则越窑亦唐时韵物矣。

唐氏《肆考》云：越窑实为钱氏秘色窑之所自始。

鼎窑

唐代鼎州烧造，即今西安府之泾阳县也。陆羽《茶经》推鼎州瓷碗，次于越器，胜于寿、洪所陶。

婺窑

亦唐时婺州所烧者，今之金华府是。《茶经》又以为婺器次于鼎瓷，非寿、洪器所能及。

岳窑

湖南岳州府，唐代亦陶。瓷皆青。《茶经》谓又次于婺瓷，然青固宜茶，茶作白红之色，悉胜于寿州、洪州者。

蜀窑

唐时四川邛州之大邑所烧。体薄而坚致，色白声清，为当时珍重。《杜少陵集·韦处乞大邑瓷碗》诗云："大邑烧瓷轻且坚，扣如哀玉锦城传。君家白碗胜雪碗，急送茅斋也可怜。"首句美其质，次句美其声，三句美其色，蜀窑之佳，已可想见。案，《辍耕录》引《笔衡》载有"续窑"，疑"续"即"蜀"误。唐氏又以大邑瓷隶越窑下，说又误矣。

秘色窑

吴越烧造者。钱氏有国时，命于越州烧进，为供奉之物，臣庶不得用，故云"秘色"。其式似越窑器，而清亮过之。

唐氏《肆考》云：蜀王建报朱梁信物有金棱碗，致语云"金棱含宝碗之光，秘色抱青瓷之响"。则秘色乃是当时瓷器之名，不然吴越专以此烧进，何蜀王反取之以报梁耶？案，垣斋《笔衡》谓秘色唐世已有，非始于钱氏，大抵至钱氏始以专供进耳，岂王蜀遂无唐之旧器哉？又徐寅有《贡余秘色茶盏》七律诗，可见唐有之辨非谬。特《辍耕录》疑为即越窑，亦误。南宋时秘色窑已移余姚,迄明初遂绝。

秦窑

唐代烧造,今甘肃之秦州也。相传器皆碗、杯之属,多纯素,亦有凸鱼水纹者。

柴窑

五代周显德初所烧,出北地河南之郑州。其地本宜于陶,以世宗姓柴,故名。然当时亦称御窑,入宋始以柴窑别之。其瓷青如天,明如镜,薄如纸,声如磬,滋润细媚,有细纹。制精色异,为古来诸窑之冠,但足多粗黄土耳。

唐氏《肆考》云:柴窑起于汴,相传当日请器式,世宗批其状曰:"雨过天青云破处,者般颜色作将来。"今论窑器者,必曰柴、汝、官、哥、定,而柴久不可得矣。得残器碎片,制为冠饰、绦环、玩具,亦足珍贵。世传柴瓷片,宝莹射目,光可却矢。宝莹则有之,却矢未必然,盖难得而重言之也。

唐邑窑

宋时烧造,即今南阳府唐县。昔称青瓷,质泑不及汝器。

邓州窑

亦宋所烧,即南阳府之邓州。皆青瓷,未若汝器滋润。

耀州窑

耀州,今属西安府,亦宋烧。青器色质,俱不逮汝窑。后烧白器,颇胜。然陶成皆不坚致,易茅损,所谓黄浦镇窑也。

乌泥窑

建宁府建安所烧,始于宋。厥土黑坟,质粗不润,泑水燥暴,色面亦青。《瓶花谱》以乌泥与龙泉、均、章诸窑并重。《博古要览》则谓当差肩象东。《拾青日札》云建安乌泥窑器,品最下,未可传信。抑今昔之不同耶?

余杭窑

亦宋时烧造,乃杭州府之余杭县也。色同官瓷,无纹,不莹润。叶垣斋《笔衡》云:郊坛下新窑,已比旧官内窑大不侔。他如乌泥窑、余杭窑,更非官窑比矣。

丽水窑

亦宋所烧,即处州丽水县,亦曰处窑。质粗厚,色如龙泉,有浓淡,工式尤拙。

萧窑

出徐州府萧县之白土镇,一曰白土窑,亦宋代烧造。厥土白壤,质颇薄泽,皆白器,制式规范颇佳。《夷坚志》云:萧县白土镇造白器,几三十余窑。窑户多邹姓,有总首,其陶匠约数百人,制作颇佳。

吉州窑

宋时吉州永和市窑,即今之吉安府庐陵县。昔有五窑,具白色、紫色。紫有与紫定相类者。五窑中,惟舒姓烧者颇佳。舒翁工为玩具,翁之女名舒娇,尤善陶。其炉、瓮诸色,几与哥窑等价,花瓶大者值数金,小者有花。《格古要论》云:体厚质粗,不甚足品。

唐氏《肆考》云:吉窑颇似定器,出今吉安之永和镇。相传陶工作器入窑,宋文丞相过时,尽变成玉,工惧事闻于上,遂封穴不烧,逃之饶,故景德镇初多永和陶工。按,此亦元初事,若明陶以后,则皆昌南土著。

建窑

古建州窑也。出宋代,为今之建宁府建阳县。始于建安,后迁建阳,入元犹盛。碗、盏多是撇口,体稍薄,色浅黑而滋润,有黄兔斑、滴珠大者真。宋时茶尚撇碗,以建安兔毫盏为上。

唐氏《肆考》云:旧建瓷有薄者,绝类宋器。

象窑

宋南渡后所烧,出处未详。有蟹爪纹,以色白滋润为贵,其黄而质粗者品低。

　　唐氏《肆考》云：或言象器出今宁波府象山县。核之象窑，似定，但多质粗。其滋润者亦终逊定器，且次于霍州镇之彭窑。

榆次窑

　　此西窑也，即太原府榆次县。自唐已陶，土粗质厚，厥器古朴。

平阳窑

　　亦西窑也，平阳府所烧。唐宋皆陶，有砖窑，大而容器多；有土窑，小而容器少。土壤白，汁水欠纯，故器色无可传者。

宿州窑

　　宋代烧造，为今凤阳府之宿州也。器仿定色，当时行尚颇广。自定窑器减后，而北地且多市充定器，然固不及真定瓷也。

泗州窑

　　江南之泗州，宋代亦陶。悉仿定窑器色，但不著于时。贪其值贱者，多市充定器。或云，泗器实与宿窑相埒。

彭窑

　　元时彭均宝于霍州烧造。土脉细白，埴腻体薄，尚素。仿古定器制，折腰样甚整齐，当时以彭窑称焉。其佳者与定相埒，因亦呼"新定器"。《格古要论》云：元彭均宝效古定窑制器，创折腰样。其土脉细白，绝类真定，往往为牙行指作定器。以烧于霍州，又名霍窑。

　　唐氏《肆考》云：元之戗金匠户彭均宝烧仿定器，与白定相似，但比青口欠滋润，极脆，难以传久。市肆卖古瓷，多充为定器，非真赏家莫辨。

宣州窑

　　元明烧造，出宣州。土埴，质颇薄，色白。

临川窑

　　元初烧造，即今抚州府之临川县。土埴细，质薄，色多白，微黄，有粗花者。

南丰窑

出盱江之南丰县,元代烧造。土填细,质稍厚。器多青花,有如土定等色。蒋《记》云:夫何昔之课斯陶者日举,今则州家多挂欠?原其故有五,临川、建阳、南丰产有所夺,三也。按,此是说镇陶之利为三邑陶所夺,可见临窑、南窑在元时亦盛。

陇上窑

陇东所陶,始于明,即平凉府华亭县等处。或称白器,或曰类西窑。大抵质粗工拙,不足贵,蔡九霞志云:平凉华亭之间,明产瓷器,古陇东地也。

欧窑

明代烧造,为江南常州府宜兴人,以其姓欧,皆呼为欧窑。有仿哥窑纹片者,有仿官、均窑色者,彩色甚多,俱花盘、奁架诸器。其红、蓝纹釉二种尤佳,昌南唐窑曾仿之。

唐氏《肆考》云:宜兴窑又有专造紫砂壶一式。《阳羡茗壶系》云:壶品,著名大家有时大宾、李仲芳、徐友泉、陈仲美、陈俊卿等。按,宜兴壶窑虽属陶成,然不类瓷器。此编只纪瓷陶,故不列入。

横峰窑

横峰,今广信府兴安,昔属弋阳县之大平乡。明处州人瞿志高来创造窑器。嘉靖间,因民饥乱,乃即横峰窑镇地改立兴安县,移窑于弋之湖西马坑,俗犹呼横峰窑,亦曰"弋器"。所造瓶、罐、缸、瓮、盘、碗之类,甚粗。

以上古陶,惟自晋纪起。东瓯、关、洛诸作,在当时原只泛称陶器,故仍以陶纪之,余悉称窑。盖陶至唐而盛,始有窑名也。

各郡县窑考 附

邢窑

出直隶之顺德府邢台县,自唐已烧造。土细质腻,色尚素,昔称白瓷,今亦有描青杂式者。《茶经》云:世以邢州瓷处越器上,然邢瓷类银、类雪,邢瓷白而茶色丹,似不如越。按,《茶经》第就品茶言瓷耳,邢器亦足观。

磁州窑

始磁州,昔属河南彰德府,今属北直隶广平府。称"磁器"者盖此。又本磁石制泥为坯陶成,所以名也。器之佳者,与定相似,但无泪痕。亦有划花、绣花,其素者,价高于定,在宋代固著。今人讹以陶窑瓷品概呼为磁器,不知另有是种窑。

德化窑

自明烧造,本泉州府德化县。德化,今改属永春州。碗、盏亦多撇口,称白瓷,颇滋润,但体极厚,间有薄者,惟佛像殊佳。今之建窑在此,盖不类旧建瓷矣。

处窑

浙之处州府,自明初移章龙泉窑于此烧造,至今遂呼"处器"。土粗垩火候、汁水皆不得法,或犹有以"龙泉"称者,要非古章窑比也。

许州窑

明河南许州烧造。制磁石为之,亦瓷器也。色样皆有,花素较磁州新近者为优。或曰,窑始于宋。

河北窑

烧造由宋始,青瓷也,即今河南卫辉府,昔称河北地。器同汝制,而色质不及,只可与唐、邓、耀等窑为伍。

怀庆窑

出河南怀庆府,自明迄今,尚烧造。

宜阳窑

明陶,即河南宜阳县,今尚烧造。

登封窑

亦自明始,即河南府登封县,今尚陶。

陕州窑

河南之陕州也,烧造始于明,今尚陶。

兖州窑

明以来烧造者,即兖州府邹、峄等处,今尚陶。

平定窑

今之西窑也,自宋已陶。土黎质粗,而色白微黑。器皆厚大,盆、碗殊无可观,人呼之曰"偈器",即平定州烧者。

霍州窑

亦今之西窑,始于唐宋。土细壤,质腻,体薄,色多白,比平阳所造为佳,当时别之曰"霍器"。

广窑

始于广东肇庆府阳江县所造,盖仿洋磁烧者,故《志》云广之阳江县产磁器。尝见炉、瓶、盏、碟、碗、盘、壶、盒之属,甚绚彩华丽。惟精细雅润不及瓷器,未免有刻眉露骨相,可厌。然景德镇唐窑曾仿之,雅润足观,胜于广窑。此与磁州、许州等器,皆非瓷土所成者也。

《陶成纪事》云:一仿广窑釉色及青点釉一种。按,此亦唐厂所仿。

外译窑考 附

高丽窑

即高丽国所烧造者，不知起于何代。质颇细薄，釉色与景德镇微类。有粉青者，似龙泉器。有细花者，仿佛北定器。若上有白花朵儿者，彼国不甚值钱，大约与越窑、秘色窑、汝窑诸式相类，惟瓜尊、狻猊炉颇著异。

大食窑

大食国所造，以铜作骨，用药烧成，五色华绚。有见其碗、盏、壶、盒者，谓与佛郎嵌器颇相似，不知著始何代。

佛郎嵌窑

亦呼"鬼国窑"，即今所谓"发蓝"也，又讹"法琅"。其窑甚狭小，制如炉器。亦以铜作胎，用色药嵌烧，颇绚采可玩。

唐氏《肆考》云：今云南人在京多作酒盏，仿佛郎嵌，俗谓之"鬼国嵌"。

洋磁窑

西洋古里国造，始者著代莫考。亦以铜为器骨，甚薄，嵌磁粉烧成。有五色，缋彩可观。推之作铜声，世称"洋磁"。泽雅鲜美，实不及瓷器也。今广中多仿造。

唐氏《肆考》曰：洋磁等器，虽甚绚采华丽，而欠雅润精细，仅可供闺阁之用，非士大夫文房清玩也。

景德镇陶录 卷八

昌南蓝浦滨南氏原著
门人郑廷桂问谷补辑

陶说杂编上

浮于饶称望邑,景德一镇,屹然东南一雄观。业陶者于斯,贸陶者聚于斯。天下之大,受陶之利,而举以景德名。王泽洪《记》

浮处万山之中,而景德一镇,则固邑南一大都会也。殖陶之利,五方杂居,百货具陈,熙熙乎称盛观矣!陈清《集》

昌南镇陶器,行于九域,施及外洋,事陶之人,动以数万计。海樽山俎,咸萃于斯。盖以山国之险,兼都会之雄也。沈怀清《记》

景德,江右一巨镇也,隶于浮。业制陶器,利济天下。四方远近,挟其技能以食力者,莫不趋之如骛。谢旻《外纪》

昌江之南,有镇曰陶阳,距城二十里,而俗与邑乡异。列市受廛,延袤十三里许,烟火逾十万家,陶户与市肆当十之七八,土著居民十之二三。凡食货之所需求,无不便五方,借陶以利者甚众。黄墨舫《杂志》

浮梁提封仅百里,土宜于陶,以致陶之业、陶之人及陶中所有之事,几皆半于浮。则景德一镇,洵浮之要区矣。杨竹亭《集》

唐褚绥,字玉衡,晋州人。景隆初,为新平司务。会洪州督府奉诏,需献陵祭器甚迫,绥驰戟门,力陈岁歉,户力凋残,竟获止。《襄陵名宦志》

窑之长短,率有椹数籍税,而火堂、火栈、火尾、火眼之属,则不入于籍。烧时,窑牌火照迭相出试,谓之"报火"。蒋祈《陶略》

凡窑家作辍,与时年丰凶相为表里。闻镇之巨户,今不如意者十八九。同上

进坑石制泥精细,湖坑、岭背、界田之所产,已为次矣。比壬坑、高砂、马鞍山,厥土赤石,仅可作匣。攸山石垩烧灰,杂以槎叶、木柿,火而加炼之,必剂以釉泥而后用。同上

彭器资尚书文集有《送许屯田》诗,序云:"浮梁父老言,自来作知县不买瓷器者一人,君是也;作饶州不买瓷器者一人,今程少卿嗣宗是也。"惜

乎！不载许君之名。《容斋随笔》

吾闻陶之为道也，捣金石之屑，拔草木之精，埏之，坯之，輗之，绘之，泐之，煅之，别土脉火色，寻蟹爪鱼子。自霍、景、柴、汝、定、官、哥、均以来，至今日而其器益精。谢济世《叙》

宣窑冰裂鳝血者，与官、哥同，隐纹如橘皮。红花、青花者，俱鲜彩夺目，堆垛可爱。永窑细款青花杯、成窑五采葡萄杯及纯白薄如琉璃者，今皆极贵。又有元代"枢府"字号窑者，亦可取。文震亨《长物记》

宣窑有鱼藻洗、葵瓣洗、磬口洗、鼓样洗，五采桃注、石榴注、双瓜注、双鸳注，暗花白香橼盘、苏麻泥青香橼盘、朱砂红香橼盘诸件。又香合之小者，有饶窑蔗段、串铃二式。同上

宣庙有尖足茶盏，料精式雅，质厚难冷，洁白如玉，可试茶色，盏中第一。世庙有坛盏，中有"茶""汤""果""酒"，后有金篆"大醮坛用"等字者，亦佳。又一种名崔公窑，差大，可置果实。同上

玩好之物，以古为贵，惟今代则不然。永乐之剔红，宣德之铜，成化之窑器，其价遂与古敌。先是宣窑品最贵，近日又重成窑，盖两朝天纵，留意曲艺，宜其精工如此。花样皆作八吉祥、五供养、一串金、西番莲，以至斗鸡、百鸟及人物故事。至嘉靖窑，则又仿宣、成二种，而稍胜之。惟崔公窑加贵，然其值亦第宣、成之什一耳。明沈氏《敝帚斋余谈》

幼曾于二三中贵家见隆庆窑酒杯、茗碗，俱绘男女私亵之状。盖穆宗好内，以故奉造此种。然春画之起，始于汉广川王画屋。又书载，汉时发冢，则凿砖、画壁俱有此种。杯、碗正不足怪也。同上

宣德时，最娴蟋蟀戏，因命造蟋蟀盆。今宣窑蟋蟀盆犹甚珍重，其价不减宋宣和盆也。同上

吴门周丹泉，巧思过人，交于唐太常。每诣江西之景德镇，仿古式制器，以眩耳食者。纹款色泽，咄咄逼真，非精于鉴别，鲜不为鱼目所混。一日，从金阊买舟往江右，道经毗陵，晋谒太常，请阅古定鼎。以手度其分寸，仍将片楮摹鼎纹，袖之遂别。之镇，半载而旋，仍谒唐，袖出一鼎，云："君家白定炉鼎，我又得其一矣。"唐大骇，以所藏古鼎较之，无纤毫疑。又盛以旧炉，底盖宛如辑瑞之合也。询何所自来，周云："余畴昔借观，以手度者再，盖审其大小轻重耳。实仿为之，不相欺也。"太常叹服，售以四十金，蓄为副本，并藏于家神庙。末年，淮安杜九如浮，慕唐之古定鼎，形诸梦寐，从太常孙君俞，强纳千金，得周之仿鼎以去。《韵石斋笔谈》

陶辨器足。永乐窑压手杯，滑底沙足。宣窑坛盏，釜底线足。嘉靖窑鱼扁盏，馒心圆足。凡陶器出窑，底足可验火法。《拾青日札》

饶州景德镇，陶器所自出。大观间有窑变，色红如朱砂，金谓荧惑缠度，临照而然。物反常为妖，窑户亟碎之。时有玉牒防御使仲戢，年八十余，居于饶，得数种，出以相视，云比之定州红瓷，色尤鲜明。《清波杂志》

髹漆、螺蚿嵌器垢旧，若洗拭，法用无糖软绢包香蛤粉满扑过，另将软绢细细揩抹。其黑处自光如镜，而所嵌物则明显。《云谷卧余》

成化间，朱元佐监陶，《登朝天阁冰立堂观陶火》诗云："来典陶工简命膺，火林环视一栏凭。朱门近与千峰接，丹阙遥从万里登。霞起赤城春锦列，日生紫海瑞光腾。四封富焰连朝夕，谁识朝臣独立冰？"《爱日堂抄》

明有昊十九者，浮梁人，能吟，工书画，隐于陶轮间。所制精瓷雅壶，俱妙绝人巧，自号壶隐老人。《紫桃轩杂缀》

镇瓷无色不备，惟明厂有鲜红。其纯白器，或画青花，或加五彩。永窑亦足贵多厚，成窑薄，宣窑青淡，嘉窑青浓，前后规制殊异。永在宣、成之下，嘉之上。南村谓"宣青成彩"，以宣窑五彩深厚堆垛，不若成彩用色浅深，殊有画意也。惟宣花是苏泥勃青，至成化其青已尽，只用平等青料，则论青花，宣为胜。然正、嘉用回青，亦足品。但宣窑选料、制样、绘画、题款，无一不佳耳。总之，明瓷无能过宣、成者。《明瓷合评》

凡用佳瓷，不先制之，遇热汤水，无有不损裂。必须先以米泔水温温渐煮，出，再以生姜汁及酱涂器底下，入火稍煨顿，可保。《墨娥小录》

粘碗盏法：用未蒸熟面筋，入筛净细石灰少许，杵数百下，忽化开如水，以之粘定，缚牢，阴干，自不脱，胜于钉钳，但不可水内久浸。又，凡瓷器破损，或用糯米粥和鸡子青，研极胶粘，入粉少许再研，以粘瓷损处，亦固。同上

陶器贡自京师，岁从部降式造特多，以龙凤为辨。王宗沐《陶书论》

江阴周高起曰：明有陈仲美，婺源人，初造瓷于景德镇，尤善诸玩，类鬼工。以业之者多，不足成其名，弃之而来阳羡。好配壶土，心思殚竭，可列神器。《阳羡茗壶系》

水盏子者，乐器也，古犹瓦缶为之。明姑苏乐工谋易以铁，不成，乃购食器之能声者。得内府监制成化瓷器若干，则水浅深，分下上、清浊，叩以犀匙。凡器八，而音周，绝胜古之击缶者，因强名曰"水盏子"。毛奇龄《水盏子记》

陶器以青为贵，彩品次之。瓷之青花、霁青、粉青，悉借青料。其仿汝窑、官窑、哥窑、龙泉窑，其色青者，亦资青料。唐氏《肆考》

宣窑青花，一名苏麻离青，成化时已少。正德间得回青，嘉窑御器遂用之。捶碎，有朱砂斑者为上，银星次也。纯用回青，则色散不收，必用石青和之，或什之一，或四之六。设色则笔路分明，混水则颜色明亮。同上

窑变，一说火之幻化所成，非徒釉色改变，实有器异成奇者。《东坡集》载《瓶笙诗引》云：刘仲几饮饯，闻笙箫声，察之，出于炉上双瓶。明诏景德镇烧屏风，变其二为床、船。余家有镇瓷宋碗一，暑天盛腥物，不臭腐。若官、均、哥窑，于本色釉外，变而为淡黄，或灰紫错杂。类诸物态，此不足异，时亦有之。同上

磁、瓷字不可通。瓷，乃陶之坚致者，其土埴壤。磁，实石名，出古邯郸地，今磁州。州有陶，以磁石制泥为坯烧成，故曰"磁器"，非是处陶瓷皆称磁也。闻景德镇俗，概从磁字书称。余所见商侣，亦多以瓷为磁，真可一噱。磁州今尚烧造。同上

自镇有陶，而凡饬金、镂银、琢石、髹漆、螺甸、竹木、匏蠡诸作，今无不以陶为之。或字或书，仿嵌维肖。同上

洪熙间，少监张善始祀佑陶之神，建庙厂内。曰师主者，姓赵名慨，字叔朋，尝仕晋朝。道通仙秘，法济生灵，故秩封万硕，爵视侯王，以其神异，足以显赫今古也。成化中，太监邓贤而知书，谓镇民多陶，悉资神佑，乃徙庙于厂东门外之通衢，东北百武许，即今所也。詹珊《记》

唐光启中，有灵官华光者，神明赫著，民居横田社者奉之。嘉靖辛酉，部使者以验器至，改庙为公署。越岁，兵宪涂任斋公莅镇，宿公署，夜寐，若有牖其衷者。明日，进太府观海顾公、节推城山饶公，议更创之。于是议以厂东旷地建署，而庙地仍归民，听复建奉如旧。隆庆五年，陶务日急，祷于神，得宽牒，民乃请于明府，协更新之。工竣，耆老来告余，余曰："豫范型于土，人力可为。既入冶中，烟燎变幻，不可陶测，造化甄陶，有默司焉，匪神之为灵至是耶？"厥功亦与有力，宜永祀志。曹天祐《记》

唐公英《中秋后三日》诗云："惭愧甄陶汉使槎，几番佳节在天涯。西风一夜吹乡梦，寒雨连朝湿桂花。"又《留别陶署》诗云："半野半官栖八载，谁宾谁主寄孤情。梁间燕垒分辛苦，槛外花枝负约盟。"又云："西江八载赋皇华，淮海乘春又放槎。"又云："古亭翠撷心裁句，珠阜香留手植花。"《陶人心语》

佑陶灵祠堂西侧有青龙缸一，径三尺，高二尺强，环以青龙，四下作潮水纹，墙口俱全，惟底脱。明万历造。先是累造弗成，督者益力，神童公悯同役之苦，独舍生殉火，缸乃成。此则成中落选之损器也，久弃寺隅，余见之，遣两舆夫舁至神祠之堂侧，饰高台以荐焉。此器之成，沾溢者，神膏血也；团结者，神骨肉也；清白翠璨者，神精忱猛气也。唐英《龙缸记》

年公希尧云：予自雍正丁未之岁，曾按行至镇。越明年，而员外郎唐侯来偕董其事，工益举而制日精，予仍长其任。一岁之成，选择包匦，由江达淮，咸萃予之使院，转而贡诸内廷焉。《风火神庙碑记》

从镇东南去二十里余，地名湘湖，有故宋窑址。尝觅得瓷砾旧器不完者，质颇薄，却是米色、粉青二式。《陶成示谕稿》

陶固细事，而物料、火候与五行丹永同其功，兼之摹古酌今，侈弇崇庳之式，抽添变通之理，今可出其意旨，唯诺夫工匠矣！《示谕稿序》

釉水谓之垩泽。昔出新正都长岭者，作青黄釉；出义坑者，作浇白釉。二处皆有柏叶斑。又出桃花坞者，青花、白器通用之。《陶成纪事》

神庙时，诏景德镇烧造屏风，不成。变而为床，长六尺，高一尺。又变为船一只，长三尺，舟中什物，无一不具。郡县皆见之，乃椎碎，不敢以进也。《豫章大事记》

瓷器以宣窑为佳，中有窑变者极奇，非人力所可致，人多毁藏不传。同上

琢器之式，有方圆、棱角之殊；制画之方，别采绘、镂雕之异。仿旧须宗其典雅，肇新务审其渊源。器自陶成，规矩实遵古制；花同锦簇，采色胜上春台。观、哥、汝、定、均，抔污之仪则非远；水、火、金、木、土，洪钧之调剂维神。或相物以赋形，亦范质而施采。功必借夫埏埴，出自林泉；制不越夫樽罍，重均彝鼎。炉烟焕色，虽瓦缶亦参橐籥之权；彩笔生花，即窑瓷可验文明之象。唐隽公《陶冶图说》

陶土，出浮梁新正都麻仓山，以千户坑、龙坑坞、高路坡、低路坡四处为上。其土埴垆匀，有青黑缝、糖点、白玉、金星色。石末，出湖田一二图。釉土，出新正都，最上为长岭，为义坑。长岭作青黄釉，义坑作浇白釉，俱有柏叶斑。《江西大志》

明神宗十一年，管厂同知张化美报，麻仓老坑土膏渐竭。邑《志》

嘉靖二十六年，上取鲜红器，造难成，御史徐绅奏以矾红代。隆庆五年，诏造里外鲜红器，都御史徐栻疏请转查，改矾红器。同上

明神宗十一年,给事王敬民奏罢烧造烛台、屏风、棋盘、笔管等件。同上

康熙十六年,邑令张齐仲,阳城人,禁镇户瓷器书年号及圣贤字迹,以免破残。同上

沈怀清《窑民行》诗云:"景德产佳瓷,产器不产手。工匠来八方,器成天下走。陶业活多人,产不与时偶。"又云:"食指万家烟,中外贾客数。坯房蚁垤多,陶火触牛斗。都会可比雄,浮邑抵一拇。"同上

镇南有马鞍山,旧取土作烧瓷匣,后以景镇来脉,禁止。山之西麓,唐有云门教院。同上

颜鲁公建中时守郡,行部新平。陆士修与公友善,来游新平,同止云门教院数日。中宵茗饮联咏,有"素瓷传静夜,芳气满闲轩"之句,载云门断碑。《昌南记》

厂内珠山,独起一峰峦,俯视四境。相传秦时番君登此,谓立马山。至唐,因地绕五龙脉,目为珠山。元末,于光据之为行台,号蟠龙山。明称蘙山,后以为御器厂镇山。同上

唐有监务厅,宋设司务厅。宋元皆置湘湖务。元有湖田市。同上

以上皆镇陶旧说,概未编次书名前后。

景德镇陶录　卷九

昌南蓝浦滨南氏原著
门人郑廷桂问谷补辑

陶说杂编下

　　虞阏父为周初陶正，武王赖其利器用，与其神明之后，妻而封于陈。《左传》

　　文彩纂组者，燔功之窑也。《管子》

　　宁封子为黄帝陶正，有一人过之，请为之掌火，能出五色烟。久则以教封子，封子积火自烧，遂能随烟气上下。《列仙传》

　　《何稠传》：稠博览古图，多识旧物。时中国久绝琉璃之作，匠人无敢措意，稠以绿瓷为之，与真无异。《隋书》

　　李洪山人博知，尝谓成式："瓷器壆者可以弃。昔遇道流，言雷蛊鬼魅多遁其中。"《酉阳杂俎》

　　天宝内库有青瓷酒杯，纹如乱丝，其薄如纸。以酒注之，温温然有气，相次如沸汤，乃名"自暖杯"。《云仙杂记》

　　徐寅《贡余秘色茶盏》诗云："巧剜明月染春水，轻旋薄冰盛绿云。古镜破苔当席上，嫩荷涵露别江濆。"《唐咏物诗选》

　　秦观诗："月团新碾瀹花瓷。"陈师道诗："价重十冰瓷。"孙抃诗："花瓷旌封裹。"王世贞诗："泻向宣州雪白瓷。"《诗选》

　　巴东下岩院僧，偶于水际得一青瓷碗，式若斗磬，折花及米其中，皆满。以金银与钱试之，亦然。僧宝之。后年老，乃掷此碗江中，不欲以累法众。《韵府群玉》

　　南人习鼻饮。有陶器如杯碗，旁植一小管若瓶嘴，以鼻就管吸酒浆，暑月以饮水，谓之"鼻饮杯"。云水自鼻入咽，快不可言。邕州人已如此，记之以发一胡卢。《桂海虞衡志》

　　花腔腰鼓，陶鼓也，出临桂职田乡。其土特宜鼓腔，村人专作窑烧之，腔上油画红花纹以为饰。同上

　　袁宏道曰：尝见江南人家所藏旧瓴，青翠入骨，砂斑垤起，可谓之"金屋"。其次官、哥、象、定等窑佳瓶，皆细媚滋润，尤花神之精舍也。《瓶史》

《史考》:"尧饭于土簋,饮于土硎。"《汉书》:"南山有汉武旧甸。"潘岳《赋》:"倾缥瓷以酌醽醁。"《齐职仪》曰:"左右甄官署,掌瓦缶之作。"《正字通》

会昌元年,渤海贡紫瓷盆,容量半斛。内外通莹,其色纯紫。厚可寸许,举之又甚轻,如拈鸿毛然。《杜阳杂编》

马祖常诗:"贡篚银貂金作藉,官窑瓷盏玉为泥。"苏轼诗:"刘生望都门,病羸寄空窑。"王令诗:"大匠陶百窑,不问履下泥。"张耒诗:"碧玉琢成器,知是东窑瓷。"吴澄诗:"登阁望芙蓉,麻烟起蒸窑。"《韵藻》

孟铣小敏悟,见刘祎之金碗,惊曰:"此药金烧,其上有五色气。"《朝野佥载》

高丽陶器色青者,国人谓之翡色。近年已来,制作之巧,色泽尤佳。酒尊之状如瓜,上有小盖,而为荷花伏鸭之形。复能作碗、碟、杯、瓯、花瓶、汤盏,皆窃仿定器制度,故略而不图,惟酒尊著异耳。《宣和奉使高丽图经》

高丽燕饮器皿,多涂金或银,而以青陶器为贵。有狻猊香炉,亦翡色也,上蹲兽,下为仰莲以承之,诸器惟此物最精绝。其余则越州古秘色、汝州新窑器,大概相类。徐兢《高丽图经》

丽人陶器,又有大水,广腹敛颈,其口差小敞,高约六尺,阔四尺五寸,容三石二升。凡山岛海道来,舟中水或缺,则用此载水售之。同上

元载饮食,冷物用瑠黄碗,凡热物则用泛水瓷器。器有三千事,皆邢雪、越冰之类。《枢要录》

张德谦云:凡插花,先须择瓶。若夏秋用瓷瓶,堂厦宜大,书屋宜小。忌其环,忌有对。像神祠也。贵瓷,贱金银,尚清雅也。口欲小而足欲厚,取其安稳而不泄气也。《瓶花谱》

东坡诗云:"病贪赐茗浮铜叶。"案,今御前赐茶,皆不用建窑盏,用火汤氅,其样似铜叶汤氅耳。铜叶色,黄褐色也。《演繁露》

诸名窑古瓷,如炉欠耳足,瓶损口棱,有以旧补旧,加以釉药,一火烧成,与旧制无二,但补处色浑然,得此更胜新者。若用吹釉之法补旧,补处更可无迹。如有茅者,闻苏州虎丘有能修者,名之曰"紧"。《拾青日札》

定窑釉滋润,汝窑釉厚如堆脂,官窑釉色莹澈,旧器釉厚故也。同上

王槭曰:余友刘君幕游颍州,闻邑绅刘吏部家藏古瓷碗四,内绘彩蝶。贮以水,蝶即浮水面,栩栩欲活。索观者众,遂秘不示。《凝斋丛话》

品茶用瓯,白瓷为良,所谓"素瓷传静夜,芳气满闲轩"也。《茶经》重

青瓷,云:碗,越州上,鼎州次,婺州次,岳州次,寿州、洪州又次,邢亦不如越。抑何所尚不同耶?《阳羡茗壶系》

凡窑皆有变相,匪夷所思,若宜兴砂壶亦然。如倾汤贮茶,则云霞绮闪,直是神之所为,此亿千或一见耳。同上

柴窑器最贵,世不一见。闻其制,青如天,明如镜,薄如纸,声如磬。官、哥、汝等窑以粉青色为上,淡白次之,油灰则下。纹取冰裂、鳝血为上,梅花片、墨纹次之,细碎纹最下。均窑色如胭脂为上,青若葱翠、紫若墨者次之,杂色不贵。又,官窑隐纹如蟹爪,哥窑隐纹如鱼子,龙泉窑器甚厚,工稍拙。文震亨《长物志》

花瓶须用官、哥、定等窑古胆瓶、一枝瓶、小蓍草瓶、纸槌瓶,余如暗花、青花、茄袋、葫卢、细口、扁肚、瘦足、药坛及新建窑等瓶,俱不入清供。其鹅颈壁瓶,尤不雅。《长物志》

龙泉窑、均州窑之瓶,有极大二三尺者,以插古梅最相称。凡花瓶用锡胆,皆可免冬月冻裂之患。同上

白定笔格,有三山、五山及卧花娃等式。笔筒之制,古白定窑竹节者最贵,然难得。大者,东青细花式亦可用。若鼓样,中有孔插笔及墨者,虽旧物,不雅。官、哥窑笔洗,有葵花洗、磬口洗、四卷荷叶洗、卷口蔗段洗诸式。定窑笔洗,有三箍洗、梅花洗、方池洗诸式。龙泉窑笔洗,有双鱼洗、菊花洗、百折洗诸式。官、哥、白定等窑水注,有方、圆、立瓜、卧瓜、双桃、莲房、蒂叶、茄壶诸式。印池,以官窑、哥窑方式为贵,定窑及八角、委角者次之,青花白地有盖、长样者,俱不雅。同上

水中丞用铜。铜性猛,贮水则有毒,易脆笔,故以陶瓷为佳。陶瓷水中丞,有官窑、哥窑之瓮肚、小口、钵盂诸式。笔砚,定窑、龙泉窑之小浅碟俱佳。糊斗,定窑有蒜蒲长罐式,哥窑有方斗如斛,中置一梁者。同上

国初有发魁器墓者,官觉而追之,得陶器数十。见一酒盏于京师,色如龙泉窑之淡黄者,外皆自然蕉纹,内有团花,砂底,丰上敛下,口径三寸许。刘体仁《识小录》

柴窑无完器,近复稍稍出。马布庵见示一洗,圆而椭,面径七寸,黝然深沈,光色不定。雨后青天,尚未足形容。布庵曰:余目之为绛霄。盖实罕觏云。《七颂堂识小录》

官窑螭耳洗,宋修内司窑杯,直如筒,色如猪肝,皆北海物。浮月杯,陶杯也,口微缺,以金锢之。酒满,则一月晶晶浮酒面。先朝中州王邸物,

后不知所归。同上

越窑矮足爵，粟壳浮青，转侧皆翡翠。吴越王钱氏取供后，当时民间禁，不敢用，故今存者极少。同上

李凤鸣，字时可，家富，事侈靡。杨廉夫闻其名，访之，时可为设荷花宴。有水晶几十二，上列器皆官窑瓷，一时豪丽，罕有其比。《都公谭纂》

煇出疆时，见燕中所用定器，色莹净可爱。近年所用乃宿、泗近处所出，非真定也。越上秘色器，始钱氏有国日，供奉之物，不得臣下用，故曰"秘色"。《清波杂志》

尝见北客言，耀州黄浦镇烧瓷，名耀器，白者为上，河朔用以分茶。出窑一有破碎，即弃于河，一夕化为泥。同上

汝窑，宫禁中烧者，内有玛瑙末为油。惟供御拣退，方许出卖，近尤艰得。同上

哥窑，宋时旧物，留传虽久，真赝相杂。人间颇多，求其真宋而精美者绝少。秀之嘉善巨族曹琼获一香炉，高可二寸余，阔称是，以美玉镂海东青捉天鹅为盖，真绝美者也。渐闻于镇守麦太监，麦因琼索之，其子不得已遂献焉，后为司礼监之有力者夺去。正德间，盗窃而货于吴下，上海淀山张信夫以二百金易之归，复重货于好事者，而内府竟亦不追。此真古哥器矣！《北窗琐语》

巩县有瓷偶人，号"陆鸿渐"，买十茶器，必得一"鸿渐"。市人沽茗不利，辄灌注之。鸿渐昔嗜茶，而此遭困辱。《梁溪漫志》

先子主长葛簿时，与李屏山、张仲杰会饮，座中有定瓷酒瓯，因为联句。先子首唱云："定州花瓷瓯，颜色天下白。"屏山则曰："轻浮妾玻璃，顽钝奴琥珀。"张乃曰："器质至坚脆，肤理还悦泽。"云云。《归潜志》

官窑，烧于宋修内司中，为官家所造也。窑在杭之凤皇山下。其土紫，故足色若铁，时云"紫口铁足"。其哥窑，烧于私家，取土亦俱在此地。官质隐纹如蟹爪，哥质隐纹如鱼子，但汁料不如官器佳耳。《文房清玩》

定窑器，北宋定州始也。其色白，间有黑、紫，然俱白骨质胎，加之泐水，有如泪痕者为上。又有南渡定器。同上

汝窑器，其色卵白，汁水莹厚若堆脂，底有芝麻细小挣钉。同上

汝窑，出汝州。宋时烧者，淡青色，有蟹爪纹者真，无纹者尤好。土脉细润，薄甚难得。柴窑，出北地郑州，周世宗姓柴，故名。天青色，细纹，器滋润细腻，惟是粗黄土足。古龙泉窑，土脉细且薄者贵，今曰处器、青器。

《格古要论》

　　成弘间，吾邑河庄孙氏曲水山房藏定窑鼎一，乃宋器之最精者。体圆而足三，有耳，有李西涯篆铭镌于炉座。嘉靖倭变，兹鼎为京口靳尚宝所得，毗陵唐太常凝庵从靳购之，遂归唐。唐虽奇窑器多，此鼎一至，诸品避席。自是海内评窑器者，必首推唐之白定窑鼎云。唐不轻示人。《韵石斋笔谈》

　　万延之赴铨都下，以十钱市一瓷缶沃盥，既倾，有余水留缶。时寒凝冰，视之则桃花一枝也，明日成双头牡丹，次日又成水村，断鸿翘鹭满缶，宛如寒林图画。因什袭珍藏，遇寒则约客赏观。此窑之至幻者乎？《春渚纪闻》

　　宋叶寘《垣斋笔衡》云：陶器自舜时便有，三代迄于秦汉，所谓甓器是也。此必叶公仅依《周礼·考工记》"有虞氏上陶"、《礼记·明堂位》"泰，有虞氏之尊也"、《韩非子》"虞舜作食器"、《史记·五帝本纪》"舜陶河滨，作什器于寿丘"诸书等句而云然耳。予尝阅《汲冢周书》有云"神农作瓦器"、《路史》有云"燧人为釜"、《物原》有云"神农作瓮，轩辕作碗、碟"、《绀珠》有云"瓶、缾同，神农制"、《吕氏春秋》有云"黄帝有陶正，昆吾作陶"、《说文》"昆吾作陶"、《春秋正义》"少皞有五工正，砖埴之工曰鹍雉"之文，则陶窑上古已有，不自舜始也。意《考工》《礼记》《韩非》《史记》皆称有虞氏者，盖以上古太朴，陶器只如今黄沙土之质，至舜而制度略备，精粗有别，故有泰尊食器之作尔。其称"上陶"者，"上"与"尚"通，谓舜至质，贵陶器也，当训好尚之尚，不作上下之上解。唐氏《肆考》

　　稽唐虞三代以迄秦汉魏晋六朝，著于经史子集者，惟曰缶，曰土塯，曰土刑，曰泰尊，曰瓠大、瓦棺，曰甑、盆，曰瓦旗之类，名凡数十，而窑无所考，至唐始著窑名。同上

　　宋时，宫中所有定、汝器，率铜钤其口，以是损价。而今之求定、汝者，即以铜钤口为真。骨董家论古，往往如此。同上

　　唐秉钧曰：古瓷、柴、汝最重。柴周之外，次及官、定，盖定、汝、官、哥，皆宋器也。然柴、汝之器，传世绝少，而官、定犹有者，非官、定易得也，以定有北定、南定，而霍州镇彭窑亦曰新定；官有旧京、修内司之别，而郊坛下新窑亦曰官窑。新定不如南定，南定不如北定。旧京官窑，著时未久，当以修内司所造为上，新窑为下，其时已有差等。后有新仿定器，有不减定人制法者，有制作极工不入清赏者。好事者指某器曰定，某器曰官，安

知其不为赝鼎所惑耶？今流传者，惟哥窑稍易得，盖缘质厚耐藏，定、汝体薄，难于完留故也。《古瓷合评》

关、洛间有人耕地，常掘出古瓷器杯棬、锭枨之属，千形万变，并是彩绘秘戏之状。耆老相传，是五胡乱华时，元魏惧其地有王气，瘗此为厌胜之具，皆供御物也。《猄园》

宋臬使荔裳，康熙中分巡秦州时，城北寺基忽裂丈余，得古瓷一窑，同人索取殆尽。癸卯入都，仅余碗二、杯一。一碗阔五寸，内外纯素；一碗差小，波纹动荡，似吴道子画。杯贮水可一合许，中有鱼四头，亦凸起，游泳宛然。商丘宋中丞牧仲见之，叹为异物，瓷入《说部》。此真古器，足贵者矣。《凝斋丛话》

粘官窑器皿法：用鸡子清匀糁石灰，捉清另放，以青竹烧取竹沥，将鸡子清与竹沥对停，熬和成膏，粘官瓷破处，用绳缚紧，放汤内煮一二沸，置阴处三五日，去绳索，其牢固异常，且无损痕。《墨娥小录》

金溪邮路亭胡姓，有甲乙入山，见白兔，追而射之，兔不见，乃志其处，发之则古冢也。旁有大缸，中贮素瓷瓶二、古砚一。甲碎其一瓶，乙止之，取以为养花器。砚乃澄泥砚。瓶置几上，数日觉有气自内浮出，氤氲若云气之蒸，不测其故。试折花木贮其中，无水而花卉不萎，且抽芽结实，若附土盘根者然，始讶瓶盖变类也。一日，风雨大作，忽霹雳一声，瓶竟震碎，乙甚惋惜。《耳食录》

定窑器皿有破损者，可用楮树汁浓涂破处，扎缚十分紧，俟阴干，永不解。《云谷卧余》

高从诲时，荆南尚使磁器皆高其足，而公私竞置用之，谓之"高足碗"。《三楚新录》

耀州陶匠创造一等平底深碗，状简古，号曰"小海鸥"。《清异录》

破碗上下作两截，断而齐者，名无底碗，大吉。往往以上截书古语于其中，悬东壁，谓祥瑞也。《田家杂占》

印色池，官、哥窑方者，尚有八角、委角者，最难得。定窑方池，外有印花纹甚佳，此亦少者。诸玩器，玉当较胜于磁，唯印色池以磁为佳，而玉亦未能胜也，故今官、哥、定窑者贵甚。近日新烧有盖白定长方印池，并青花白地、纯白者，此古未有，当多蓄之。且有长六七寸者，甚佳。《考槃馀事》

印章，有哥窑、官窑、东青窑者。其制作之巧，纽式之妙，不可尽述。同上

吴门周丹泉，能烧陶印文，或辟邪、龟、象、连环、瓦纽，皆由火范而成，色如白定，而文亦古。《妮古录》

窑器，方为难。今制方窑器为盛。《事物绀珠》

今秀州买得白定瓶，口有四纽，斜烧成"仁和馆"三字，字如米氏父子所书。《妮古录》

余于项元度家见哥窑一枝瓶、哥窑八角把杯、哥窑乳炉。项希宪言，司马公哥窑合卺双桃杯，一合一开，即有哥窑盘承之，盘中一坎，正相容，亦奇物也。后入刘锦衣家。同上

官、哥二窑，时有窑变，状类蝴蝶、禽鸟、麟豹等像。于本色泑外，变色或黄或红紫，肖形可爱，乃火之幻化，理不可晓。《博物要览》

古人吃茶多用擎（斝），取其易干不留滓。饮酒用盏，故无劝盘。今所见定器劝盘，乃古之洗也。古人用汤瓶、酒注，不用壶瓶及有嘴折盂。台盘用始元朝，古定、官窑俱无此器。《格古要论》

金花定碗，用大蒜汁调金描画，然后再入窑烧，永不复脱。同上

卖花顾媪持一旧瓷器求售，似笔洗而略浅，四周内外及底皆有泑色，似哥窑而无纹，中平如砚，独露瓷骨。边线界画甚明，不出入毫发，殊非剥落。不知何器，以无用还之。后见《广异记》《逸史》等所载，乃悟。唐以前无朱砚，凡点勘文籍，则研朱于杯盏，大笔濡染，贮朱于钵。杯盏略小而口哆，以便搌笔。钵稍大而口敛，以便多注浓沈也。顾媪所持，盖即朱盏，向来赏鉴家未及见耳。急呼之来，问此瓷器何往，曰本以三十钱买得，云出自井中，今以无用，二十钱卖诸杂物摊上，久，不能复问所在矣。余深为惋惜。世多以高价市赝器，而真古瓷反往往见摈如此。《槐西杂志》

平阳，陶唐氏之故都也。其俗勤俭，旧多窑居，新安赵给谏吉士《竹枝词》咏之云："三月山田长麦苗，村庄生计日萧条。羡他豪富城中户，住得砖窑胜土窑。"其镇署三堂后，尚有砖窑五圈。《霁园夜谭录》

自古陶重青品，晋曰"缥瓷"，唐曰"千峰翠色"，柴周曰"雨过天青"，吴越曰"秘色"。其后宋器虽具诸色，而汝瓷在宋烧者，淡青色；官窑、哥窑，以粉青为上；东窑、龙泉，其色皆青。至明，而秘色始绝。《爱日堂抄》

有客携柴窑片瓷索数百金，云嵌于胄，临阵可以辟火器，然无由知确否。余曰："何不绳悬此物，以铳发铅丸击之？如果辟火不碎，价数百金不为多。如碎，则辟火之说不确，理不能索价也。"客不肯，曰："公于赏鉴非当行，殊煞风景。"急怀之去。后闻鬻于贵家，竟得百金。夫君子可欺以其

方，难罔以非其道。炮火横冲，如雷霆下击，岂区区瓷片所能御？且"雨过天青"，不过泑色精妙耳，究由人造，非出神功，何破裂之余片尚有灵如是耶？《如是我闻》

以上皆陶事旧说，或全篇，或一二语，悉撮录，以资闻见。

景德镇陶录 卷十

昌南蓝浦滨南氏原著
门人郑廷桂问谷补辑

陶录余论

陶有遥、逃二音,烧造抟埴,皆可称也。《正字通》:陶与匋同。又,陶即窑字,通作窑、掏、匋等字。《说文》:匋,瓦器,从缶,包省声。盖古字双音并义,后始陶、窑分称。

舜陶河滨,《类书纂要》注:河滨,即今定陶县西北。《舆图直指》则谓在馆陶、陶丘之间。考陶丘即定陶,然定陶与馆陶相去甚远。又,作什器于寿丘,《舆图直指》言寿丘在兖州府东,则馆陶、定陶皆于兖甚远,未知河滨所在。近考《括地志》云:陶城,在蒲州河东县北三十里,为舜所都,南去历山不远。按,此或即其地。

闽温处叔《陶制序》深得陶事三昧,其略云:淘先濯之,使定沦矣,尤必澄也,扰之欲调,而挈之欲坚,不然,恐其宛也。此数句盖言淘练泥渤之工。又云:作之力须均,扶欲啬,弗均则侧,弗啬则渤也。此是言拉坯之难。又云:入范而抟之,疏数须得其平也。力欲转而滑,滞则裂,按之而实斯痕也。此是言印模不易。又云:浣之,括之,拭之,必详悉求其类,不则疵也。此是言旋坯、过渤之艰。又云:里坚白而表凝素者,上也。虽加之以绘,佳也。此言陶成器质贵精洁。又云:表容青,虽绘事弗及,次也。此言器品质亏非所贵。又云:笔纹期如丝,纹丰而渗,亦次也。此言画描之工。又云:一品为之功数易,一弗善,不能良也。此总言陶作之难。盖观于温《序》所言,从可知陶事曲折矣。

镇瓷在唐宋不闻有彩器,元明来则多青花,或仿他处青瓷矣,然非今之所谓青也。今俗又以器之上品者为青,如呼头青、提青、三色青之类,昔只以上色、次色、三色分之。

在镇官窑瓷器有三:一厂官器,一仿宋代汴、杭官窑器,其一则居俗所称官古器也。厂官器非民间所有,官古器则盛行于今,宋官器仿制不多矣。

陶瓷有所谓口者，即器上围员口，俗呼盘口、碗口、盘堰、碗堰是也。所谓足者，即器底圈边，俗呼碗坻、杯坻是也。所谓骨子，即器具土质，俗呼泥胎儿是也。

陶瓷有以圾称者，俗作件。自五圾起，以至百圾、五百圾、千圾，如尊、罍、盆、缸之类。按，字书：圾与岌通，危也。则以圾称，谓其危而成难也，故圾数愈增，则愈难陶成。

陶瓷有茶托、酒托，疑即古礼器之"舟"也。《周礼》：祼用乌彝、黄彝，皆有舟。郑注：舟，樽下台，若今承盘子。由是考之，舟、托非一物乎？

均红器古作者，土质粗疏，微黄，泑色虽肖，究非佳品。今镇陶选用净细白埴土，范胎为之，再上均红泑，故红色衬出，愈滋润，所谓玫瑰、海棠、骡肝、马肺等样，皆胜于往古所造。

一霁红也，《肆考》纪明厂窑作祭红，沈阳唐公记，今厂器作霁红，而陶俗皆作济红。其实祭红为是。盖宣窑造此，初为祭郊日坛用也。唐窑纪霁红，由宣窑霁青推写耳。

龙缸大窑，明厂原系三十二座，后因青窑数少，龙缸窑空闲，将大龙缸窑改砌青窑十六座，仍存龙缸大窑十六座。自国初烧造龙缸未成，至唐窑始复其制，搭民窑烧。广东街有龙缸同，相传为旧搭烧龙缸处。按，隆、万时厂器，除厂内自烧官窑若干座外，余者已散搭民窑烧。邑《志》载有赏给银两定烧、赔造等语，然今则厂器尽搭烧民窑，照数给值，无役派赔累也。

镇在唐代瓷陶之外，又有琉璃窑，为市埠桥盛姓所业。有盛鸿者，登乾元第，为利州司马，擢行人。其族人以敕造不称获罪，鸿疏辩免，不欲族裔承匠籍，遂废其业。见《昌南记》。

《责备余谈》云：汪、黄为相，宦官邵成章其误国，被斥。钦宗思其忠直，召赴行在，或复沮之，乃命止于洪州。及洪州陷，金人授以职，坚不从。金曰：忠臣也，不可杀之。按，钦宗时，汪、黄未为相，当是高宗之讹。然邵成章当南渡时，实尝提举修内司官窑，足为陶中生色矣。

《正字通》载：景德镇瓷器，用苎麻灰淋汁涂之。黄色者，赤土汁涂坯烧之。用芝麻秸淋汁染色，则成紫。此言非也。按，今配青白泑，止用炼灰。黄色、紫色，本有是种配泑，亦不用芝麻秸汁。若赤土所配，乃紫金泑。稍黄一种，非黄色者。

《正字通》又载：婺源县界麻仓窑有土可泑。按，麻仓为邑东村名，或讹麻村，或呼梅村。窑出官土，只可作不，非釉也。

《正字通》又载：庐陵、新建产黑赭石，磨水画瓷坯，初无色，烧之成天蓝，盖今青料也。按，赭乃赤色，云黑，又云赭，则不得名青料，且新建从未闻产料。

《正字通》又载：景德镇取婺源所产料，名画烧青，一曰无名子。按，镇所用乃浙料、广料或云南料。昔则苏泥勃青、回青、乐平陂塘青、瑞州石青，从未闻取用婺邑料。凡料之佳者，名老圆子、韭菜边，亦无画烧青、无名子之称。廖公盖以传闻误注耳。

景德镇自明设御器厂，因有厂官窑，今仍其旧称。《格古要论》载：古饶器，出今饶州浮梁之御土窑，体润而薄。讹御器厂为御土窑。且景德镇所产，而必曰饶器，即云饶州所辖，岂饶器尽为御土窑烧造者？是又不知有民窑、官窑之分也。

刘言史《咏茶》诗云："湘瓷浮轻花。"此湘瓷不知即岳州器欤？抑为本镇附纪之湘湖窑器欤？当俟考定。

陶庵老人《梦忆》云：嘉兴王二之漆竹，洪漆之漆，张铜之铜，徽州吴明官之窑，皆以一工与器而名家起家，其人且与搢绅先生列坐抗礼。按，徽州距景德镇甚近，吴明官或亦尝陶吾镇，著名当时者欤？不然，徽地无窑也，然莫可详确，亦俟考。

《长物志》载：旧窑枕有长二尺五寸、阔六寸者，可用。是昔尚瓷枕，暑月用之必佳。今镇只有孩儿枕。

《邑乘》载缪宗周《兀然亭》诗云："陶舍重重倚岸开，舟帆日日蔽江来。工人莫惜天机巧，此器能输郡国材。"《志》：兀然亭在鞍山，为祖无择所题，云亭近河滨。然鞍山附近无陶，实去河甚远。按，兀然亭有二，当是题肇建之兀然亭耳。肇地滨河，建中昔多世陶，有峰曰"肇山"。旧传有兀然亭，其址犹存。缪诗殆非泛指也。

明末又有陈仲美、周丹泉，俱工仿古窑器，携售远方，镇人罕获。周窑甚传，若陈，来去无定，仿造亦不多，今罕有知之者矣。

真古窑器，得之无价。尝记少时，见有人持湖田窑大方炉一，色素而古雅可爱。云家世珍藏，可验晴雨，请鬻于里淳富宅。富家不辨，数争价往反，忽失手堕碎，深为可惜。

古瓷尚青，宜品茗、酒耳。若肴馔，则素瓷、青花白质瓷为佳。邹阳赋："醪酿既成，绿瓷是启。"陆羽《经》："越瓷青，而茶色绿。"《七启》："盛以翠樽。"季南金诗："听得松风并涧水，急呼缥色绿瓷杯。"东坡诗："青浮卵碗香。"观数公句,可知尚青止杯盏之类,亦非如柴、汝之青色也。

同一青瓷也,而柴窑、汝窑云青,其青则近浅蓝色;官窑、内窑、哥窑、东窑、湘窑等云青,其青则近淡碧色;龙泉、章窑云青,其青则近翠色;越窑、岳窑云青,则近缥色。古人说陶,但通称青色耳。

景德镇诸窑,称青亦不同。有云青者,乃白地青花也,淡描青亦然,其青皆近蓝色,分浓淡。有仿古窑称青者,则亦如古窑之青。若霁青之青,亦近深蓝色。

汝窑瓷色,镇厂所仿者,色青而淡,带蓝光,非近碧之粉青也。《肆考》谓汝窑瓷色,如哥而深,则误认青为近碧解矣。不知汝瓷所谓淡青色,实今之好月蓝色。镇厂盖内发真汝器所仿,俗亦呼为"雨过天青"。又仿粉定有甚佳者,亦不闻是青田石。

《肆考》又以大邑瓷注于越窑下,未考大邑为邛州属县,竟以为越瓷,是不知有蜀窑也。又以东瓯为越窑,未考东瓯地属温州,是不知别有东瓯陶也。《广舆记》载温州城外尚有东瓯王墓。

旧越窑自宋末已不复见。《辍耕录》载叶恒斋引陆诗,疑为秘色。而《肆考》越窑实另见,谓第为秘色之所自始,殆其然乎?

秘色,古作祕色,《肆考》疑为瓷名,《辍耕录》以为即越窑,引叶寘"唐已有此"语。不思叶据陆诗,并无祕色字也。按,祕色,特指当时瓷色而言耳,另是一窑,固不始于钱氏,而特贡或始于钱氏,以禁臣庶用,故唐氏又谓蜀王不当有。不知祕字,亦不必因贡御而言。若以钱贡为祕,则徐夤《秘盏》诗亦标贡字,是唐亦尝贡,何不指唐所进御云秘?岂以唐虽贡,不禁臣庶用,而吴越有禁,故称祕耶?《肆考》又载祕色至明始绝,可见以瓷色言为是。

《高斋漫录》亦载:秘色瓷器,世言钱氏有国日,越州烧造,为供奉物,臣庶不得用。似秘色窑又实起于吴越矣。

雨后天青,止柴窑器色如是,汝窑所仿已不类。宋长白误以为秘色窑器,且称雨后晴天色,讹"青"为"晴"。又注《茶经》所云越州为上,是指龙泉窑器。皆载其《柳亭诗话》中。按,秘色窑青色近缥碧,与越窑同。即越窑亦非龙泉窑,一是绍兴,一属处州,地亦相殊也。宋又云:秘色、晴天,柴皇氏重之。是并不知世传五窑之自来矣。

《格古要论》谓旧哥哥窑色青,浓淡不一,好者类董窑,今亦少有。成群队者,是元末新烧,欠佳。按,东窑色淡青,亦有紫口铁足,未闻董窑何昉。殆"东""董"音相近，各操土音，遂以"东"讹"董"，而《肆考》亦误沿"董"字也。

鱼子纹，《格古要论》以为哥器纹，而《陶成记》载汝泑亦有鱼子纹。合之无纹汝釉、蟹爪纹汝釉，可知汝器古有三种泑式。

《陶成记》：仿宋器有铜骨无纹汝泑猫食盘，系人面洗色泽。今镇所仿汝器，并未闻此名式，即铜骨泥绝少，不见有人面洗色泽者。此种真汝式，想尤佳妙。

大观，北宋年号，即有官窑时也。宋本称"官"字，唐隽公不书"官"，纪"观"称"大观釉"。盖以镇陶有厂官器，民俗有官古器，故用"观"字以别之。其实大观即宋官釉，或疑官、观为二，皆讹。

霍器有三：一为宋霍州本来窑，一为元彭君宝仿造窑，其一则唐昌南镇霍仲初窑也。彭为上，仲品次之，霍州本来者又次之。

窑变之器有三，二为天工，一为人巧。其由天工者，火性幻化，天然而成。如昔传屏风变为床、舟，冰缸冻为花卉、村景，宋碗经暑不腐腥物，乃世不多觏者也。又如均、哥本色泑，经烧忽退变他色，及成诸物，然是所时有者也。其由人巧者，则工故以泑作幻色物态，直名之曰"窑变"，殊数见不鲜耳。

陶处多者，自来莫过于汴，其次为浙。然汴自柴、东、汝、官、均而外，著名者少。越窑、秘色、官、内、龙泉、哥、章及东瓯，今亦莫继其美。

江西窑器，昔亦多处，惟景德镇著久。《肆考》"饶州窑"亦注浮梁镇器，而不列景德镇名，何耶？又云：江西窑器，唐在洪州，宋时出吉州，明见弋阳。何以既注镇器，尚言江西窑器某代止在某处乎？

磁石制泥为器，非吸铁引针之磁石，亦非烧料为磁粉之类，乃别一种石。其色光滑而白，其性埴而松，其器美而不致，实与瓷土异，惟磁州、许州有之。

楚之长沙属，有醴陵土碗。器质甚粗，体甚厚，釉色淡黄而糙，或微黑，碗中心及底足皆无釉。盖其入窑时，必数碗叠装一匣烧故也。此乃乡土窑，所在多有，正如吾昌南在汉时只供迩俗粗用也。

"素瓷传静夜"，本王修诗，《昌南记》以为颜、陆二公联句，殊误。《阳羡茗壶系》引之，谓品茶尚素瓷，然亦不载谁句，而尚素又与《茶经》相反。

《广舆记》止载登封、宜阳产瓷器，而不知洛阳已陶于元魏时；止载平凉、华亭产瓷器，而不知秦州已陶于唐代。《肆考》载秘戏器作俑于隆、万，而不知元魏之关、洛窑已有此种。

蘸泑之法，欲其莹匀，大抵贵手法轻快。《肆考》谓不急能匀，重复蘸之则莹厚，谬矣。按，当蘸湿时，若不急起，纵使泑周，不几酥破乎？莹厚亦不必重复，如重蘸，色反不匀。今惟大琢器、大圆器用吹釉法，有重复多遍者，余小器及常粗器蘸泑则不然。

《肆考》说定器出定州，即真定。按，定州系直隶州，在真定之西南，非真定也。真定为常山，定州为中山。宋苏东坡知定州，其时即为边郡，真定固属辽，不属宋也。

《肆考》谓古人以足载器，器足多取沉重，柴窑足每粗黄土，官、哥、龙泉皆铁足。此非也。按，周之柴窑，其时鲜佳不，故胎质用黄土，足亦黄土，非另造续成者。即铁足，亦因铁骨泥作质，故坯足露铁色，非另造铁足安上。唐氏不知坯装匣烧，匣内尚有渣饼、砂渣垫足，只疑另有器足承载器烧，故有古取沈重之说。

《通志》曰：造坯彩画，始条理也。入窑火候，终条理也。即以火候言之，火有前、中、后之分，有紧、溜之候，或对日，或一昼夜。大器或溜七日夜，紧二日夜。火弱则窳甀，俗呼"糟坯"；火猛则偾暴。溜者，欲习于火而无赢；紧者，如燎于原而无缩。若倦睡不应机，神昏莫辨色，火有破罂走焰之失，所烧器必多铻垦、阴罂、黑黄之患矣。则所谓条理者，正须缕析也。

金溪王仁圃先生成《江西考古录》，无一言及陶务，岂谓陶器不足录？良由人地远隔，知有不逮也。陶器自古资利用，景德镇陶，历代名天下，实江西土产之最，非惟好古之士在所必详，即有心国计民生者，亦未可略也。桂幸生长于斯，耳目所习，虽犹不尽，谨就所知者考辨之，或亦可为博雅君子之一助。

从来纪陶无专书。其见于载籍者，或因一事而引及一器，或因一器而引及一事，或因吟赋而载一二名。惟蒋祈《陶略》及沈阳唐公《陶成记》《示谕稿》说景德镇陶事颇详。其他如练水唐氏《窑器肆考》，详天下古窑颇悉，而于镇陶多本传闻，往往出蒋、唐诸集之外，其实不无谬误，谨遵师说考辨之。

《龙威秘书》有朱桐川先生《陶说》。说分三则，惟说镇器多简略。《录》中所引用，皆注原书名，非不采其说也。

是编陶务土宜，多得于访问，若都昌江大光、程镇安、曹惠浦、胡思策、刘文炳、刘伯和，鄱阳金大礼、刘启祥，皆习知其事而能言其制作之详者。

而检阅书籍,相与商考,则古黟余有庠稷畯,鄱阳金正仪梦桥,乐平石钟理羹堂,同邑黄达良澹庵、李玑有政、邓世畴寿田,成美功咸为不少。书成,例得书名,遂以识之。

书　后

　　镇陶自陈以来名天下，历代著录家多称述。吾师耕余先生惜其无专书也，博考众家之说，实而验诸当时之制，辑为是《录》。卷帙未终而逝，盖湮废败箧中，垂二十年矣。廷桂受业门墙最久，劼吾师敦行力学，赍志以殁，又遗腹子殇殒无嗣。师母氏汪，孑然孀居，抱遗书而无所与谋。欲请以校勘而续成之，借为吾师存一日，而廷桂又落拓，无力蒇事，其若吾师何哉？

　　嘉庆十有六年辛未，广德刘克斋先生来莅邑事，招廷桂馆署中。风政之暇，时及文辞，亦往往以镇陶无专书为憾。廷桂出此奉质，则跃然而起，命亟续之，与付剞劂。噫！此固廷桂日夜祷祠之而不得者，今庶几为吾师慰也。虽至愚鲁，不敢不勉。

　　《录》旧六卷，今订为十，惟卷首《图说》、卷尾《陶录余论》为吾师所未逮。其中八卷，则皆仍吾师之书，分门而附益之，谨阙其所不知，不敢妄有增损。盖于镇陶之原流，工作之勤劳，器用之美利，虽不备悉，然已可得其大略矣！吾师其又谓廷桂何哉？

　　　　　　　　嘉庆二十年岁在乙亥秋八月朔，门人同里郑廷桂谨识

景德镇陶歌

[清]龚鉽

【题解】

　　《景德镇陶歌》,一卷,清龚鉽撰。鉽,字适甫、季适,号沤舸,江西南昌人,生活于嘉庆、道光年。自宋真宗赵恒在景德元年(1004)定名"景德镇"后,景德镇的陶瓷地位不断提高,至元代已经成为全国产瓷中心。根据《景德镇陶歌》的自序来看,龚鉽曾经在浮梁县衙做过四年幕僚,经常来往于衙门与景德镇之间,因此结识了一些景德镇当地的朋友。龚鉽利用有利条件,深入陶瓷生产第一线,探访窑场,观摩窑口,与工人聊天,询问冷暖,"朋好多土著,为指窑瓷攻苦,皆一一穷其原委"。有感于陶瓷生产与工人辛苦,龚鉽以景德镇陶瓷为核心元素,累计创作了近百首诗歌,后不慎在乘舟渡江淮时亡佚。大约七年后,即道光三年(1823),龚鉽从朋友处重新得到诗歌原文,从中精选出六十首,题曰《景德镇陶歌》,即今日所见文本。

　　在形式上,《景德镇陶歌》均为七言绝句,且各诗均没有独自的标题,仅在诗后做了简要的附注,以利于更好地理解原诗,当然也记录了龚鉽的调研历程。在内容上,《景德镇陶歌》涉及广泛,既有反映陶瓷生产工序和工人辛苦的,也有反映陶瓷历史和陶瓷人物的,也有反映陶瓷行规和民俗风情,还有反映陶瓷贸易和陶瓷教育的。从中国诗歌史的角度来说,围绕某一特定行业对象、以近百首组诗的方式予以描述的情况罕见。龚鉽凭借对陶瓷行业的熟悉,用自身的诗歌才华,既记录了中国古代陶瓷业的辉煌发展史、景德镇的陶瓷行业地位,又丰富了中国古代文学的内容。可以说,《景德镇陶歌》是中国古代第一部多组记录陶瓷行业的诗歌,对于研究我国古代陶瓷行业状况、陶瓷生产技艺等,有着非常珍贵的多重史料价值。

　　《清代诗文集汇编》(上海古籍出版社 2010 年)第 497 册影印有龚鉽

《欧可诗钞》三十六卷,其中卷七署"陶歌六十首",即本篇《景德镇陶歌》。今据之点校整理。

序

　　余居浮梁幕四年。浮梁去景德镇二十里，每常往返必过镇。尔时谒御窑厂，探砇房窑户，看满窑辄经日。二三朋好多土著，为指窑瓷攻苦，皆一一穷其原委。余为谱之歌诗，得百首，闲及风俗。既泛舟江淮，乃失之。时隔七庚，率从友人处拾得前稿，爰录出六十首，题曰《陶歌》，所以志陶业之十一云耳。

　　　　　　　　　　道光三年癸未夏五，南昌龚鉽季适父谨识

江南雄镇记陶阳,绝妙花瓷动四方。
廿里长街半窑户,赢他随路唤都昌。
离镇五里观音阁下,有江南雄镇坊。窑业多都昌县人。

武德年称假玉瓷,即今真玉未为奇。
寻常工作经千指,物力艰难那得知。
陶有窑,有户,有工,有彩。工有作,有家,有花式,凡皆数十行人。

当念来处不易,是经世学道人语。

在山石骨出山泥,水碓舂成自上溪。
要是高庄称好不,不船连载任分携。
唐观察英,字隽公。《图说》:所谓取土,皆采石制炼。

方方窨子滤澄泥,古语儿童莫坏坏。
炼到极稠捶极熟,一归模范即佳瓷。
《说》所谓炼泥,必以马尾细筹及绢袋一再澄过,调泑亦然。

力学为文,何独不然?见随事指点之妙。

几家圆器上车盘,到手坯成宛转看。
柸楪循环随两指,都留长柄不雕镘。
《说》所谓做坯,浑圆之器,必用轮车,随手拉成,不差毫黍。

出手坯成板上铺,新坯未削等泥涂。
钧陶自古宗良匠,怪得呈材要楷模。
《说》所谓修模,凡圆器先有一模,方能画一,大抵一尺之坯经烧只七八寸。

即小见大,寓道于器。

坯干不裂更须车,刀削圆光不少差。

此是修身正心事，一毫欠阙损光华。

坯拉成后，必俟阴干，用模子印拍，再加旋削，乃使泥坯周正匀结。

画坯上泑蘸兼吹，一体匀圆糁絮宜。
只有青花先画料，出新花样总逢时。

青花磁器，先从坯上画料，画毕上泑，小器蘸，大件吹，总曰"荡泑"。

青花浓淡出毫端，画上磁坯面面宽。
识得卫风歌尚絅，乃知罩泑理同看。

水调青料，画上干坯，须罩泑，不则入火飞散。

白泑青花一火成，花从泑里吐分明。
可参造物先天妙，无极由来太极生。

青花、白泑，入火始明。

能见其大，真深于学问者，所谓信手拈来，头头是道也。

看他吹泑似吹箫，小管蒙纱蘸不浇。
坯上周遮无糁漏，此中元气要人调。

荡泑方器用笔拓，圆器则蘸。圆琢大件，用竹筒蒙纱吹之。

深人无浅语。

画坯罩泑事完全，千定仍车碗埝弦。
盖线交他图记手，总题宣德大明年。

坯先有柄，长三寸，便于画料吹泑，工毕旋去。盖线、挖埝、落款，另归一工。

剜埝仍须刷泑齐，又看车脚露胎泥。
好承渣饼安渣钵，出火从君便取携。

坯脚有泑，即沾不得脱，去泑露泥，垫以渣饼，便于出匣也。

　　　　青料惟夸韭菜边，成窑描写淡弥鲜。
　　　　正嘉偏尚浓花色，最好穿珠八宝莲。
正嘉器青花甚浓，用顶高青料，名韭菜边。

　　　　疴瘘自古善承蜩，瘸拐疲癃孰肯招。
　　　　却与坯房供乳料，尽推王政到熙朝。
乳料用矮橙，料钵上安瓷槌乳之，疾瞽老幼多资生焉。

　　　　足活无数无告之穷民，正是王政所及以工代济者。

　　　　如椽大笔用羊毫，颠旭能书莫漫操。
　　　　看他含泑如含墨，一样临池起雪涛。
此长方棱角之器，须用拓泑。

　　　　官古人家泑果多，合成胎质镜相磨。
　　　　非如饭器酥研甲，果泑多将灰水和。
泑料用礶水、炼灰配合，颜色不一。泑果，出乐平。官古，镇窑最精者。

　　　　浇泑看来似易皴，一般团转总均匀。
　　　　倘留棕眼兼鱼子，却使微瘢玷美人。
浇泑难于均匀，有针尖未到，即露沙眼。

人欲净尽，天理流行，偶有沾滞，即留垢病。制器与求道一理也。

　　　　滩过鹅颈是官庄，沿岸人家不种桑。
　　　　手搏砂泥烧匣钵，笑他盆子满桑郎。
官庄在镇之下游，皆烧匣钵。

　　　　匣钵由来格不同，一般层叠着砂工。
　　　　更多平匣排清器，遥望馒头正出笼。
瓷坯入窑，必装匣烧，方不粘裂，且免风火冲突。匣须先烧，名曰"渡匣"。

    匣钵烧皴破不防,倩他薄篾尽箍藏。
    一经经火同镶铁,格物谁能理并详。

竹篾箍破,匣钵不入不断。

    此真作诗之旨,不徒以咏物为工。

    魏氏家传大结窑,曾经苦役应前朝。
    可知事业辛勤得,一样儿孙胜珥貂。

土著魏娃,自元明来,世为结窑,实有师法,不同泥水。

    如读《货殖传》。

    满窑昼夜火冲天,火眼金精看碧烟。
    生熟总将时候审,此中丹诀要亲传。

窑制长圆,形如覆瓮,坯匣入窑,砖封留孔,柴烧三昼夜,熟乃停火。

    神仙烧丹,义通乎此。观此可悟道。

    窑火如龙水似云,火头全仗水头分。
    羡他妙手频挥泼,气满红炉萃晓氛。

烧窑发火,须通火路,有溜火、紧火、沟火。火不到处,泼水引之,如游龙然。

    精神弥满,是具龙象之力也。

    开封火窨尚炎炎,抢掇红窑手似钳。
    莫笑近前热炙手,霁威不似相公严。

开窑瓷匣犹红,工用厚布蘸水套手,仍用湿布裹头面,抢出坯匣,仍放新坯。

又翻出一层道理，才人真无不可。

窑边排凳捡茅瓷，器正声清出匣时。
最喜宫商成一片，未夸击钵与催诗。
瓷器出窑，工执火镰削去泥渣。凡茅者，声不脆，即便打下。

白胎烧就彩红来，五色成窑画作开。
各样霏花与人物，龙眠从此向瓶罍。
五彩绘画，必先选烧白胎，用芸香油渲染，成窑最佳。

记得唐贤咏越窑，千峰翠色一时烧。
槎惟带叶柴盈马，却笑松间拾堕樵。
柴窑多烧大器，用柴；槎窑乃烧粗器，用带叶小柴。

明炉重为彩红加，彩料全凭火色华。
我爱鸡缸比鸡子，珍珠无颗玉无瑕。
白瓷加彩，须烧炼以固颜色。小器用明炉，大件则用暗炉，均泥封烧一昼夜。

见光明洞达之胸。

瓶盎尊罍博古真，珊瑚翡翠色鲜新。
雕镂虫篆堆螭虎，未让销金与范银。
自镇有陶，无不可仿，金银竹木嵌刻毕肖。

六方四角样新增，菱叶荷花各擅能。
不上车盘随手制，雕镌印合笑模棱。
此镶雕印合之作，用布包泥板拍成片，裁方粘合，各有机巧。

杂技毕奏，众妙毕陈，合来方是大手笔。

大器难成比践形，自非折挫总龄骍。

要知先立功夫在，不止炉中火候青。

五百垅、千垅皆大器，造必加倍，入窑以妨跷匾损挫。

小者易能，大者难为，君子务其大者。然君子不器，大小皆当措意也。无小非大，无大非小，神而明之，存乎其人。

龙缸有弄自前朝，风火名仙为殉窑。
博得一身烟共碧，至今青气总凌霄。

万历时，龙缸无底，旧置弄隅。唐观察举安佑陶祠，有记。陶神童姓，窑工祀之甚虔。

官古窑成重霁红，最难全美费良工。
霜天晴昼精心合，一样抟烧百不同。

霁红亦名祭红，有两种，一鲜红，一宝石红，正德窑尤佳。又，矾红，乃仿嘉窑。

晋窑碎器非冰裂，要认龙泉鱼子纹。
另有庐陵永和市，莫将真假听传闻。

章姓兄弟分造碎器，哥窑更纯粹。吉州者，纹不同，且非铁足。

白定要分南北宋，青磁汝越邓唐柴。
千峰翠色添新霁，红玉争传试院佳。

宋时，定州瓷质旧有光。《茶经》云：越州青瓷比红玉。邓州、唐邑，柴窑俱佳。

博古通今，即陶业一端，皆可觇所学之富。

驴肝马肺泑名奇，鼻涕天蓝仿色宜。
此是均窑瓶缶好，钧台曾与辨纯疵。

此皆均泑，尚有玫瑰紫、海棠红、茄花紫、梅子青。

市上今传础里红，唐窑独著百年中。

  暗然淡简温而理,都识先生尚古风。
用红泑绘画,仍罩白泑,云起于乾隆间唐英造。

  先王制器尚象,以前民用始,皆用乎朴质,后人增华,
  踵事日习于巧丽矣。亦时运为之也。是赖有维持之者。

  雕作从来枉作劳,更嗤桃核刻牛毛。
  圣朝器服惟坚朴,不使矜奇到若曹。
雕作细器,最工极巧。

  瓷有窑惊等政庞,未如硬口足摧撞。
  饮羊俗革关风教,莫更欺人卖过江。
瓷器有折,入热汤即破诈,伪人涂以清油,即不见,呼为"过江器"。

  随意着笔,悉具有挽延薄俗之意。

  佳器售人自有真,客来换票不辞频。
  把庄类色家家定,放水还愁管债人。
瓷客买瓷,必先定把庄头,一切皆其管理。另有类色头,齐其同口,包纸荻草。

  坯板夯坯八尺长,后街小弄十分强。
  碰翻未许称赔字,遍请坯房面一堂。
夯坯多都昌人,街巷长有。

  做到砂工称大作,尊呼窑户为钱多。
  细瓷十一粗千百,布帛从来胜绮罗。
砂工,顶粗之器,窑户多都昌人。如冒宫、冒饭、冒盂、冒令等项,均须大富开作。

  至言可味。

　　　　砘如密水亦如浆,船载人挑上砘行。
　　　　记得盖冈元献宅,十分龙脉九分伤。
临川盖冈饶家卒龙山出泑子,颇挖伤,今亦禁止。

　　　　陶器之盛,利普天下,何乃罪地脉哉?

　　　　陶成子弟集昌南,书院崇开一坐谈。
　　　　坏瓴早消甄士日,满窑和气足清酣。
窑户陶成、陶庆二会,创有书院,曰景仰书院,余曾代刘侯作记。

　　　　薰陶士类,亦应如是。

　　　　征说形家是火龙,水星一阁镇高峰。
　　　　商民熙穰纷如织,消受清凉五夜钟。
刘克斋刺史即白马茶庵旧基建水星阁、财神殿、并茶亭。

　　　　年年七月中元节,几处坏房议事来。
　　　　每到停工总生事,好官调护要重开。
坏工每年七月歇工,地方官弹压为难,开工乃安。

　　　　冒宫冒饭广行消,厚质粗坏水砘浇。
　　　　道是捡渣同滞穗,利归小户不须谷。
捡渣者雇工收捡大窑户所倾去泥不粗渣,复加陶汰炼泥,作小雕,作耍器。

　　　　王家洲上多茅器,买卖偏多倔强人。
　　　　比似携篮走洲客,只能消假不消真。
陶户提同口剩下零瓷及茅惊、缺口、色昏之器,估堆卖之。亦有提瓷篮者,名"走洲"。

　　　　坏路看清满五曹,谁排空匣试搪烧。
　　　　囹窑原不关人事,赢得包青向客包。

窑中呼"一路"为"一曹"。窑门空匣,搪火自烧坯为囵窑。搭人青器,则曰"包青"。

昨日曾经试照回,窑中生熟费疑猜。
凭他一片零坯块,验得圆融百垴来。

买不烧验,曰"试照"。瓷以垴数分烦难,自五垴至千垴不等。垴即件。

坯工多事问坯头,首领稽查口类周。
三月有钱称发市,年终栈满惰工愁。

坯房头约束众工勤惰,听其处分,上工有发市钱。

当年宫器传杯碗,媟亵描成隆万窑。
莫笑穆宗耽秘戏,本来春画出刘朝。

今酒器多画秘戏,在汉时发冢,砖壁皆有。

云门院里读残碑,静夜闲庭品素瓷。
记得新平行部日,鲁公诗酒建中时。

马鞍山之西麓有云门教院,颜真卿曾止其处。今有断碑。

嫩荷涵露透琉璃,缥色何如秘色瓷。
昨夜月团新试碾,宣州雪白凤洲诗。

《辍耕录》:秘色即越窑,钱氏有国供奉物。

坯工并日作营生,午饭应迟到二更。
三五成群抨肉饭,怪他夜市禁非情。

坯工做坯,尽一日之勤,至二更始赴饭店吃饭蒸肉,故夜市不能禁。

廉叔度不禁夜作,故民歌之。为民上者,总以便民为要,法宜善行也。

熙朝崇俭尚坚完,不要民工不设官。
御厂遥惟关上领,一般工作御窑看。

凡工匠、物料动支正项,乾隆八年改属九江关属总理。

御窑诸作办钦单,宫式全颁自内官。
坯就搭烧民户领,不赔龟甋圣恩宽。
厂器造成,搭烧民窑,跷损一体解运。

圣朝宽大,陶政榷务,皆能宜民,而不病民,以此收局,可谓立言得体。

御器因时送大关,亦销官帑几千镮。
朝廷尚朴屏奇巧,胜国龙床早奉删。
本朝敦崇节俭,厂器岁解,亦有运数。

百年风雅一峰青,几次携琴环翠亭。
看到壁间蜗寄字,也搜心语著《陶经》。
御厂珠山有亭,唐蜗寄英题曰"环翠",著有《陶人心语》。

此诗可作一卷《陶经》读矣。 立之评。

跋

　　官、歌（哥）、定州、宣、成之窑，盛传前代尚矣。今但视为古玩，不适民用。国朝景德一镇业陶，中外咸资为用，陶之利亦普矣哉！

　　先生格物穷理于陶业一端，悉其原委，著为诗歌，使人皆知窑瓷攻苦不易，并得于备物致用时，随处可以见道，真有陶镕一世、模范千古之思矣。即以之并陶正之官，补《陶经》之缺可也，歌云乎哉！

　　　　　　道光四年甲申小阳月，成都杨振纲立之甫谨志

匋 雅

[清]陈浏

【题解】

《匋雅》,初名《瓷学》,又作《古瓷汇考》,两卷,清陈浏撰。浏,字湘涛,号寂园叟,江苏丹徒(今江苏镇江)人,生活于同治、光绪年间。陈浏精于瓷器收藏与鉴赏,对中国古代瓷器的起源演变、窑口特点、艺术特色等,具有独到的研究。

光绪后期,陈浏有感于"居瓷国而不通瓷学,又使寰球之人嗤其生长于瓷国而并不知其国之瓷之所以显名,则吾党之耻也",遂将日常所见所藏瓷器情况,以及个人鉴赏心得归纳整理,拟名《瓷学》,后改名《匋雅》,于宣统二年(1910)出版。

全书虽初名"学",但语言朴实简洁,形式近似随笔札记,旁征博引,内容丰富立体,涉及瓷器形状颜色、质地触感、鉴别要诀等,至今仍被视为中国陶瓷历史演进、制作技艺、釉色款识、鉴赏鉴定等多方面研究的重要参考史料。有研究者曾将《陶说》《景德镇陶录》《饮流斋说瓷》和《匋雅》,一起称作中国古陶瓷史研究的"四大名著",这也在一定程度上反映了它的影响力。20世纪60年代,《匋雅》被翻译成英文,介绍到西方,被视为收藏界鉴赏中国瓷器的重要文献。

1923年,上海古瓷研究会将书贵山房本《匋雅》再版发行。此次即据之点校整理。

匋雅自序

　　江浦寂园叟曰：有虞上匋，器不苦窳。匋之坚致者，厥名曰瓷。缥瓷酌醽，赋于潘岳，盖在西晋初叶，青器所自始也。渔洋谓汉有瓷盏，殆非率尔之词。隋唐以来，作者盖夥，绿瓷紫瓷，并入歌咏。柴赵雅制，至元而稍衰。永宣大振，遂重彩画，终明之世，精光不泯。康、雍官窑，穷极美丽，万国周通，名益大显。乃元汴绘图，断自胜国。朱琰撰说，不及本朝。自余诸子，语焉弗详。三百年间，阙而无征，其奈之何？又以山僻眊儒，劬考古制，而物力既涩，开见亦窘。驵侩贵游，虽略知鉴别，意有所会，鲜能笔之于书。则区区著录，乌容已哉？

　　起丙午二月，迄辛亥正月，都凡得书三卷，大氐朴实说理，无取修饰。儿子辈刊而存之，以省钞胥云尔。不曰"瓷"而曰"匋"者，从其朔也。命之曰"雅"，盖有志而未逮也。是书体例芜杂，初以迫于吏事，今更沈湎杯酒，尚不暇厘析，既已言之矣。

匋雅原序一 匋雅初名瓷学

叙曰：重译，译华瓷为支那，盖即支那瓷之省文也，于是寰球之人，遂皆目支那为瓷国。吾华之瓷业，近益凋瘵矣。其犹能以其瓷蜚声于寰球，而为寰球之人所称道弗衰者，则国初之旧瓷也。居中国之人，不能使其国以坚船利炮称雄于海上，其次又不能以其工业物品竞争于商场，而仅凭籍其国初所出之瓷之声誉以相与夸耀，至使寰球之人目其国为瓷国者，则有司者之辱也。居瓷国而不通瓷学，又使寰球之人嗤其生长于瓷国而并不知其国之瓷之所以显名，则吾党之耻也。

京师者，一国精华之所在也。寂园叟者，江浦之鄙人也。叟居京师二十余年，若将终其身执胥吏之役而不敢逾越者，军国之事宜非所留意，所宜留意者，仍吾党之旧学而已。叟近年以来著录益多，子京绘图，笠亭说器，名称不一，卷帙乃繁。世有考吾华之绝业者，未尝一窥斯编，盖亦不能辄读叟所著之他书也。叟于是乎有《瓷学》之作。

光绪丙午十有一月二十三日，寂园叟自序

匋雅原序二

　　文之高尚者，谋篇为要。画家之千岩万壑、兵家之千乘万骑，必也大山宫小山，大营包小营，未有不分门类，不序列前后，首尾纷纶糅杂，历历落落而自成一家言者也。寂园叟之在都下也，竿牍填委，日且仆仆于车尘马足间，以糊其数十口之生，亦至云惫矣。乃犹与一二耆古之士，昌明绝学，为之剖析毫芒，以彰阐我国工艺之精美、物产之殷富。康、雍、乾三朝制作之宏伟都丽，足以上掩朱明，弹压五洲，岂不有卓然可传者在欤？叟穷蹙著书，一日而得二万言，析而为十有二种，演之得十余万言，皆说古器者，《瓷学》其一也。其有一则而散见于各种者，词气则同，而意趣各有属也。

　　是编综其大凡，不名一物，乃空谈名理之作。顾又以簿书鞅掌之故，思想所屈，纵笔之所如。初未尝厘订体例，区别部分，剸斠章法，一以质直简率为主，而一切无所润饰。盖劳人草草，忧心如捣。《诗》三百篇，大氐烦怫牢抑不得于时者之所言，固与研都炼京多得著书岁月者，迥不侔矣。嗟乎！嗟乎！海盐朱氏昔所著录者，今兹所存百不得一焉。叟所目睹而手记之者，亦不能以多觏。则后之读叟书者，其感喟无聊又当何如也。

　　吾宗剑潭孝廉见而诧曰：子抑何言之不雅驯也。则笑应之曰：吾宗著作等身，类多经济为世用之书。鄙人硁硁说瓷，乃自以为择言尤雅，或且过于笺注唐律，校勘各国条约，修正盐法志之时也。若夫治丝、冶金、梭栅、化合，比而附之，各自为篇，此则后生小子积日累月之事，恐非叟之所能为役者矣。

宣统庚戌上巳，寂园叟题于雄树堂

匋雅上卷

江浦寂园叟初稿

印合，盒通。谓之印池。以盛印泥者也。

水盂之小者，谓之水丞，曰水盛者，误。又谓之水中丞。大都曰洗。

康熙彩硬，雍正彩软。沿用厂人通行之名称。

软彩者，粉彩也。彩之有粉者，红为淡红，绿为淡绿，故曰软也。惟蓝黄亦然。

康彩恢奇，雍彩佚丽。戈甲恢奇，花鸟佚丽。

五彩华贵，青花幽靓。朱红华贵，粉定幽靓。

蓝色之最淡者曰天青，青色之较浓者曰天蓝。

青花也者，系以浅深数种之青色，交绘成文，而不杂以他采，亦犹画山水者之专用墨笔也。

天青也者，幽靓中之佚丽者也。胭脂红也者，华贵中之佚丽者也。乾隆有一种金酱色之釉，其汁浆之薄，有以于胭脂水，而往往描以金彩。

豆青、东青、茶叶末、蟹甲青，数者又各有古雅之气韵，而不能以相掩。

若美人祭、苹果绿，则又佚丽中之佚丽者也。苹果绿，犹时或遇之，而所谓美人祭者，则真景星庆云，莫之能觏者也。

五采能力最大，纵横变化，层出而未有穷也。而所谓一道釉者，凡系高尚之品，又各各不相侔。并如一花之有一世界，莫之能名言者也，岂非不可思议之尤者乎？细入毫芒，苦心分别，久之又久，虽暗中摸索，而亦能辨之，斯可以穷天地之精微，泄造化之秘钥矣。粉定与建窑，均以肉红色为贵，而闪黄者次之。闪黄者谓之牙色。宋瓷中，雨过天青一种，葱蒨靓丽，中有蚯蚓走泥纹，迥非康、雍朝所能摹仿，去柴周近也。明窑一道釉之瓶罐，青色较浓，间有牛毛直纹，甚有类于道光窑。论其式样则又颇蠢劣，不及康、雍之淡而隽也。

成化粉定夹彩一种，以小碟为最佳。定窑仿宋碟，形正圆而有底足，周围并无边墙，殆如一片厚瓷也者，制度之妙，乃不可方物。

式样绝矮，而口径颇巨者，谓之奶子碗，以盛牛乳者也。

奶子碗，大氐凸雕者居多，以西湖水色，仿汉铜夔纹者为佳。

定窑素碟中有凹雕之阴文花纹，所谓划花者也，惟印合之上盖亦然。

宣德青花圆印合，以六字三行款，花作一龙一凤，鳞羽细致而生动者为上品。一凤者亦难得，一龙则较为寻常矣。草虫人物又次之，山水为下。

盒，钵也。钵本作钵。

宣德、康熙积红器皿，红中之有绿点者无论已，其不化为绿者，则变为深色之红瘢，红瓷之中有红瘢，亦犹天青中之有蓝星也。然不足贵也。

水丞，谓之水滴，又谓之蟾注。

有蟾滴，有龟滴，皆水滴也。凡滴各有水管，安插于龟、蟾等物之背上，用时以食指按其管，吸水而注之于砚，故曰滴也，而又曰注也。

古之尊与壶，皆酒器也。今人不之辨，而一切强名之曰瓶。

古以瓶贮酒，今以瓶插花。

水丞之高者，锐上而丰下，俗谓之田鸡篓。

积红小盂，而有天然之缺口，以搁水挑者，惟雍正官窑有之。是乃制坯时特别之营经，故其缺处亦涂有釉质，并非因损坏磨砻而致此缺也。

笔架，谓之笔格。

镇纸，谓之压尺，铜与瓷、玉皆有之，亦多肖生物者。

臂搁，剖巨竹之半成之，亦有制以瓷品者。

盏托，谓之茶船。明制如船。康、雍小酒盏则托作圆形，而不空其中。宋窑则空中矣，略如今制，而颇朴拙也。

粔籹餦餭，俗谓之糕点。谓之寒具，而星罗棋布于瓷品之中，状如七巧之版，则谓之盘格，即俗所谓果盒者也。以乾窑为最多。有洋瓷采绘花鸟者，笔意绝工致。有通体瓷质、豆青地、金绘夔龙者，篆书金款，典重矞皇。

官窑器皿，下以之贡献于上，上以之赏赐于下。故同一颜色式样之物，官窑必颇贵于客货者半倍，或且倍蓰之。

客货有有款者，官窑有无款者。

印合馒头式，以扁如荸荠者为佳。其下层颇高，底足敛缩者，又谓之馒头抓。

钵式亦以浑圆而略扁者为贵。

瓷以黄黑相间者，谓之茶叶末。其黑色较浓，而又有黄色碎点于底足内外围绕一遭，姿致活泼者，则谓之鳝鱼皮，以成化仿宋者为上。绿多而无碎点者，厥为蟹甲青。有唾沫星若水眼，或如棕眼者，命曰新橘，其绿色亦较浓也。

雍正积红之最淡者，谓之粉红，其尤艳者，谓之美人霁，有如牡丹花瓣之娇娆，极为难得。

苹果绿也者，积红之巧化即窑变之谓。者也。豇豆红也者，苹绿之熏觑即串烟之谓。者也。

苹果绿亦谓之苹果青，其不变为绿色者，则谓之美人霁。所谓美人霁者，积红之淡粉色最娇艳者也。积红即明之祭红，祭、霁音通，故又谓之美人霁。

明瓷青花龙小印合，以大如栗者为可爱。

小合而开大片者贵，大合而开小片者劣。

宣德积红盘，两面皆作丹砂色，宝光逼人，而又满带浓艳之苔点绿，波磔甚伟，足与康熙苹青方辔而联镳也。

胭脂双螭水盂，爪握灵芝，沿口皆画云头，形如荸荠式之红盂而稍大，瓷地白如雪，而紫釉凸起若堆料者，然声望甚伟，盖雍正官窑之无款者也。

云头略似如意头，其制嫌俗，而雍盂有之。

雍正年代不多，而官窑款式凡三变。初年大氏双圈六字楷书款，中叶则不用款识，盖以瓷器易毁，不愿将一代年号委诸粪土中康熙初,亦曾禁用款识。也，晚季仍复著款。诚以国初瓷品之美，上掩朱明，阙而不书，后世何征？惟再变而用篆书，盖驿驿乎入乾隆矣。乾隆篆书款十居六七，然亦有用楷书者。雍正之季，始改用篆书款，而在康熙朝，亦偶一见之。惟系雕款之罩釉者，则真绝无仅有者也。或曰是雍正之仿康熙者。

胭脂红亦粉彩之亚。粉彩以雍正朝为最美，前无古人，后无来者，鲜妍夺目，工致殊常。骨董家每矜言康熙硬彩，而薄雍正之粉彩为软彩，实则娱目怡怀，粉彩正不多让。闻明代有彩料存库中，世人只知有苏坭勃青及回青。康、雍犹取以烧瓷，至乾隆朝而已不可复得矣。

厂人昔轻粉彩，谓其易于残蚀，不能耐久。其实硬彩性刚正，亦时虞剥落也。世有鉴家，当不论彩之软硬，但能完全无缺，则硬者固甚耐看，软者亦殊美观。

东青小盂亦有大如栗者，望之蔚然深秀，亦雍正之无款者也。

若宣德款如栗之小盂，又有青花夹紫之三鱼，紫釉中且现有苔点绿也。

官窑画片之与款识，其底面对径，两两居中，不稍偏斜，取其正也，乃所以谨贡献也。

曷贵乎康熙之青花？其色艳也。曷取乎有明之青花？其画工也。而西商重画之心，不如其重色，是以康窑梅花罐颇有声价。

宣德、成化、嘉靖、隆庆青花之秾艳者，又非康熙所及。

有明截筒之瓶，其式最蠢，形如竹筒，沿口微凹。而彩画恢奇极矣，望而知为胜朝物也。

乾隆窑变，半青半紫，金彩双狮，凝去声。于釉里，乃小水丞之美者。

天青一种，以康、雍官窑为最美，所谓卵色天者也。

底足内之篆书雕款，先刻年号，后乃罩釉，以康、雍天青为多，雕法有凸有凹。乾隆天青三足之爵，则系凸雕。蟹甲器皿之雕款，则皆雍正窑。亦有仿成化者，乃篆书黑款罩釉者也。雍正凹雕，又颇有细沙底不罩釉者。

红郎窑华而不俗，郎廷极之所仿制者也，色正朱。若黯败似猪肝者，即不足宝贵矣。大盘以直径过一尺者为佳，有正圆者，有六角圆者。

粉底开片大盘，亦以径尺许者为佳。

康熙彩，画手精妙。官窑人物以耕织图为最佳。其余龙凤、番莲之属，规矩准绳，必恭敬止，或反不如客货之奇诡者。盖客货所画，多系怪兽老树，用笔敢于恣肆，西人多喜购之。若康熙六旬万寿节所制彩盘，边系淡抹红色之锦纹，中有"万寿无疆"四篆字，花卉、□毛画法精绝①，一空前古。

国初官窑之大瓶，多系一道釉之仿古者。今世所贵之大凤尾瓶、大棒锤瓶、大观音尊，皆客货之施彩者。官窑以雅饬为贵，客货彩画则不嫌其诙诡也。是以康、雍五彩之官窑以盘碗为多，而有款大瓶甚不易见。康窑豆彩人物大瓶又多仿成化款也。

古铜彩独推乾隆朝。花纹皆凸雕夔龙云雷，青绿殊可珍玩。款皆篆书六字，或凸雕，或以金写之。

康熙客货彩碗，有画四五水鸦，或飞或起，一田父张两手欲捕之者，神情生动，树石苍秀，真杰构也。康熙朝画手佳矣。然客货所画，类皆《水浒》《西厢》之故实为多，似此荒率野趣之笔，更不易觏也。

康熙画龙，其眼较长。乾隆朝之龙眼，则正圆矣。西人之论中国贡物，均以雕绘龙形为至尊贵，而畸人逸士之嗜瓷品者，又往往不喜龙也。

---

① "毛"字上底本空缺一字，疑作"翎""羽"之类用字。

人物之太纤细者，往往面貌模糊，无所可观。新瓷釉汁较粗，尤易剥落。道光间，有一精于画瓷之良工，能将名人书画，摹入瓷茶杯之上。一方寸间，辄画五六人，眉目如生，工致殊绝，较之《秋声赋》诸图，弥复精妙，亦异宝也。杯底篆有作者别号，惜余忘之矣，今则不能辄见也。

苹果绿之品凡十种：曰大瓶，高尺许，下半截多有荷花瓣；曰小瓶，口亦如大瓶之微侈，高不及尺而甚瘦，底足小而深，置诸几上，每患其不稳，唯应横陈于绫匣之中以供赏玩；曰笔筒，釉汁滋润极矣，颜色亦淡雅可爱也；曰花盆，有圆有方，既高且深；曰苹果尊，状如苹果，口与项缩，隐于其肩之下，或有巨口者，则亦不缩项矣；曰太白尊，口小不及寸，项长不及半寸，肩腹及足，愈趋下亦愈大，足之围径尺余矣。有平雕团螭三面，以供折枝梅，可以入画；曰盘，有极厚而极巨者；曰碗，以状如草帽者为佳，即压手大杯也；曰盂，即荸荠扁也，腹较皤，口与足略杀；曰印合，当时殊不贵印合，盖印合以宋之粉定、明之青花为最良，取其瓷颇旧而不坏印泥也，未有新制印盒以为珍秘者。是以苹绿小合，既见轻于当时，亦遂不增重于来叶。余初入京时，水盂、太白尊之价值，皆远过于印合。余宁以四十金购青花龙凤之印合，不以三十二金留苹绿之印合，盖有由也。自后西人发明苹绿之说，而印合较少，阅时亦浸久，价乃比盂尊尤贵。且御窑只尚朱红，其化为绿者，窑官以为变成他色，即挑出斥去，不得入于贡箱。孰知西人之贵重，变化若此其甚哉？吴婴公尝诵洪北江《咏苹果》句曰"绿如春水初生日，红似朝霞欲上时"，以况瓷之苹果绿，最为神妙。官窑只有朱红一种，一变为苹果绿，再变为豇豆红，皆朱红之化身，古无此名称也。苹果绿一合值千金，余犹屡见之。而青花龙凤合璧之印合，竟不能再见，亦一奇也。豇豆红昉于明，而康熙末年，则往往有之，制小而色败，俗所薄为乳鼠皮者是已。然亦颇有苍润可喜之品，其甚劣者，则黯敝似灰。大氐豇色瓷类，有绿则润，无绿则枯。有绿则真，无绿则赝。绿而不润，燕石居多。润而不绿，俗所谓美人霁者非欤？

粉红之微带灰色者，谓之豇红。其不带灰色者，则谓之美人霁。若色灰而又滞暗者，鼠雏之腊也。

真坯假彩，俗谓之后上彩，以过枝盘碗为最多，固也。若彩瓷之伤釉者，亦可用后上彩之法以补之，则谓之补彩。

印合以方为贵，以大为贵，以白为贵，以凸雕为贵。

茶叶末中有绿色一种，瓷质甚细，异于常品，而与新橘、蟹甲、鳖裙三者,又迥不相侔。

明粉定印合,有形如战鼓者,上盖面平,而与下底又各皆微杀,是以颇贵于磨盘式也。磨盘之与战鼓,毫厘之差,千里之谬。式样之不可苟也如此夫。

宣德祭红,色匀而釉厚,光采动人,底足之釉,垂垂如漆,所谓大红宝石釉者也。

瓷品最重画工,绣品亦然,刻玉、刻木,莫不皆然。明瓷画手,皆奕奕有神,康熙青花五采,亦颇仿明瓷,至雍正则画益美,然以花卉为最工,人物则不及康熙远甚,尤以画美人之瓶罐,不能见重于后世。康熙彩画,钩勒面目,亦用蓝笔,久而弥彰。雍正易以淡赪,于画理则甚合矣,而易于模糊。往往髻鬟高耸,衣裳如新,面目已不复可辨矣。其缠足作新月形者,社会恶状,为外人所笑。且仕女文弱之态,千篇一律,无诙诡尚武之精神,是以其人物较逊于往代也。至如花卉之妙,巧夺造化,尤以秋海棠为独步,鲜红嫣润,真绝代尤物,足以超前古越来今矣。

豆青釉净而色美,雍正官窑所制两耳之瓶,若《礼记》投壶之壶式,底有两眼,可以穿带也。

西人重豆青,不重东青。东窑所造之青色。以东青多有牛毛纹,乃谓釉质之不匀,由于瓷力之不称,是以哥窑虽古,几无过问者。吾华重东青,先亦不甚重豆青,重之则近年事也,始于日本人,而欧美效之。

康熙初年之太白尊,满身多有牛毛纹,其式样亦较晚年加大。晚年之太白尊,制小色劣,肩颇削垂,而不甚耸起也。

青花画片,以一鹰一熊为佳,瓶曰英雄瓶,罐曰英雄罐。亦有作三兽者,兽之佳者,嘘气为云,毛氄氄欲动,又五采之所不能及也。

碟之檐浅而直上者,不作边墙坡陀之形,俗谓之糖锣洗。

洗者,洗笔者也。敞口而巨者,谓之洗,而面盆近之,盆以洗手,且洗面者也。其口敛而加小者,谓之水丞,则盂之属也。

瓷品书画,鉴家品评精审,往往逾越市人。至其收藏家魄力雄厚,亦远胜于肆廛。一皿之小,一帙之微,一为考究渊流,每津津其乐道之,是以征求典籍,必于耆旧之门,搜剔珍奇,颇笑暴富之子。

苹果绿小瓶,每枚只数寸,而在美洲之圣鲁意斯会场,则值美金五千,今且倍之。圆印合,亦值美金千圆也。

美国赛会税重,及物价五分之二,故获值亦昂。西人虽甚重吾华旧瓷，然以之赴赛，则嗤之以鼻。抱残守缺，骨董家所谓卖一件即少一件，于工商新学毫无进步思想。彼其赛胜宗旨，亦盲人骑马而已，并不能如矮子观场也。

庚子后所出五彩过枝之盘碗甚夥，有桃实八枚缀于枝上者，索价亦甚巨。过枝云者，自此面以达于彼面，枝干相连，花叶相属之谓，皆雍正官窑也。桃实虽华腴，而究少风趣，较之癞葡萄之茗碗、抹红樱桃之杯碟，三者皆道光窑之过枝者也。又有霄埌之殊。持比红梅鹌鹑，雍正过枝碗则又自惭形秽矣。

厂人所谓硬片云者，盖指瓷品而言，又目字画为软片，犹之硬彩软彩之别，皆市声也。

成化彩碗表里各画葡萄果一枝，果凡五六朵，朵紫而叶碧，光景常新，枝藤虬结处，袅袅欲动。最难得者，内外彩色花纹不走一丝，映日光照之，不知其为两面彩画也。又有抹红、青花画龙者，碗式有如押手杯，四角各有凹痕一道。此种式样，有影青龙物薄如纸者，又于过枝、夹彩两种外，别树一帜，真明窑也。以意揣之，仙葩珍卉，当时盖无奇不有，决不止此数种。昔人每谓成化款皆康、雍所仿，而使今世之人，抱有生晚之悲者，非确论也。殆因嘉靖、万历采画太粗，遂谓成化之精美者，尽出自摹本，青胜于蓝，而岂其然哉？

康熙抹红，其色正朱，鲜明夺眼，断非雍、乾所能及。若官窑彩碗，尤为佳绝。

永乐影青脱胎碗，最为可贵。脱胎乃瓷质极薄之谓，若画之没骨者。碗形往往不能正圆，亦脱胎岁久所致。其所影之花，两面莹澈，可以互鉴，惟款识亦然。康熙且无从学步，足见胜朝盛时工业精良，亦颇陵越奕祀也。

草帽式之碗，状似押手杯而大，以康熙三彩为最多，釉质画片，均嫌粗糙。鱼子蓝表里一色，要亦不甚可贵。其宣德六字款者，书法绝佳。豇豆苔绿，又多水眼，乃希世之珍。

两面苹绿之果盘，有直径七寸者。宣德以华贵胜，成化以幽靓胜，康熙在二者之间，雍正则望尘莫及矣。

釉里红一种，以康熙朝为独擅胜场，雍正朝亦间有之，后此则广陵散矣。芦菔尊、苹果尊，二者尺寸颇小，几与苹绿争价。大鱼缸可容五斗，油葫芦瓶，高不及尺，价相若也。器不论大小，小者之价，或且逾于大者数倍焉。

彩瓷先上底釉,后画花采。

釉里红之制法,系以花采融入底釉之中。白地红龙者居多,亦有作双螭及串枝莲者。红之中又往往有苔点绿。纯庙以来,所不能仿也。

芦菔尊,似梅瓶而瘦,形如白芦菔。梅瓶,小口宽肩,长身短项,足微敛而平底。

历代瓶式,不相沿袭,递嬗递变,可得而言。

明之祭红,厂人误为郎窑者也。其瓶式有观音尊,有油锤,有饽饽凳,而无大棒锤。康窑青花五采,略同明祭,而皆有大棒锤。其大棒锤一种,初年较巨,晚年较小。晚年之青花棒锤,又多有画草虫者,下逮雍正朝。五采则多软棒锤,纯釉则多仿古。至乾隆又一变,其花瓶式样则在观音尊、软棒锤之间。望见其式样,即可决为某朝之物,不必于彩色画笔中求之,而况于款识也耶?

乾隆九江瓷大瓶,多有形如竹筒,而制特宽博,上下收缩,作圆式,若盘之一覆一仰者,俗谓之灯笼罩。亦寻常式样耳。

明瓷花觚,与康、雍迥别。康、雍觚式,腰际凸起,而明瓷直下,无波折也。

乾隆东青窑变各瓶,有匀配三羊头于肩际者,有无羊头者,形式又在饽饽凳、玉壶春之间。其较小者,更有积红、积蓝、茶叶末诸色。

康熙人物,衣褶最为生动,树则老干槎丫,花则风枝袅娜,而作者姓氏湮佚无闻,可喟也。

永乐款之器皿,有长方盂、椭圆盂及瓶碗。顺治款则甚不易见。

旧瓷款识,有满文,有洋文,有喇嘛文。

款有有边者,有无边者,有方圈者,有圆圈者,有长方圈者,而扁方圈线,甚不多见。

雍正官窑彩盘,外层若系花卉,其内层之底,亦往往有彩花一二朵,或茉莉,或兰;更有画樱桃数枚者,则三果碗也。康窑亦时一有之。

慎德堂羹匙,以画鹤二十四只者为上,一二三四鹤者次之,一儿捧桃者又次之,荷花瓣为下。

慎德堂,系道光官窑,而价侔雍、乾之高品,亦一时风尚使然,以三字直款者为贵。

广窑羹匙极别致,惜炳太短耳。明建亦然。

宋瓷水碗，高足细腰，质如千年之玉。

豆彩人物大瓶，康熙之仿成化款者，画稿甚美，而多录华文于瓶上，西人遂不甚重之。

羹匙绝少佳品。巏竹主人所制，在嘉庆、道光间。每画甚蠢之彩蝠，殊不足贵也。

均窑独花盆为多，秘色葱蒨。雍正仿之，且犹不能逼肖，况其后耶？

康熙彩绘人物，多用蓝笔勾出面目，甚为耐久。美人两颊，又往往晕以淡赭，亦颇娇娆。

康窑最善画松，茄色之干，墨色之针，渲以硬绿，浓翠欲滴，其壮彩老笔，有足令人惊叹者。起石谷地下，作意为之，殆无以复过也。人物精妙诙诡，亦匪夷所思。

补彩之法诡矣。五彩之涉绘事者易补，纯色之上一道釉者，较为难补。

康、雍天青，淡而弥隽，且中有秾蒨之小点，殊可喜也。惟广窑亦然。乾、雍窑变瓶罐，口际每有蟠螭一条，乃全身凸起者。

太白尊，腹有团螭三个，系浅凹雕也。康窑而后，遂无仿制者。

软棒锤之式，口略撇，肩略垂，底足略敛而无胫，此其所以异于硬者。

成化、万历五彩，皆画献出之习战斗者，洋商所谓"刀马人"者也。波矞云诡，牛鬼蛇神，又似宋代法画，一一有故实可指。

青花又名淡描，同一色也，见深见浅，有一瓶一罐，而分至七色九色之多者，娇翠欲滴。西人甚重梅花罐，画笔虽甚粗劣，而容光姣丽，一涉灰黯，则索然寡味矣。其画兽也，毛细于发，竦然直立，有绘水绘声之妙。雍正朝已却步，而况于乾嘉以后耶？

康熙积红大碗，厚有过二分者。雍正胭脂红小碗，薄有如卵幂者。

乾隆大瓶，有以白粉涂地，而上绘九秋图者，花枝生动，最有书卷气，彩釉亦鲜艳异常。其豆青地而夹以彩绘者，又不如寻常白地之足珍也。

粉地虽甚美观，惟易于剥蚀，亦一病也。

康窑大梅瓶，有豆青地而晕以釉里红龙者。

康熙青花观音尊，其有人物工细者，又皆官窑之仿成化款者也。

瓶底可作小盂，碎瓷可作带版。其尤碎者以装画鼗。

大笔筒可作花盆，小笔筒可代酒杯。

日本喜素洁之瓷，若豆青，若建窑，若广窑，若茶叶末，皆谓之日本庄。

法商则尚五采，虽极破碎，亦不甚计较。英商爱青花，近则价锐减，而上品者仍不减。美商则以红色、天青色官窑之有款者为上，俗谓之一道釉，尤重瓶罐。德人又喜毡包青之瓶罐也。

豆青地而加以彩绘，以乾窑为多，康熙朝亦时一见之。

世界之瓷，以吾华为最，吾华之瓷，以康、雍为最。旧世界之瓷，以质朴为贵，新世界之瓷，以彩画为贵。学术不同，文章因之而变。今吾华瓷业，盖甚凋瘵矣。工既弗良，质亦粗劣，此丧其本有者也。守常蹈故，销路阻滞，此懵于今情者也。

康窑有青花大盘，椭圆而长，长可二尺，宽及尺，盖西餐所用。颜色美好，笔法工细，为国初教士所特制，或即南怀仁、汤若望之流亚欤？盘中画皇冕徽章，旁有两翼之狮狗，分攀于其上，载有腊丁古文、阳历年月。吾华业瓷者，宜知所取材焉。详见《世界瓷鉴》。

洋瓷种类亦不一。康、乾以来输入良多，大氐为粤海关监督所定制，精细绝伦。或谓近世洋瓷，亦颇退化，非謷言也。

洋瓷亦分粗细两种，其乾隆贡品颇有华字年识，佯于料款，东西人皆争购之，尤以女神像之属，为极珍秘。

康窑有瓜皮绿一种，满开小片，以大罐形如西瓜，盖上有瓜藤者为佳。其他瓶类，转无足贵也。

道光窑喜于茶杯或鼻烟壶上，画极小之人物、树木、楼台、船只、旗帜，颇参用泰西画法，人大如蚁，树小于荠，纤毫毕现，亦奇品也。

明瓷大采盒，底与盖，表与里，各画故事一则，有若宋画也。

康窑青花耕织图大碗，妇孺鸡犬，神情宛宛，五彩尤奇美，中外珍之。

雍正粉彩大碗，亦多画西厢风景，盘制最浅，宜于张挂。大氐粉彩人物，每苦面目漫漶。若釉汁完美，无少缺蚀，而古妆女子，又不作社会恶态者，亦能于康画之外独树一帜。惟客货多系锦边，殊觉粗糙。

圆印合之式样，无论高矮，以上盖作馒头形者佳，磨盘式圆形而底面皆平者，谓之磨盘。为下，其上盖为平面瓷片，而有子口平面瓷片，内有圈口一围，形如底足，以作关阑者，谓之子口。者，亦殊不见其佳也。

或谓宋瓷有以香质入料，久则异香喷发，且香气随年代而改变，嗅而知为某代之物，其说非也。盖瓷胎净细，阅岁浸久，自发古香，书籍亦然，非另有香料也。附录《瓷香馆记》。昔南田草衣有瓯香馆，居常不得其解说，云茶香者，非也。辛卯岁，余家草帽胡同得一苹果绿之印合，盛以檀匣，袭以锦囊，已而发异香，非兰非麝，盖瓷香也，嘻！异哉！或曰是檀匣之香，其说非也。余所藏檀匣夥矣，有与斯合之匣同一檀材而别制为数匣者，胡他匣之寂寂无闻也？且檀梨之檀，非沈檀之檀，檀质不同，臭味迥别。其芬芳郁烈浮现于锦囊之际者，悠然以清至为微妙，异乎木质所发之香，盖可评量而得之也。或曰：宋瓷胚胎原质往往杂以香料，时或喷溢，嗅而知为某代之物，其说近是而亦非也。瓷质之净细而优美者，积年既多，乃吐幽馥，亦如名书法帖，古香醺醺自在流露，并非别有药料羼入土坯中而始有此异也。盖料屑微末，离其本体，渐即漫灭，非若瓷质所发之香久而弥浓。鼻观参详，心知其故，一经识者道破，世之钝根人，犹莫不点首会意，斯为无上上乘禅矣。余蓄古瓷日益富，香各不同，瓶、盂、尊、罍，往往而有，而以此合为第一。余二十年来所见苹果绿印合以百十计，均系康熙六字三行横款，此合独双行直款，定为仁庙初年物。颜色妍丽，当世殆无其伦比，一若流霞倒映，白波中碧苔数十点，容与其际。西人所谓天然之三彩，在康熙三彩中最为贵重者也。洪北江《咏苹果》句云：“绿如春水初生日，红似朝霞欲上时。”足以形容其百一矣。馆三楹，花木深秀，以嘉名宠之，复诠次其说而为之记。

瓷器之画龙者，雅不足为奇。惟釉里红官窑，无论大小器皿，皆为绝品，且又杂有苔点也。其施诸彩画者，亦略分两种，譬如同一康窑，有拿空矢矫状态恢奇者，有呆板拙滞无足挂眼者，有抹红描金典重名贵者，其抹红釉中亦杂泥金，故釉带黄光。有一红亦系抹红，但釉色深滞只取厌耳。一绿触处多有者。大氐物稀为贵，而画笔灵蠢之辨，又微乎其微。

印合之一龙一凤者，以青花为绝品。惟宣德有之，成化尚避三舍，雍窑直是粗材。若盘碗之一龙一凤者，虽曰官窑，康彩亦适嫌其俗耳。明窑亦然。

青红瓶碗之口际，有白釉一线，状如灯草，谓之灯草边。

瓶、罐、盘、碗之类，皆有底，且有圈形之足，故厂人号称之曰"底足"。器皿之作方式者，其底足亦方。又底足着物之处，必有圈线一围，亦谓为灯草边，鉴家于此辨别土坯之精粗焉。

瓷质有浆泥浆也。胎、磁石粉也。胎之别。宋之粉定、明之青花印合，多系浆胎，其开片也较易，然至于漏油，印泥之油从开片处浸出，谓之漏油。则又患其刓敝矣。

某朝某代署款者，必于底足之内。足高者或且题字于垂跗内层之边际，亦有在口上及腰腹者。年号、堂名、人名之外，大小罐头多有在底足内题一"天"字，盛行于康熙朝，是为"天字罐"。康熙客货非御窑所造，谓之客货。有但画双圈者，于双圈内但画一叶者，命曰秋叶底。雍正亦有天字小罐。凡罐以不失原盖为可贵也。

粉定印合都无款识，而合盖之内，往往有焦黄似略痕者，亦颇有淡墨细点，望之若尘星然。

雍正官窑大小盘碗，白胜霜雪，既轻且坚。上画彩花数朵，每一朵横斜紫拂，袅娜多姿，笔法绝不板滞。花作茄紫、蛋黄、天青各色，皆非乾隆朝所能几及，尤以粉红秋海棠为绝艳。

豆彩豆青色之彩画也。串枝莲中碗，杂以抹红之点画，精采逼人，章法工致，亦绝代奇品也。小酒碗略作压手式，尤为可爱。

客货有款，官窑无款，已甚奇矣。乃有明明官窑，而画稿了无意味者，有真客货，而笔意工细绝伦者。瓷虽小道，亦微乎微矣。

圆印合之最大者，对径一尺弱，双钩"懋勤殿"三字，左右蟠二龙，金彩为贵，青花夹彩者次之，底有嘉庆六字蓝篆款。

康熙朝酒器，多画"饮中八仙"，类皆恢奇恣肆，惟贺知章骑马落井一幅，最为可鄙。按少陵原诗语意谐妙，谓尔如眼花，必且落井，而眼于水中矣。画手呆著迹相，辄于马前画一井，已不可通矣。又忌讳"落井"二字，特画一极小之井于马前，以示不至作溺鬼之意，尤堪齿冷。

康、雍蛋黄器皿，颜色俱极鲜明。康窑小酒杯，皆有双耳，款字精细，凹雕龙螭，亦有凸雕者。茶叶罐甚精，然颇罕见。

雍窑青花盘碗，乃极能耐久之品。

明之粉定押手大杯，椠有阴文暗花，若鱼若蝶，类仿宋制，浆胎大开片，质亦甚轻。若大笔洗、大水丞，又有凸雕花卉或古纹者。印合所椠笔锭之属，虽甚粗简，而无伤大雅。

早年软彩一种，殊不足贵，近则雍正粉彩，声价陡增，惟豆彩亦然，然均以画笔之优劣为轩轾。

雍正络子樽，甚有名望。豆青色者，篆款六字甚精美。高不及尺，状类绍兴酒坛，而殊无底足，腹亦微蟠，又似惠泉山所制之不倒翁也。肩花作本色绳圈，凸纹数道，具有条理。另有一种雪地彩络者，较豆青大及数倍，有两耳有底足。其络纹如带，宽及半寸，墨绿相间，杂以他彩，若古锦所裁，有双圈六字款，甚可宝也。

胭脂水酒杯，有雍正御制款者，往往夹以花彩，或谓不若净地之佳，然画笔工整，吾见亦罕，收藏家每视为珍品。

胭脂水，为康熙以前所未有，釉薄于蛋膜者十分之一，匀净明艳，殆亡伦比，紫晶逊其鲜妍，玫瑰无其娇丽。客货虽系疙瘩釉，而鲜妍古润，声价亦高。乾嘉以后，每下愈况，不堪入目。若乾隆初年御制之品，亦尚有追踪雍窑者，然而仅矣。

雍正套杯，有粉彩花卉或人物，有黄地而夹绘花蝶者。其夹彩一种，官窑、客货，又不甚悬殊也。

套杯小至大，一至十。

瓶罐亦有浆胎者，仍以粉定与青花为多，彩绘则偶一遇之耳。

浆胎青花以画兽者为最细，不仅以色胜也。

青花之浆胎者必开片，西人甚重之。

青花开片之花瓶，尺寸每不甚高大，又俱无款识。朱明、康、雍皆有之，亦有下逮乾窑者。若雍窑鼻烟壶，形式虽劣，画片殊佳，殆皆当时药瓶耳。

雍窑胭脂水夹彩之小碗，逊于御制小酒杯远甚，盖画笔粗也。乾窑又多系绿里，嘉庆仿之，画笔均劣，亦殊可憎。

吾华瓷品尚矣，而今不古若者，原因甚繁复也。曰胚胎，昔之土质细腻，今则粗劣矣。曰手工，昔之模范精整，今则苦窳矣。曰釉质，昔之垩泽莹润，今则枯燥矣。曰彩色，昔之颜料鲜明，今则黯败矣。曰式样，昔之古意深厚，今则俗恶矣。曰画手，昔之写生雅致，今则蠢谬矣。曰火候，昔之出窑完美，今则薛暴矣。居今稽古，度越前修，要其大恉，厥有二端。康、雍两朝瓷业空前绝后，乾隆雕绣最工，独于瓷器退化。唐英著说，朱琰述文，或详当时之制度，或考往代之流传，彩绘弗彰，惟矜朴素。非其文字之不工，亦时世有以限之也。先乎康、雍而生者，不知有康、雍之昌明。后乎康、雍而生者，不能臻康、雍之绝诣。不先不后，而生于康、雍之朝者，虽文美之可观，而又无古雅之足言。瓷犹园也，富人润屋，广厦万间，终不若旧家池馆，衰柳残荷之别饶野趣也。又况佳山胜水、岩壑万千、异草奇葩、珍禽怪兽，如游艮岳，如入山阴，绝非经营拳石，拂拭盆松者所能梦见也耶？积三百余载之菁华，一旦大暴于世，先朝美术，触手如新，斯其难得者欤？华瓷冠绝全球，而华人初不知其可宝，殆真所谓圣不自圣，民无能名者也。列强交通，东西角胜，而吾华独占最优之名誉。于是欧美斐澳，恐后争先，一金之值，腾涌千百。茗瓯酒盏，叹为不世之珍。尺瓶寸盂，视为无上之品，且又为之辨别妍媸，区分色目，探赜索隐，造精诣微。豇红苹绿，则析及豪芒，御窑客货，则严其等第。浣纱贫女，一入吴宫，射钩贱士，遂为齐相。容光焕发，熏沐有加，吹嘘判其荣枯，顾盼增其声价。波斯碧眼，隔重译而输将。齏饭酸儒，掷重金而弗吝。椎埋发冢之子，弓玉盗库之夫，凿险缒幽，以真换赝，或豪夺虞剑，或巧赚兰亭。教子升天之杯，实为祸苗，清明上河之图，且兴大狱。己亥、丙午，辇致避暑山庄，法物于都下凡数十万件，以每件三五百金计之，至谓可抵甲午、庚子两次大赔款。其较为蕴藉者，亦谓创设一大博物院，足以辉映五洲，万口同声，有由来矣，其难得者又一也。嗟嗟寂翁，平生已矣，缁尘憔悴，雪刺盈颠，远念故丘，百无可说。独此区区眼福，在现在世界中，亦几几乎登峰造极，斯亦京华二十载之簿有所得也。偶忆宗伯船娘事，毋亦哑然失笑也耶。

　　旧瓷疵颣百出，足为盛德之玷。驵侩奸商，诪张为幻，弥复出人意表。今者摘隐抉伏，几于禹鼎铸形，又考古者所宜知也。揣形剂色，诣苦心孤，羼赝迷真，抽新换旧，润者而使之枯，整者而使之缺，薰礦百道，瘗浸三年。虚冒仿古之称，阴施作伪之技，此其较易然晓者也。纯色即所谓一道釉者是也。之皿，案磨布擦，细纹如毛，或若枯腊，则谓之伤釉。硬彩大绿，年久坼裂，粉墨亦然，厥价锐减，则谓之崩釉。崩釉者可施描补，伤釉者独无挽救。瓶盂口径，微有剥落，大醇小疵不亏全体，则谓之毛边。亦谓之茅边。瓶颈跌损，截之使齐，配以它盖改而为罐，则谓之磨边。毛边者十折二三，磨边者十折八九。沸浆注碗，沈不及半，底遂迸裂，状如鸡爪，则谓之爪纹。沈满其碗，口乃惊破，或触或震，亦成直缝，则谓之冲口。腹纹亦有冲裂者。爪纹者无足重轻，冲口者须分长短。嘉道之物，嫌于近代，或艰摹拟伪，去其款则谓之磨底。破碗之底，嵌于新瓶，款真物假，天衣无缝，则谓之假底。磨底者有值巨金，假底者一文不值。火候骤紧，敛釉露骨，既稀且微，若断若续，则谓之缩釉。随意挂釉，不令到底，宋元器皿往往有之，则谓之短釉。缩釉者苦心鉴别，短釉者一览而知。坯质偶松，土浆不匀，火力拆之，厥有短缝，则谓之窑缝。釉初离火，冷气骤袭，惊纹不透，止在一面，则谓之冷纹。冷纹者瓷质未伤，窑缝者不为亏缺。釉汁未干，两皿相并，黏而为一，擘之使开，则谓之黏釉。物相击触，幸未啸裂，但损釉质，或及胎骨，则谓之磕碰。黏釉者病在先天，磕碰者不至瓦解。良釉经火，变为他色，浓烟熏翳，乃如泼墨，则谓之串烟。釉汁星星，光未发亮，火气蒙罩，如锡如饴，则谓之麻癞。串烟者浓淡攸分，麻癞者精神顿减。其有素瓷真款，加绘彩釉，重复入窑，烘之使干，命曰真坯假彩，尤为翻空出奇。他若补耳、补足、配颈、配嘴、换梁、换盖、义环、用义髻之例。义柄，则又百出不穷，莫之能究诘者已。

近出雍正仙女小碗，树叶为衣，眉目佼好，手携锄药之铲，鲁之谗鼎也。

雍正豆彩酒杯，仿明成化六字款，多画极精致之人物。每只各有故事一则，若陶渊明、林和靖、米元章、周茂叔之类，不可枚举。以视道光《无双谱》，有仙凡之别，精粗雅俗，盖不可以道里计。且彩色、式样无一相同者，款字神似隋碑，尤令人叹为妙绝。

明祭有棕眼厚釉、满开小片而深紫者，有无眼无纹片之薄釉而明如镜、赤如血者，则谓之亮釉，尤为希世之珍。

明祭薄釉，又有赤色中微带金黄色者，纹如牛毛，亦颇雅饬也。

雍正小瓶色似白非白，镌有暗螭，灯下辄露异光，所谓影青一作隐青。者也。

均窑笔洗，紫蒨弥望中作曲蟮走泥纹，底有数目号码，糊以芝麻酱釉。其底上镌有横直字样者，皆非人世间物也。

胭脂红碗碟，多系内层洁白，薄几如纸。其小碟有作两面脂红者，四角凹圆，尤为难能可贵。

脂红小碗以荷包式六字圆款者为佳，其碗口微侈者，谓之栗子杯，时或椠有暗龙，系四字方款，色亦较深，各有妙趣也。

苹果绿瓶盂等件，有似老苔荡漾积水中微放金色毫光者，洵为凤毛麟角不易经眼者也。

雍正官窑葵绿小碗，亦系楷书方款，高二寸，口径寸半，底微弱，俗谓之筒子杯。

筒子杯高，墩子杯矮，而上下分寸相悬无几。若口下敛缩至底足而颇小者，则谓之莲子杯。

莲子杯以盛莲子得名，亦犹之栗子杯，盖果碗之小者，非谓其状如莲子也。莲子杯也者，又即所谓荷包式小碗者也。以胭脂红荷包式之小碗，厕诸葵绿筒子杯之列，则真秀美无伦矣。

日本颇贵重广窑，目为泥均，价或逾于真均，亦可诧也。

乾窑如来宝相，金碧庄严，穷工极巧。其素瓷观音像，容色沈沈，亦能使人肃然起敬。大氐窑烧佛像，亦推雍、乾两朝为绝诣。后有作者，蔑以复加，叹观止矣。

康窑客货瓷块，亦多画单个人物，大氐小说家言。

今之螭虎，其古者夔龙之流亚欤？欧人重鹰狗，华人则重鹰熊。独至于狮,中西兼重之,雕绣皆然,此不第画之瓷品也。

康熙无款豆青大碗,中现四鱼,釉里红之仿元瓷者也。雍正小,白地红鱼,又有四蝠三果三菱者,皆釉里红也,系官窑六字款。三果以画桃子、荔支、石榴者为多,亦有杂以他果不拘一格者。

康熙御制款小饭碗,款系红紫、天青、湖水各色,四字堆料,笔法整饬,古月轩款所由昉也。碗地各色俱备,而以粉红、淡黄、天青、深紫为最娇美。碗上夹绘彩花,有四巨朵者,有整枝花朵者,价颇不赀,所谓夹彩者也。其花朵中嵌有"万""寿""长""春"等字者,价为之稍减,近亦不能多觏云。

有一种采盘,直径不及尺,四围绝宽展,高约二寸强,系淡色胭脂水,细腻熨贴,极平而极匀,在雍正朝宜推为特色。每盘亦各画鹌鹑梅竹之属,红碧鲜艳,望而决为宪庙时代物。余自赌眼力百不失一,瓷界推为名宿者也。及翻视款识,则天青堆料,"乾隆年制"四字,书法工整,与雍正精绘之"杏林春燕"碗款字正复相似,所谓古月轩料款者也。翻覆端详,不禁骇叹。康熙有硬彩,无粉彩。有软棒锤此式惟雍正以后始有之。瓶,周身硬彩,仅于肩上画云气一遭,钩以粉彩。余定为雍正初年所制,闻者叹服。此种彩盘,当是世宗末年造坯绘彩,迨纯庙临御,始填款耳。世宗御宇十三载,写此款者当即是康熙时人。惟康熙款似虞永兴,此款略似伊阙佛龛,不知是否一人。若寻常官窑之楷款,康熙初年为一人,末叶至雍正为一人,雍正篆款与乾隆初年又为一人。余所见胭脂水佳者,皆雍正官窑。而乾隆以后,客货居多,虽有款识,往往颓败似肝,颇深厌其堆垛疙疸,了无意味,实则乾隆朝之胭脂水,官窑绝少经见者。岂显晦不时,前此未尝发现耶?抑过此以往彩色全非,不仅一胭脂水耶?学问之道,至无穷尽。顾儿谓骨董家学,无所谓毕业,真有味乎其言之也。宫盘彩色奇丽,不但脂水神肖雍正,即粉墨红绿各彩,亦无一不肖者,惟画手亦然。余定为乾隆元年所填款,岂虚语哉。有识者不当以乾隆朝物目之也。详见《世界瓷鉴》。

苹青尊盂往往有绿片漫阔,甚属难得,而一串浓烟,则颜色黯败,声价为之贬损矣。

康、雍彩画瓶件,以花鸟或野兽为最上。以人物论,则袍笏不如甲胄,若美女之纤纤玉笋,则品斯下矣。

乾隆积红水盂,有似康熙荸荠扁而颇巨者,但无款耳。

雍正官窑有一种天青小钵，颜色较深，直径五寸弱，无底足而有六字篆款，釉质甚细，其绝佳处正在不开纹片。

豆青小石榴尊，雍正六字楷款，向来众人遇之，今不然矣。但使项无残缺，虽失去上盖，犹为奇货可居。

雍正御制碗之抹红夹彩者，亦殊精绝。

康熙六字蓝款荸荠扁之水盂，有天青薄釉者，表里一色，声价一如苹果绿。其天青小观音尊，口内亦上色釉，康熙六字款，状式亦如苹果绿之小瓶。价又相若也。康窑天青如意尊，并系内外薄釉，且有凹雕篆款，底上亦罩以天青色釉者。

雍正橄榄罐，茶叶末之深绿者，上锐下丰，有凹线三道，系墨色篆款，其内外及底三者皆一色，与天青如意尊正复相同。

郎窑仿成化之豆彩大瓶，有画花鸟者，彩色笔法皆有矩度，以视寻常人物，尤为可宝。

像生器皿，色目非一，人物鸟兽，指不胜屈。

乾窑白兔，微现青色，雍窑洋狗，疙疸釉也。较白。

康窑之狗，有黑有红，乾隆瓷佛，珍于范铜。

天青雍正款小花盆，另有盆底，北音读如脸，疑当作连，谓底之连盆者，即盆垫也，与盆之瓷座略同。表里及底皆一色，较之积红各盆，弥堪贵重。

有一种豆青色之小豆，盖祭品也。细腰丰跌，旁有小圆耳二，上有盖，式极殊特，雍正双圈六字款，款在豆盖之内，特比青花乾隆篆款者，又有上下床之别矣。

茄紫色颇鲜艳，有一种小盘，表里一色，外雕暗龙，雍正六字款，惬心悦目，良足欣赏，近已不多见矣。

豆青凸螭圆洗，及小笔筒诸物，有嘉靖、雍正各款，釉光刀法，并为后来所不及。

均窑渣斗，亦分青紫二色，式巨而价亦不廉。

康熙款之天青云罍尊，雕纹精细而古雅，惜其两耳带有铜环也。

铜镶碗口，宋明御用物始有之。粉定也、明之祭红也，数见不怪。但去其铜片，直如磨口，为可惜耳。而顺治官窑之淡描大茶碗，亦有磨口，似曾经铜镶者。

官窑客货，界限绝严。其必严之故，所分在款识，而亦不尽在款识也。盖官窑画工雅致，价亦大增。若一道釉者，苹果绿、胭脂水而外，不易区别。但贵品釉汁,又非客货所能办,譬如天青小瓶,客货沿口多作黄黑色,则又显分轩轾矣。

康熙黑釉之大瓶,上画梅花,笔意粗恶,西人目为三彩,每一只动辄万余金。其硬绿凤尾大瓶,或棒锤开光,仿古锦纹中夹圆式、长式、扇面式,别绘人物花卉于其中,则谓之开光。亦往往一瓶五七千金,非必士夫之所嗜也,士夫亦鲜有此种物力者。

康熙朝之红色尊盂,当时一有绿斑,即应贬损其价值,可见古昔不重窑变。市侩竞趋西商,投其所好,巧立名目,争相谀媚,久之又久,亦遂成为定评。是非好恶,贵贱美丑而岂有真哉?然康、雍以前客货,无有朱红者,是纯色之釉,亦颇有精粗之不同,不独彩画然也。

宋哥茗具,碗上各有盖,满身皆褐色细斑,碗边作老黄色,或即所谓紫口者欤?

道光彩笔筒,画《秋声赋》,一翁灯下读书,童子秉烛,开门侧耳而听,杂树环屋,笔意良美,虽不及雍窑豆彩人物之精,亦可赏也。其画入鼻烟壶者,较逊一筹,篇幅太小故也。

嘉庆窑画手最俗,不如道光窑远甚。

康窑人物,恢诡似陈老莲;道光画手,则如改七芗之工致矣。

乾隆豆青凸花方杯,旁有两耳,制甚古奥,款系墨彩,作"宝啬"二字,笔意秀整。其抹红杯碟,而描画金龙者,殊不足观也。

豆青三孔小瓶,乾隆六字款,口颇侈而大,釉汁粒粒如细珠,所谓唾沫星者也。别有东青牛毛纹一种,形式较巨,腹且愈扁而愈博,尤为可贵。

雍正豆青各式花盆,面面作凸花,六字篆书蓝款,颇落落大方。其花中微泛蓝色者,又较逊也。

豆青金彩,乾窑瓶罐多有之。慎德堂此种花盆,即系金款。

慎德堂为道光窑中无上上品,足以媲美雍正。质地之白,彩画之精,正在伯仲间。然亦有劣下者,直不如道光寻常官窑本色也。

有以瓷制为溲溺器,盖酒具也,且皆绘画猥亵,亦太伤雅哉!

套环之瓶,奇巧能转动。或于瓶上嵌列小儿,乃捏成儿形,黏诸瓶上,非画也。为内府所珍,价亦不赀,然不为吾党所重。

乾隆古铜彩笔筒,凸雕双龙,涂以泥金,六字篆书金款,极为难得。

近日宜均绝昂贵,大印合有浑圆者,有四方者,盖内蓝晕有甚美丽者。

雍正粉彩小碟,直径约二寸,各画红白秋海棠数枝,娇润欲滴,平底而周遭作压手杯式，有有款者，有无款者，皆官窑也。

抹红瘦身之天球瓶，品格绝佳，乃雍正朝物，虽无款识，而所值不赀，乃逾于积红也。

凡所谓均窑笔洗者，皆盆连耳。

雍正豆青色浑圆小钵，亦谓之圆罐。平雕串枝莲，而无款识，亦颇古雅，凡小罐口际稍一佚突，或线边凸起，即无足观者，而明祭往往犯此病。

洋商喜购瓷佛，大小彩素，层出不穷，京内外庙宇，遂为之一空。

器皿之佳者，曰瓶，曰盂，曰罐，曰合，曰炉、盎、杯、盘之属，至于不可胜纪，而以瓶之种族为最多。瓶之佳者，曰观音尊，以上均另有图式。曰天球，曰饽饽凳，曰油锤，曰大凤尾，曰胆，曰美人肩，曰棒锤，曰投壶之壶，曰背壶之壶，曰荷包，曰如意尊，曰石榴尊，曰萝卜尊，曰牛头尊，曰鸡心，曰络子尊，曰梅瓶，曰仿周秦罍缶。若玉壶春，若软棒锤，抑其次也。凡诸名称，皆沿用市俗之语，无足深论。此外，炉罐等类，亦不一其式，盖未可一二数也。古窑之存于今世者，在宋曰均，曰汝，曰定，曰官，曰哥，曰龙泉，曰建，曰元之紫釉，曰明之祭红、积红、鸡油黄、青花、五彩、鳝鱼皮。六朝及唐瓷犹偶一遇之，柴则无可征考。官哥虽甚古茂，而不甚见重于当世，盖仿制较多，真者千不得一。上所胪列，釉质之润，颜料之美，既已各擅胜场矣。本朝在康熙曰硬彩，曰青花，曰青花夹紫，曰豇豆红，曰苹果绿，曰雨过天青，曰茄皮紫，曰鳖裙，曰葡萄水，曰朱红，曰抹，读如摩。上声。红，有柿红、枣红之别。曰抹蓝，曰瓜皮绿，曰鱼子蓝，曰秋葵绿，曰蛋黄。在雍正曰美人祭，曰胭脂水，曰西湖水，曰松花绿，曰东青，曰豆青，曰仿均，曰仿龙泉，曰茶叶末，曰鱼肚白，曰蟹甲青，曰毡包青，曰鹦哥绿，曰新橘，曰各色豆瓣，曰金酱，曰芝麻酱，曰豆彩，曰墨彩，曰粉彩，曰铁绣花。在乾隆曰古月轩料彩，曰古铜彩，曰窑变。在道光曰慎德堂彩。若此之伦，更仆难罄，嘉、咸两朝，罕足称述。手工之佳妙者，画家写生而外，曰平雕，曰凸雕，曰雕款，曰套环转动之瓶罐，曰影青，曰釉里红，亦皆以康、雍为最精。

天家府库尚矣。此外则热河之避暑山庄，陪京殿座，实为仙都灵域。西藏喇嘛，颁赐骈阗，毡裹殷富，颇入龙动。译音。曲阜孔门，囤拥亦厚。满蒙藩邸，被赏无算。下此则琳宫绀宇，戚畹主第，窖藏繁阜，飘散何穷。发捻之乱，所至残破，东南诸省，尤患其贫。比岁以来，输出弥夥。晋秦旧邦，罗掘殆尽，毁屋发瓦，剖墓求珍，足使神荒其居，鬼泣其宅。于是尸脚漆灯，厕于宫熏之次，玉几陈列，乃有黄肠之器。嘻，足异矣！

雍正白瓷水仙盆，长方而作横式者。文字篆款，凸雕花卉翎毛，亦有作松花绿者。若墨彩六方大花盆，花卉竹树，杂以题跋，各占一面，乃书画大家笔墨也。

乾隆初年，积红器皿，每多无款者。有一种圆钵，大如西瓜，又有美人肩大瓶，满身牛毛纹，皆色鲜而釉润。所可宝贵藏弄者也。

康窑储秀宫款之三采，淡黄、大绿、茄紫为三采，黑白绿及红白绿之属，亦皆谓之三采。有画果者，有画梅者，有窑变者。大盘，画桃、榴、佛手三果，果各三枚，枝叶衬之，中画香橼亦三枚，直径可四尺，堪庋西瓜十数枚。近出青花及粉桃大盘，与储秀宫盘相垺者，又比比是也，皆宫内以盛各种鲜果者。

雍窑大盘，厚及三四分，直径不及二尺，六字双圈楷书款，中画滕王阁诸图，雉堞风樯，交互若织，俨然一幅石谷画也。又客货面盆，中画十六子，衣着如一，乃雍正最鲜之粉彩，盖奁具也。

均窑压手大杯，细腰丰跌，亭亭玉立，并有蚯蚓走泥印，内青而外紫，鲜妍罕匹，真宋物也。

有雍款饭碗，上画蜡梅过枝，下绘牡丹之属，盖真胚而假彩者，余能于绿釉辨之。

冲北音读去声。口，一作衝口。

宋土定壶盂，亦甚古雅，而色较黄，质较粗，下于粉定一等。

乾窑萝卜尊，式样绝佳，高不及尺，上画水仙、天竹豆、月季、蜡梅之属，月季含苞吐萼，秀美天成，底系"乾隆年制"四字，为堆料蓝款，画笔亦与古月轩无异。古月轩之小瓶，才二寸耳，花彩颇相若，价亦不赀。详见《世界瓷鉴》。

款识字数之最多者，有粉彩小坛，杂画群卉，凹雕楷书"道光某年定府行有恒堂珍赏"十余字，外罩釉质，殊可把玩。定府又有扁豆红之如意尊，抹红写款字数亦较多，下于豇豆红一等。

雍正仿均，紫釉散漫，虽不及真均之美丽，而颜色苍浑，亦别有一种刚劲之气。其所摹式样，又皆古雅绝伦。

雍正官窑小瓶，青花绿螭，二者之外，有豆彩花卉，上画二鸟，一绿而一紫。瓶系灯笼式，圆身而方口，不甚可贵也。

惊纹多在碗之内层，而外层曾未穿透，细审碗边，亦复无所觉察。又谓之冷纹，与冲口迥不相同。其曲折有致者，可以目为开片。

粉彩及釉里红，亦有串烟之病。

明窑影青压手杯,其薄如纸,即万历吴十九之卵幂杯也。

康熙青花酒杯,画十二个月花卉,一杯一花,铢两颇轻。其施彩绘者,价尤昂贵。大抵以有黄兔者为殊尤,菊花、荷花为较逊,余皆平等视之。余初入京时,十二杯若缺其一,即不易售出,已而成对,或得四枚六枚者,亦颇视为难得,近则一枚二枚,且不能辄遇之矣。

汝窑小杯,垩泽虽不甚莹润,而下有瓷座,纹如蚯蚓走泥,亦堪宝重。

雍正积红花浇,牛毛纹酷似宣祭之佳品,篆款亦与小花盆相似,分列上下左右,若有眼之钱文也。

明瓷仿哥之鲜艳者,厂人俗称谓之"绿郎窑",沪渎谓之"果绿"。

均窑盆连大都圆式八角,边墙坡陀,数见不鲜,身价转巨。有一种均窑笔洗,长方六角,檐围较深,稍稍直下,有似《相人经》所谓颧骨插天仓者,极为别致,不得竟以盆连目之也。釉质青葱紫蒨,若蜡泪之成堆,棕眼含水,底有阴文数目字之号码,糊以芝麻酱,真宋物也。古物之美者,以釉质、手工、时代三者为最要,三者毕精,约而弥珍,不必觥觥大器,始足惊心动魄也。均洗高约二寸许,宽不过三寸,长不及五寸,马脚船唇,便于行匣,寂娱清秘,亦殊可贵。

乾隆青花之提梁酒壶,画片式样,均尚有可取。

乾隆豆青花鼓式之茶罐,双耳作兽头,亦寻常式样也。六字篆款,价不甚贵,近亦不能多见。

内平外凸之雕花豆青海碗,雍、乾皆有之,式样绝巨,而甚为精致,价亦甚廉。

雍、乾积红大碗,底足约高寸许,各有六字款。乾窑鲜丽,雍窑浑厚,而有牛毛纹。一经庚子之变,价值乃骤加数倍。

以刀刻画花纹于未经糊釉之先,阳文为凸雕,阴文为平雕,隐于瓷质之内。而瓷质极薄者,上釉之后,内外皆平。以手指按摩之,故不能觉也。若向日光,或灯光照之,始见花纹,则谓之影青。大氐小碗隐龙者居多,而龙往往作青色。宣德、康熙,又均尚白色,地薄于纸,雍正仿之,有楷书方圆款,而外抹以燕支水者。

辗石为粉,不易开片者,命曰瓷胎。泥浆之质,易于开片者,命曰浆胎。

浆胎开片,开在胚胎,代远年湮,垩泽亦因之而迸开。

有小开片,有大开片,开有先后,片有新旧,翳后开之新片,证历年之久远。

小片之细碎者曰鱼子纹,大片之稀疏者曰牛毛纹。

鱼子纹最为劣下,不以厕诸作者之列。牛毛纹微带黄色,若隐若现,毫厘未拆(坼)其釉质也。

积红佳皿系属瓷胎,而康、雍两朝之积红,多有牛毛纹也。雍窑之绿,不如康窑远甚,亦颇含有绿意也。

红中有绿,谓之苔点。其最佳者,晕成一片,则谓之苹果绿。

白中有黑,谓之尘星,苔点之中,亦杂尘星。

彼积红牛毛之纹,釉似坼而未坼,揽尘星其如墨,复不可以拂拭。

浆胎大片,年久龟坼。鱼子细文,烘坯而拆(坼)。

龟坼者,坼及胚胎。若鱼子与牛毛。其坼也,于胚胎无涉也。

哥窑瓷胎,大片入骨,出窑经风,随时迸裂。其裂也,乃具有殊特之性质。胚胎与釉泽而俱坼,渺不关乎经年与累月,是以西人重其古而嫌其拙。

哥窑之真者,光采照人,式样亦最古雅。今所以见轻于世人者,皆赝作也。

迩来青花大开片之瓶罐,所在多有,亦并不见其古旧,盖作伪之技,晚近弥工,记者于此可以观世变矣。

宣红小碗,以两面红者为佳。若苔点枯黄,竟可憎矣。

压手杯,或作押手杯,于义亦通,一音之转也。

印池之透油者,自内片以达于外片,虽足为历年久远之确证,然真体已亏,不适于用,声价亦为之稍贬。

印池浆胎者居多,开片之后,时或透油,且有底足透油者。

大凡透油之印池,其印泥中所研之朱砂,往往随油质以浸入釉质,时作肉红色,故印池一种,无论宋瓷、明瓷,青花粉定,均以大开片肉红色,而又未至透油时代者,乃如初写黄庭,恰到好处。

釉质之厚者曰堆脂,即宝石釉。曰疙疸釉。薄者曰胭脂水,曰抹红、抹蓝,曰淡刷天青。

疙疸釉之白者,较为可贵,惟雍正以前始有之。若胭脂水而疙疸者,则乾隆以后之劣品也。黄釉亦然。

釉汁之美者曰水眼,其次曰棕眼,曰橘眼。若唾沫星,又其次也。至若康熙天然之三彩,乃造化偶作游戏,不可必得者也。其自在活泼之妙,直使后人无从摹仿。仙乎仙乎！

　　鱼子蓝旧者惟康熙有之。小油锤油锤似天球,腹作浑圆形,但口及项较细。瓶,开圆光三个,彩画花卉虫鸟。大棒锤瓶则开长光,两面彩画人物,并皆精妙。

　　淡描乃青花之疏简者,简其词曰描青。

　　鹧鸪斑不能仿制,若犀尘与褐斑,犹时一遇之。白瓷釉汁中,满含最细之墨点,而不凹下者,最为可贵,命曰犀尘,大氐雍正以前物,宋、明粉定多有之。其凹下者,系釉质为火力所缩,黏有黑灰,近于麻癞,所在多有,适足为累也。或点形较大,而于白汁中泛出老米色一簇,如牛脂之垛成碎末者,命曰褐斑,亦惟乾隆时物,间或有此特色。其底釉、里釉晕作圈线,似皱非皱,且有淡黄似烙痕者,则谓为炒米釉,亦多历年所之一证也。伪为者须以明眼辨之。

　　乾窑积红小水丞,口敛底平,皤其腹,六字双圈款。方之天然缺口之雍窑小红盂,不啻婢见夫人,而价值颇昂。

　　郎窑无所谓之绿也,乃明瓷之葱翠者耳。

　　康熙客货之彩瓶,大凤尾式有梅鹊,棒锤式有十美图,弓鞋高髻,分琴棋书画与笙管笛箫两种。又有采莲者,大氐俗不可耐,而每只辄数千金。

　　东青颜色幽靓,冰纹亦极古雅,非近代所能仿制,虽有官窑款识,而西人亦不知宝贵之也。

　　敬畏堂所制器皿,俱系豆青,以视嶰竹彩瓷,较为雅饬。

　　雍窑有一种蓝瓶,较广窑为匀细,而色比天青稍深,底足高半尺,六字篆款,极精美。式方而分作两截,若花盆垛于觚斗之上,亦异品也。

　　涂以抹红之釉,而虚其中,若为空白也者,又似乎阴文之花纹,谓之盖雪,亦锦纹之亚,余亦甚不喜之。别有一种盘碗,以抹红写生,绘为细碎花枝者,犹为彼胜于此。

　　近出雕蓝雕丹之奶子小碗,内涂以金,大氐粗糙而质厚,亦无足述者。

　　广窑也者,仿均之浅蓝者也。窑变也者,仿均之深紫者也。窑变往往有蓝色,而广窑不见紫釉,抑独何欤？

　　鸡缸款识为"大清乾隆仿古"六字,盖篆书也,而字体特巨。

　　鸡缸小儿,淡红衣,黄裤,左脚扬起,右手亦然,而手藏袖内,其袖覆右手而下垂。乾隆仿制者,已称为奇货,成化故物,渺不可以一见,而何万历五彩之触眼纷拿也耶？

紫黑之釉，满现星点，灿然发亮，其光如铁，则谓之铁绣花。

汉唐故物，出自丘墓，满身土斑，瓷无釉汁，则谓之土花绣。

铁绣花大盂，高约六七寸，口径三寸许，底径不及尺，口蟠一螭，雍正物也。其官窑方圈耳之方式大瓶，高约二尺，亦均无款识也。

雍款东青大方瓶，丰上而杀下，双如意飘带耳，式极古雅，满身牛毛纹，较之铁绣花方瓶，不翅奴隶命骚。

雍窑积红瓶，细沙底，惟乾隆以前始有之。盖无款时代物，状似天球，而项弥短，腹弥皤，颜色深厚而鲜明。

或者谓均窑红、朱二色，以一、三、五、七、九单数为号码。蓝、青二色，以二、四、六、八、十双数为号码。著之篇章，视为秘诀。今以宋物证之，殊不必皆然。盖六角花盆，往往如或者所言，自余均器，大都青其里而紫其外，及翻阅底足之号码，则又单数双数，无甚区别。厂人误呼天青为月白，点金成铁，沿而不改，无如之何。

康窑彩画，往往官窑不如客货，亦一奇也。官窑力求工细，下笔不肯苟率，自其所长。客货信手挥洒，老笔纷披，时或有独到之天趣，令人不可方物。

康窑青花，亦虽颇有天趣，而笔意老辣，终不如彩画之奇。

康窑彩画，时亦工细绝伦，而兽毛毨动，口喷云气，又不如青花之妙。

雍窑黑地万花中碗，光彩夺目，价值奇巨，盖雍正彩之最有精神者。

宋均之紫，汗漫全体。元瓷之紫，聚于二鱼。

宋均之紫，汗漫全体。仿均雍窑也之紫，漫晕其半。

宋均之紫，多在外层。仿均之紫，内外各半。

宋均之紫，汗漫全体。仿均之紫，自成片段。

龙泉官窑，代有仿制，坯质泥松，物多罅窳。

雍窑有一种小瓶，式极修雅，上画八卦太极，色亦幽蒨，下画海水，则系釉里红、苔点绿，是为青花夹紫之特色，盖雍正初年物也。

鸡缸为酒器中珍品，昉于成化，今惟有乾隆仿古之作，详见朱笠亭所撰《陶说》。今缸有纯庙御制七言古风一章，是其殊特之旌帜也。庚子以前，每对不过百金，今且二三倍矣，然犹不易见，收藏家所宜究心者也。伪品充斥，要亦煞费苦心，卒之摹拟艰辛，难逃鉴家之眼，正未知成化旧物，其生动颖妙，又当何如也？缸之真者，字迹亦分两种，一派为簪花格，蝇头小楷，笔笔韶秀而美致；一派较为古拙。至价值之高低，以小孩眉目之狞佼为断,此则千夫之所易辨者也。

　　海盐朱笠亭琰所撰《陶说》,援古证今,详赡博洽,虽亦有蓝本,要于宋元以前,研究颇审。笠亭生长乾隆,彼时康、雍瓷品尚未发明,即明瓷亦多简略。后有蓝浦者,篡袭诸家之说,恩以恶札,辄易其名曰《景德镇陶录》,体例极为芜谬。

　　以皿入缸,淘荡其汁,是为蘸釉。蘸油者厚若堆脂。截竹或角,嘘气匀之,是为吹釉。吹釉者薄于卵幂。

　　昔惟大器用吹釉之法,次数多至十余起,取其匀也。釉汁旋吹而旋添,其告成也缓,其程功也易。后则小器用吹釉之法,遍数亦有三四次,欲其匀且薄也。釉质但吹而不添,其运腕也速,其奏效也难。

　　釉薄者,火候稍差,则有渗黄之患。釉厚者,手法一钝,辄多干枯之虞。干枯之理由有三:火力过平声。则枯,手法钝则枯,釉汁有渣滓则枯。

　　有浆胎,有瓷胎。

　　浆胎质松,瓷胎音脆。雍、乾瓷胎之细腻者,谓之细沙底,颇不亚于浆胎也,而刚劲过之。

　　有沙底,有钢底。

　　沙底贵白,钢底贵亮。光亮也。沙底贵细,钢底贵响。声响也。

　　今之雍正豆青,仿龙泉之最美丽者也。而乾隆以后,往往间以金,绘夔龙古文,价称昂贵。

　　釉质凸起,形如水泡,手法未匀,火力鼓之,此暴与爆同,见《周礼》。釉也。若在士女眉目之间,则几乎毁矣。

　　仁庙六旬万寿,所制瓷品颇多,盘碗碟盏,花鸟虫鱼,几于无美不备。迨纯庙时代,屡次举行盛典,物力之厚,名匠之多,取材之宏,历时之久,又不斤斤于瓷品一种求之,是以瓷品转逊于往代也。

　　厂肆通称,嫌于俚谬,而相沿相袭,竟不能改也。口小腹大者谓之瓶,口腹相若者谓之尊。今则尊之于瓶,混合为一,呼马呼牛,由来旧矣。其口大腹小者,谓之花觚,亦谓之花插。觚之小者曰渣斗,渣斗之小者,则漱具也。漱具亦分二种:一为似觚者,唾水于地,不分两层,或者腹微蟠耳,此中西之所通也;一为分两层者,噙净水于小碗,而唾其沫液于下层之小罐,碗安罐上,合而为一,推凿读若槽。合缝,乃成套之物。此则西人所哂,皆漱具也。

　　花浇也者,浇花之壶也。

官窑痰合，惟嘉庆独多。合式有二：一紫地彩花，一淡茄地金彩花。紫地者较大，分为两屉，覆以瓷盖，中凹而置孔。淡茄色者，似面盆而小，句。盆有盖，句。盖有顶，似罐盖也。

鱼缸，以距京不远之长辛店、长和窑为最佳。缸面对径二尺强，底微杀，沿边四面有兽头二，篆文"寿"字二，余则鼓钉十数个而已。

瓷缸自数寸以至四五尺，式样不一，有仿寻常水缸者，有状类荸荠扁而容水石余者，以釉里红龙官窑为贵，釉里红鱼而杂青花水草者次之，广窑又次之，然皆不若长和陶器之与鱼相得也。详见《世界瓷鉴》。

饲鸟瓷品安于篾笼之内，如水罐、粟罐，皆小于银杏，而有胭脂红天青诸色，其穿篾系处，各有圈形二。句。圈各有小眼，亦可借作水中丞也。大氐最精极细之佳皿，如豇红胭脂水之类，亦只小品为多，无觥觥巨器者。

桃形而有嘴与柄，无上盖也，底足内有一圆孔，可以灌水于其中，则谓之醋壶，所以防虫蝎之入也，以深绿及茄色者为佳，然不见有款识者。

明瓷青花人物，以笔筒、花觚为甚诙诡。

料款分两种，曰某某年制，曰某朝御制，康、雍暨乾隆初叶皆有之。料款某某年制之盘碗，素地精绘，往往胜于色釉夹彩者，不可不知。

御制款亦分两种，曰堆料，曰描青。

雍正料款之精品，远在康熙之上。康窑色釉夹彩者，多系黄地，或作番莲四朵，甚且花朵中分嵌篆字，颇皆有可议。雍窑色釉夹彩，若胭脂水、秋葵绿之质地，皆美丽无伦，画笔殊觉生动。

康熙御制碗有宝相花三朵，大小不一，阴阳向背，偏反秾艳生香活色，纯合乎西法，亦殊非后世所能几及。若连枝带干，律以恽派，或又不如雍窑耳。

料款至贵重。康、雍精品，皆画以粉彩，孰谓粉彩不足重耳。

料款之盘碗有题句，上下有胭脂印章三，雍窑曰"月古"，曰"香清"，乾窑曰"金成"，曰"彤映"，皆方印也，在题句之下，其引首长方曰"佳丽"，在题句之上，则雍、乾之所同也。

慎德堂款之器皿，若采花之旁，有墨彩题句者，其下必有小印"道光"二字，多作椭圆形。

康熙十二月花之酒杯，无论官窑客货，皆于描青题句下印一篆书"赏"字，殊不足赏也。

胭脂水夹彩之雍窑大盘，有仿康熙五采花篮者，奇丽无比，直可与乾隆鹑鹑盘,方轨而齐镳也。

宣德龙凤之青花印合,名望甚伟。近今仿制者,画笔工致而生动,几于突过雍、乾,王公贵人颇亦饰为陈设。寂者年垂半百,老眼无花,要难逃鉴家之犀照也。

都下有琉璃窑,专制黄绿砖瓦,以供殿座之用。螭头鸱吻、麟凤狮狗等物,大氐殿瓦边脊皆有之。又偶造坐礅,以饷朝贵。其尤为适用者,莫如冰桶,各色俱备,且甚美观。冰桶制方,而盖分两半,各有钱窍五孔者二枚。木桶有铜箍两道,瓷桶亦摹仿箍式,横现凸文。瓷价过巨,抑亦不如窑瓦之悦目也。详见《钵庵忆语》及《世界瓷鉴》。

红有百余种。就抹红一种而论,有柿红、枣红、橘红之别。就橘红一种而论,又有广橘、福橘、瓯橘之殊。深浅显晦,细入毫芒,巧历之所不能算也。琴归生谓寂者曰:"君与北山瘿公品评瓷器,争妍斗丽,细入毫芒,无非本其好色之天性,而益发挥之耳。"曰:"然哉然哉!天地之道,一生二,二生四。纵横变化,无有穷竟,参伍错综,是成文理。文理之美者,宜莫画若也。故一切形形色色,惟画师为能状其微妙,惟文人为能阐其精深。画师而不通文学者,直命之曰匠而已矣,有道之士,所夷然不屑者也。"瘿公曰:"岂独吾土为然哉?欧美大画家,亦多善属文者。"琴归初不研究瓷学,近则造精诣微,为当代所希。

一切官窑等诸秘色,上方珍品,宝贵甚至,自非近籞侍从、贵戚巨邸,不能蒙被恩泽,赏赉频仍。若彼穷县酸儒,风尘骚客,虽或生逢并世,躬际圣明,罔睹灵威,莫窥禁脔。近则远人弋篡,不惜重金。于是宵小生心,遂多窃屡盗簪之士。故家中落,不少典琴卖剑之人。有此数因,郁之愈久,泄之愈奇。肮脏一翁,有此眼福,亦云幸矣。

有以唐诗赞均窑者曰"夕阳紫翠忽成岚",此可以知其釉汁之美矣。

盘碗佳品,不少概见。今世所存者,磨边缺足之盆连而已。"夺我胭脂山,妇女无颜色",可为今世之盆连悲也。而今世磨边缺足之盆连,且犹纷纷超越太平洋而西迈矣。

康、雍瓷品,照耀四裔,而独于紫均一种,不能仿制,夫亦有所限于天者欤?有一种果盘,五寸,其紫透骨,并无号码及蚯蚓走泥之纹片,乃真正宋物。曰广窑者,非唐英曾于景德镇仿制。广窑是否乌泥为坯,未从考证。

仿哥之粗糙者,片纹入骨,亦谓之冰纹。

瓷有瓷骨，釉有釉骨，青花能入釉骨，而抹红不能。

青花能入釉骨，釉里红则更入釉骨。

近出癞瓜过枝小碗，皆道光官窑，亦殊不足贵，只取憎耳。

雍正仿明之压手小杯，一边采风，一边翠竹，亦颇照过枝画法。但略胜于道光窑之癞瓜耳，非奇品也。

酒壶之佳者，历代少有，亦不知其曷故。雍窑有篆款仿均者，有提梁豆彩者，有葵绿开光墨彩者，差堪入目。龙泉壶亦甚古雅，近日壶价翔贵，曰以东邻之故。

瓷器式样，守常蹈故，无可省览，若力求新奇，又适形其俗。此中妙谛，有匪可名言者也。

范铜为质，嵌以铜丝，花纹空洞，杂填彩釉，昔谓之景泰蓝，今谓之珐琅。当作佛郎，一作法蓝，盖此种蓝彩，以巴黎为最美。大氐朱碧相辉，镂金错采，颇觉其富贵气太重。若真系明器，亦殊古趣盎然。

近日窑变甚贵，乾隆朝则颇有佳品，式样亦较嘉道为优。

苹果尊有两种，式样相若，惟口径不同，缩项者口径不及寸，巨口者口径可二寸。

余所见成化彩之佳妙者，大都雍正朝所仿制。郎仿已不易得，近则真迹流传者不少，若万历彩，若嘉靖青花，若宣德祭红与积红，眼福亦未为悭也。

雍正仿均之品，紫色较褪而晕成一片，细若犀尘，瓷质清刚，雅非后来所能及。

康熙有抹红金彩十六子大碗，三儿在鱼缸捉鱼，一儿携松鼠，尤有神致，而嘉道两朝，俱能仿之，价亦不甚相远也。

五采三果磬式中碗，昉于乾隆，而道光仿之，亦无甚区别。若雍正之三果大碗，则波峭有味矣。筒杯、酒杯，画法板滞，亦殊寻常也，近乃价值昂贵。

画纸绢者，不屑于画瓷也，而能画瓷者，又往往不能画纸绢。国初刻玉范铜之俦，率皆姓氏流芳，表扬奕祀。而画瓷者，多湮没不彰，致可慨喟。画者且不能传，又况于制坯掌火者乎？其实绝技通神，艺进于道。若明季陶人吴十九者，不可以其手工而少之也。成化彩瓷，吾见亦罕矣。证以康、雍两朝所临仿者，笔意生动活泼，宜高出乎嘉靖万历之上。康熙彩之颜料，固非后世所常有，论其画手高妙，不但官窑器皿，仿佛王翚。即平常客货,亦莫不出神入化,波澜老成。雍正花卉殊尤,又颇饶书卷气。乾隆而后,虽有缜栗奇丽之品,而匠心所运,未能脱去町畦。近岁以来,海市交通,摹拟古画,精诚团结,时或迷离扑朔,几致乱真。洵可以凌轹咸同,抗衡嘉道,亦云桀矣。康、雍国家闲暇,乾隆不惜工本,其制作之精美豪宕,由于朝命专官,监督其任,百尔执事,媚兹一人。今则列雄富商,涨力旁魄,区区藏弄,不足以供无尽之取求。巧伪繁兴,佯色揣称,殚竭工致,矻矻穷年,非夫在上位者,有以宏奖而提倡之也。营利之心亟,因而考古之诣深也。嘉靖万历之五彩,粗枝大叶,画笔草草。宣德官窑之青花印合,龙翔凤翥,细意熨贴,较诸嘉靖双螭,殊为秾纤绝特。自余朱明之无款淡描人物,心细于发,笔亦足以达之。所画多故事,颇似宋人翰墨,直是突过康熙。或曰是雍正之仿制者,殆不然矣。世传明代青料,当时已不给于用,雍、乾两朝之青花,盖远不逮康窑,然则青花一类,康青虽不及明青之秾美者,亦可以独步本朝矣。

瓷画之结作团彩者,最无风趣。豆彩团花,固非佳品,若釉里红之团鹤,亦甚恶劣,转不若串枝莲之为愈也。五彩团龙,亦未能免俗,惟团螭较为生动,或者彼善于此耳。

木之有肌理者,尖峰重叠,颇似浪纹,名为野鸡翅,略分黄、黑、赤三色,有明祭红釉汁较厚,其火力烟气,参差觏会,往往有鸡翅木之纹理,望之蔚然而深,此亦如犀之有星、玉之有颣、树之有瘿,而西商重之。

祭红瓶碗之底,略分二色。微绿者苹果底,曰宣德也。混白者,米汤底,曰万历也。又有开片、不开片之别。大氐苹果底罕有不开片者,惟皆无款识,郎仿亦然。

康熙白瓷酒盏,口径二寸弱,沿口画红蝠百只,曰洪福齐天。盘碟亦有作此式者,中央凸雕四字,乃篆书也,而双圈六字款,特为精美。

瓷有瓷学,父不得传之子。厂肆徒夥,有终身由之而不得其道者。彼颖悟之学者,亦必先见真迹,始能辨别赝器。一贵人以贩瓷起家,至圭顿之富,因缘奸利,匪可穷诘。其子亦掌管花月,于此道盖茫然也。

黄地青花,雍正官窑之所重视者,匪独盘碗然也,大瓶亦有之。

热河藏瓷之所,有御题曰"梨花伴月",曾刻有界画山庄之图,精美绝伦。厥中佳皿充斥,以盘碟一宗而言,最下层之盘,直径四尺许,五采璀璨,以次递小垛至殿脊,有如瓷塔。它物称是,皆康、雍窑也。乾隆以后之贡品,大都未尝开箱,堆积庑下。余友守承德时,尚未辇运入都,贾胡之游历至境者,时或华商与俱,故官吏防之綦严。而软红窟中,往往于无意中见奇品,盖邸第所自出也。其迸溢口岸者,则又不可胜纪矣。

茄紫甚难摹拟,往往不能仿制。

康窑大盘,直径三尺强,彩画《左传》五霸战争之事,两阵有多至二百余人者,光华眩睛,亦殊怪特。

唐瓷缥青小瓶,高才及尺,颜色幽蒨,形式甚佳,在马蹄尊、馂馂凳二者之间,而瓷质弥复坚厚,殊可宝也。

明祭大瓶有鲜红如鸡血者,或即鸡红之称之所由来欤。

新瓷之不甚细者,亦间有疙疸釉,但釉质发青,不难辨也。

釉汁中有小沫,起泡如碎珠者,谓之唾沫星。边圈不起泡沫,而若含泪盈眶者,谓之水眼。凹而缩者,曰棕眼。浅大而滋润者,曰橘眼。

康窑青花三兽瓶罐有浑写大意者,周身但作云片,并不以毛细如发为工致。语其娇翠,虽蔚蓝洒雨,无其丽也。

康窑客货大彩盘,所画人物每诙诡可怖,怪怪奇奇,千态万状。余不谙戏曲,不能名其妙。

百禄尊上画百鹿,又名百鹿尊。

雍正仿均大瓶,有掌大秘色釉数块,殊为奇特,惜满身小片耳。

百鹿樽以抹红鹿头为两耳,画鹿百尾,杂以树石,盖无足纪者,且新制甚夥,几不挂鉴家之眼。

淡黄色之釉,微微发绿者,谓之秋葵绿。

乾隆以后之胭脂红,往往釉质粗厚,颜色黯晦。明窑无所谓胭脂水,康窑亦然,惟康熙御制饭碗,有脂水写款。或有粉红为地杂以采绘者,其寻常康瓷无粉彩之说也。

脂水之杂以粉料者,是为粉红,命曰粉彩。若淡红宝石为末,则又不杂粉料矣。

墨彩之浓厚而发亮者,厂夥异其名曰黑彩。黑彩之淡薄而无光者,又区而别之曰墨彩。其实一物而已,曰墨曰黑,虽分犹之不分也。

墨彩专指画笔而言,黑彩则兼及质地矣。

康熙十二月花卉酒杯,一杯一花,有青花,有五采,质地甚薄,铢两自轻。采花以有黄色小兔者为最美,菊与荷鸳者为下。昔者十二杯不过十数金,所在多有。今则黄兔者一只,已过十笏矣。若欲凑合十二月之花,诚戛戛乎其难。青花价值且亦不甚相悬也。

定窑之牙色者，鱼藻纹有似浆胎也。其白色者，质地较脆，大开片，乃瓷胎也。

蛇、蝎、蜈蚣、癞虾蟆、守宫，谓之五毒。万历、道光颇杂以人物。康窑但有花草，画法尤恢诡。

雍窑白瓷大尊，凸雕仿汉六字楷款，甚精美。

秋葵绿小瓶，乃无康、雍官窑者。今世所觏，大氐道光窑耳。葵绿至道光，虽官窑小碗，亦殊不觉其可喜。

点作米形而放大者，攒凑成团，在豆彩中殊为低劣。其有凹雕影青仿作此等花样者，填以淡碧，亦下驷也。

康熙官窑彩碗，上画过海八仙而并无海水，面目秀异，身段灵活，乃叹康窑画手，非后世所及。吕岩有一弟子，捧书立吕旁，俗呼柳树精，顶上生柳枝，殊怪特也。又有一鹤一鹿，鹿旁立一童子，鹿前一女当是麻姑，后一翁脑绝巨，当是南极老人。寿星与麻姑，何时成一家眷属？世俗祝嘏者辄为之撮合，使人哑然。此则六旬圣寿贡品也。衣褶皆系淡色抹红，亦颇不恶。此后画笔益工，而殊嫌板滞，且一蟹不如一蟹。

釉汁忌搀粉质，亦忌矾质。二者黏合力不足，时或径行蜕落如泥金然，非磨擦之病也。粉质太厚，久而剥蚀，矾质过薄，自然飘散，均于手工、火力不相干涉。

涂粉为地，上绘杂花，粉固易于残褪，花亦因之不牢。若将粉质羼于它色釉汁之中，则为粉彩，且或较本质尤形娇艳，而露冷莲房，亦殊可惜也。

矾质少而他汁多者，又或上釉较厚，尚不至有此蜕之虞。

康窑彩画，红为深色之抹红，不知何故，且与它色釉质有平凸之殊，容易褪落，直如泥金。雍正以后红釉凸起，而又皆系粉彩，与明祭之大红宝石釉、积红之鲜红釉又均不相侔，岂大红、鲜红二种迄不能施之于彩画耶。今无所谓大红、鲜红者矣，恨不得起古人而问之。

釉里红，即是鲜红釉，而颜色略淡，岂鲜红之釉仅能施之釉里耶。

近世红釉之劣，殆无与伦比。

粉彩云者，不专指红色而言，黄、绿、茄、紫亦皆有粉也。

搀粉之釉，不独彩绘为然。所谓一道釉者，亦莫不有粉也。

有浓深之釉，有浅淡之釉，有和以粉质而成浅淡者，有不和粉质而自来浅淡者，有和以他汁而亦成浅淡者。

同一手也,用之此釉则鲜明,用之彼釉则黯败,则釉质之有美恶也。同一釉也,此人画之则鲜明,彼人画之则黯败,则画手之有优劣也。画瓷者之用釉,犹之书家之用墨,绣工之用针,此就绒光墨采言之,尚未及美术之作用也。

优劣相去万里,其发端甚微。此人之结构,巧亦恢奇也,拙亦恢奇也。彼人则无巧无拙均堕入恶劣一派,一则颦笑皆工,一则笑啼皆罪。东施捧心,未免唐突夷光矣。书画家之与瓷品,大氐不甚远耳。

宋元器皿,不厌古拙,近世官窑胎骨以薄为贵,宋元亦有甚薄者。以轻为贵,釉汁以匀为贵,以润为贵。

先挂绀色厚釉,再挂微黄、淡墨之绿釉,则为鳖裙。

罩釉一次者命曰纯色,所谓一道釉者是也。而鳖裙一种,系以此一色之釉,蒙而罩之彼一色之釉,则仍谓之纯色也。

红、黄、蓝、黑、绿是分五色。得其一色者谓之色釉,参伍而错综之则成彩矣。凡挂一色之釉者皆谓之纯色釉。

白釉谓之本色。若茄色、葵色,皆间色也。

先画彩花后填色釉,则谓之夹彩。

先施圈阑,内绘花彩,外填色釉,则谓之开光。

开光器皿亦有不填色釉,而于界阑之外,满画各色锦纹者。锦纹类仿宋制,色目繁多,名称不一,而以"卍"字与串枝番莲为较多。

釉汁中含有水星如小珠,历历可数,曰水眼。若起泡沫与膜质,则不得冒此名称矣。棕眼较巨,缩而凹,亦谓之鬃眼。

豇豆红与淡茄不甚相远,而较之淡茄尤觉雅驯,以满含水眼者为最难得。若稍涉灰败,则命之曰鼠腊,俗谓之耗子皮,斯其劣下者矣。

宣德以红胜,有似康熙。成化以彩画胜,有似雍正。成彩固不易多见,近则宣红之佳者,亦寥寥如晨星矣。

明瓷青花笔筒,往往沿口凹雕一围,填以影青,画笔工致,无款识,瓶觚亦然。而官窑之有款者,笔意转粗,抑何也?

瓶中之观音尊一种,高二尺以外,三尺以内,式样佳妙,群相推重,以青花五彩为最多。其较小者,高不过一尺,青花犹时一遇之,五彩则罕觏矣。红色厥夸明祭,大小毕备。再小者不过数寸,顾瘦而纤跌,所谓豇红苹绿者也。棒锤为通常格式,青花五彩与观音尊略同。惟盈尺小瓶,亦颇多彩画耳。

粉定种类不一，胎有厚薄，色有牙黄、粉白二种，花纹分凸雕、平雕、彩画三种，有开片有不开片。宋为上，明次之，至乾隆而止。

永乐窑有一种素碗，俨露瓷骨，瓷骨云者，未上釉之白瓷也。以质薄如纸而内有影青雕花者为上品。

有一种积红瓶，高才及尺，色颇鲜艳，寻常白釉底，而有青花一"天"字，然又甚小，不得以康熙朝之天字罐为比例。其式样盖在铎铎凳、玉壶春之间，乾隆东青、茶叶末两种，多有作此式者，则仍乾隆时物也。

雍正窑变达摩像，高尺余，袈裟宽博，兜风尤巨，似步行江风中，飘飘欲动，赤脚草履，头上戴有软兜，面貌秀野，无狰狞之态，面及手足未上釉，刻工精妙，一物隐肩后，系以芦干络草帽，而扛之肩上者。

乾窑如来趺坐像，亦高尺余，金身蓝髻，座涌莲花，袒一臂，披袈裟，系乾隆初年之胭脂水，亦颇鲜艳也。

协理窑务笔帖式六十四，人名也。所塑神像奕奕有精彩，辄用青色题名于神之背后，盖雍正以前之官窑也。六十四，乃窑官之监塑者，非工人也。

郎世宁系法国人，康熙年间所制之郎窑，乃江西巡抚廷极所仿，亦不止祭红一种，非世宁也。世宁游于雍、乾间，善用中国笔作画，尝为纯庙造像，亦颇参用泰西界画法。今之厂人以明祭为郎窑，荒矣。又以郎廷极为郎世宁，尤为可哂。

近日官窑之劣，不如摹古假伪者远甚。通常器皿大小二千余件，销价至六万金，尚属减之又减，核实开报，亦云巨矣。

日本甚重广窑，大氏盂、罐、瓶、炉颇称珍秘，而以灰地之晕蓝色者为贵。若紫黑之大鱼缸、状如荸荠灰白之大瓶、状又如方式之鱼缸，皆容水数石，颇饶古趣，乃无过而问者。

瓶之绝大者，高与人齐。西人置诸楼梯之侧，以为陈设。其二尺上下者，云以安顿电灯于几案之间，若五六寸者，视为最合格之珍品，以多为贵，既供玩赏，且插花也。

匋雅下卷

江浦寂园叟初稿

明永乐有凹雕款、青花楷款两种。成化楷法峭劲、姿态飞动。嘉靖、万历款字苍拙,惟官窑有之。宣德款如宋椠书,最有意味,其客货署年者,又颇瘦硬偭佪也。宋碗有政和款字,亦未穷其究竟。

康熙小瓶盂,皆青花六字款,不加双圆圈,笔意浑成,绝似宣德青花印合款也。若盘碗则皆加双圈,亦仿宣窑,但楷法清刚耳。雍窑大楷,时复瘦硬通神。论其工整有姿骨,或且过于康熙时。其康、雍之仿成化者,康极飞动,雍极雅隽。

康熙方圈楷款,则未之见也。仿明之外,又有开元年号,殆仿唐时铜器,而题此款耳。

雍正各款,自以双圆圈六字楷书为最多,亦有作方圈小楷者,皆蓝款也。其凹雕篆款,而罩以釉汁者,甚为名贵。

乾隆款识,多系青花六字篆书,俗所谓图书款者也。初年亦多双圈楷书者。若堆料楷款、凸雕篆款,弥足珍贵。其绿底抹红之篆款,亦官窑也。乾隆又有抹红款而非绿底者,较为希罕。

"慎德堂制"四字楷款,款外不画方圆之圈,笔法工稳,以抹红为最多,亦有泥金者。

嘉庆以后,官窑亦系抹红篆书款,殊不足贵。

康、雍青花彩瓶,客货无款者居多,而盘碗之采画者,又类皆官窑。若官窑,有款之瓶件,以一道釉为最夥。

嘉靖坛庙供碗,黄地红龙,细腰高足,碗内青花篆书一"寿"字,笔意飘瞥。

康窑之粗者,以黄、绿、茄三色为素三采。近出莲实三采吸杯莲实、莲叶各居其半数。于莲叶、莲实之外,别有莲茎。茎细而中空,以口就茎而吸酒以饮,谓之吸杯。甚多,既非官窑,又未经人用,不知所自来。惟一种不带莲实,但作莲叶式,底缀三小螺,中蹲一小蟆者,亦别有莲茎以通吸饮,较为细润近又出鸭子吸杯颇多。

均窑有紫、青两种。青者俗谓之月白,实渊源于柴周之雨过天青。康、雍两窑,青色益淡,再淡则为鱼肚白矣,其较深者厥称东青。至乾窑而有纹片,实月白、天青之化身也,后此则绝响矣。新制崛起颇有可观,亦仅能仿天青而已。月白一种，演为两派，天青、东青，双标峉峙。东青一派，又分而为二，近于绿色者曰豆青，近于蓝色者曰积蓝。绿之种类益繁，枝条百万，辈作朋生，而锁钥于雍、乾之窑变。蓝紫交汇而成章，紫之黝晦者，为墨彩、为黑彩，稍稍鲜明者，为祭红、为积红。自白而黑，与自红而白相距径庭，循环合轨，涂辙四出，五采混同，理有固然，无足怪者。

慎德堂十六子中碗，笔法甚俗，彩色亦劣。

咸丰官窑款之中碗，有大有小，各画十八罗汉，虽未能免俗，亦殊为精致，多系恩侯家故物。揣其年岁，当在洪、杨倡乱以前，维时距道光甚近。瓷地雪白，乃与慎德堂不相上下。

瓷品之画花鸟者，鸟不可甚大，花不可甚小，反是则于画理欠合。又画龙不宜于写正面，虫、鱼、鸟、兽，又莫不然也。

海盐朱氏《陶说》谓：吕爱山冶金，朱碧山冶银，蒋抱云冶铜，赵良璧冶锡。今则铜器且不得一见，所谓金银器、锡器，更属无从寓目。大氐金银各器，典守颇严，不至遗失。其流落人间者，又必熔化兑用，销归乌有。此金银不如瓷铜之一证也。

市肆之颇巨者，以萨阁学之尚古斋为最早，国老之尚德堂为最久。若顾少洲之永珍斋，穆老恩禄之瑞珍斋，亦其次也。乱后，贾氏兄弟瓷品尚多，而海王村则日益萧瑟，自延清堂外，或几乎息矣。大吉祥斋弢光匿景，西商犹颇踪迹之。

西人之贩古瓷者，美曰陆安格，即红客也。英曰大巴，法曰小郎，犹太曰讨饭鬼，皆商贩耳。若法之樊国梁、美之毕德格，则一为教士，一为人舌。庚子后，日本商渐多，亦沪客之流亚耳。

古之瓷学家，吾不得而见之矣。绍兴倪小舫署正，与大宗伯延煦同时，一则贮储较俭，一则散亡略尽。此后则胡葵甫方伯_{湘林}暨张樵野尚书，并有声于时。吏人史某讴伶余紫云，亦薄有藏弆。粤东通商最久，渐染欧风，一时研究瓷学者，时或多于他省。张故粤人风流递衍，于是黎颜两君涉猎藩篱，窥见奥窔，小车入雒，各擅胜场。若香山尚书、新会中丞，皆鉴别精审，摆脱凡近，以视某相、某大臣、某侍郎兄弟出身秘苑，殆尤过之。郑部郎识力亦佳，第微近市道。市道之极者，莫如某卿矣。某大臣以监守自盗起家，贵后不肯居其名。某卿彰明较著，惟利是视，而风骚衰歇矣。市侩习与西人居，乃为效颦之态，殆不可以一二数。浔有两太史，又颇知措意斯道，惜魄力稍弱，复不能专精一致耳。陶氏附庸风雅，近更稍稍蓄瓷。婴公比部，昔唯以石雄于世，藏瓷甚不多，而品格殊妙。琴归端居研究，所诣颇深。渭南眼界如何，虽不得而知，本其素蕴以发为诗歌，自是雅人深致。老夫阅历三十年，当代瓷学家盖无一不知名者。倦游人海，著述自娱，可喟也已。

美术尊重画工。古人锦玉瓷铜，四者迭互临摹，此锦纹开光之瓶罐之所自也。踵事增华，精仿宋元绢画人物故实，几于笔笔有来历。后之客货推波助澜，图绘小说演义，泛滥及于戏剧，虽曰荒唐不经，要其态度俶诡，足以发扬蹈厉，使人忘倦，盖自朱明以来而已然矣。

崩釉者，暴也。色釉、五彩皆患之。

瓷玉瓶件，模范式样，亦都规抚汉铜，不独画片然也。余所见白玉器皿，多与《西青古鉴》所绘之罍、缶、斝、卣形状相侔，每件动值千数百金，不可觏缕记述。类多纯庙时物，物力良厚，西人亦颇以重价购之。余每觉玉器趣味，颇少减于古瓷，故亦略而不详。其实周汉铜器，又皆渊源于有虞氏之陶工，由陶而铜，由铜而玉，复由玉而瓷，更迭循环，终亦合而为一。不过精粗工拙，大有不同耳。

釉里红虽甚希罕，而人多知之。釉里蓝知者盖鲜，此种康窑大瓶，龙身夭矫，青云缭之。

磨底之物，证以细沙，定为雍正朝所造作，亦甚有特识矣。浮梁县境，土膏告竭，层累而降，益属粗材，而不尽可凭也，此非后世亦有细沙底之谓也。有一种粉白小罐，口上蟠有胭脂红凸螭，细沙磨底，盖雍正小瓶之绝胆者。运以真坯假彩之法，脂红粉白悉系伪为，螭亦新坯黏合，沿口薄上釉汁，皆赝制也。物希为贵，而太不经见者，必有可疑。盖匪独罐也，瓶亦有之。

近日雍正粉彩小罐，数见不鲜。脖有细项，似有盖而遗失者，以"巨德堂制"四字蓝款为较多，彩色画工亦似雍正时物。余以底足之沙眼甚粗，决为赝本也。

仙女之杯，粉红为衣，绕以彩云，款系墨彩，如"坦斋"之类，杯阴或书"富贵神仙杯"字样，大同小异，多系赝作。瓢公持论主宽，特具极新极旧之职，宵民之作奸者多也。余惟刻苛峭深，日抱极旧极新之惧，奸人之作伪者盛也。

近日伪制风行，胭脂红几胜嘉道，但微闪黄色，渣滓未清，颇欠澄静，究远逊于雍正，望而知为新釉。其淡刷天青一种，弥足夺真。粉彩最有揣摩，瓷地洁白，质亦极薄，底沙甚细腻，而碧色不鲜，颇似菜绿，语其茄黄，又皆黯寝不扬，能辨之者，微乎微矣。

康熙彩盘上绘山水人物，有似斩然未经人用者，殆一瓢所谓极新极旧者也。太阳一轮，金彩夺睛，决非近代所能仿制。盘系客货，不得辄疑为禁品，岂真三晋旧家，藏庋至二百余年之久，而不一开箱笼者耶？

玫瑰紫盘，直径约五寸，表里如一，圈足抹以芝麻酱，虽无蚯蚓走泥印，亦宋物也。以广窑呼之，枉矣。

雍正官窑款之素瓷杯碗，较之未经上釉之明瓷瓶罐，尤为繁夥。一入精于伪制者之手，而素者彩矣。杯则现极精之花鸟，碗则一例过枝，最喜用紫墨淡颜不甚习见之彩料，猝然相遇，难以辨别。若责以朱红、硬绿，则图穷而匕首见矣。

雍、乾料款精品，多画月季、蔷薇诸名卉，秾纤繁艳，鉴家宝之。画者自署印曰"金成"，然则瓷界中之作手亦有偶传其姓氏者矣。

宝啬主人与诗人李鹰锴交颇密，故制瓷不俗。

彩瓷册页，以康窑为最精，花树几榻，色色奇妙，颜料亦极为鲜明。其画手之高，直有匪夷所思，至于不可思议者，惟嫌于亵嬻，搢绅先生难言之。详见《世界瓷鉴》。

近时发现雍正款积红瓶甚夥，皆玉壶春式，颜色斩新，经售者常悚然不宁，不敢以视明眼人也。今亦十不存一矣。

监守自盗者，以新换旧，以赝换真，虽有削瓜者之严明，而亦未从研诘者也。

苹绿花瓶，满身苔点，泛泛于桃花春浪间，岂不美哉。惜大者下刻荷瓣，小者底足不稳耳。其略似油锤而哆口者，殊不经见。

雍正天青大瓶，有能容五斗米者，状似玉壶春。而口逾侈，腹逾皤。又有豆青小瓶，高不及尺，状亦如之，而价相若也。

雍正官窑款茶叶末大扁瓶，有凸纹甚巨，系仿汉铜者，式既修饬，色尤殊艳。

官窑款识之彩瓶，甚不经见。雍窑粉彩大瓶，双圈六字款，高二尺，式样绝美，颇似美人肩而略肥，上画白桃花一枝、红桃花两枝，所谓碧桃者也。画笔生动，娇丽无匹，使南田命笔，难以复过，惜不著画者姓名，以视"蝴蝶落英"四字雍正款者，不啻海若之于河伯矣。蝴蝶落英瓶自项至口每作竹节式。

雍窑鼻烟壶,多浑圆而长,有青花,有夹紫,有开片人物戏剧,皆奕奕有神。

道光窑鼻烟壶,以蝈蝈著名,以有篾丝笼及葫芦、冬月养蝈蝈之具。花草者为最佳。其彩画二女各弹琵琶者,大氐一满装、一汉装,虽未能免俗,而神采如生。

元瓷大盘中晕紫色一大片,殊为艳绝,不必其为鱼也。边墙浅而直,与今式迥异。其宋瓷无紫釉者纹片雅靓,光色幽沈,尤足倾倒辈流,盖哥哥窑也。

康熙棒锤式黑瓶,金彩山水,密林陡壑,甚似黄鹤山樵。

均窑紫色与月白并重,后人则尤重紫色。其实紫釉之干涩,而无蚯蚓走泥纹者,远不及月白莹润者也。月白而能莹润,则仿柴之雨过天青者也。

蚓走泥之直下者,又谓之泪痕,盖泪痕之润者,亦可称为蚓走泥。非若蚓走泥之干枯者,不得概以泪痕目之也。

瓷器之别致而残缺者,使人可惜。玉器之完全而恶劣者,使人可嫌。世之君子,宁使人可惜,毋使人可嫌。

山魈、木客,狰狞可怖者也。蜇虫粪蛆,龌龊可憎者也。余所见瓷画标本多矣,有可怖之鬼怪,而无可憎之蜇蛆。

骨董家最重别致。一变而为俶诡,再变而为华贵。华贵不已,流于糜费,误入歧趋,遂成恶劣,而不可救药矣。雅郑之辨,理本循环。清浊之殊,造于一念。差之毫厘,谬以千里矣。园蔬与珍馐,瓦缶胜金玉,所谓别致者也。披萝带荔、吞刀吐火,俶诡之谓也。金题玉躞、威凤祥麟,华贵之说也。翠羽饰于屏幄、白玉镂为楹联,则糜费矣。珊人之面目皆红、玉女之眉发尽白,则恶劣矣。大氐山川、人物、花鸟、虫鱼,不写生于画师,而乞灵于珊玉,此恶劣之所自也。卧游代车马之劳,尺幅有千里之势,则写生之妙也。绫绢之寿不如纸幅,纸幅之寿不如瓷品,瓷品太脆,又娇于纸绢。素纸素绢,不如素瓷,纯色之釉更仆难数,较之彩纸彩绢,其为优劣,何翅霄壤。且瓶可插花、炉可焚香,杯壶尽斟酌之欢,盂合佐书画之兴,又非若纸绢二者,仅能张之粉壁、装潢卷册而已也。然则骚人墨客,矜为画师,而耻为瓷工,果何故耶?寄托在笔墨之表,传神于阿堵之中,固非纸绢不足以发其奇也。纸绢之与瓷品,其能巍然并存,而不至偏废者,其在斯乎!其在斯乎!中西画法迥异,故西人之重纸绢,初不逮于瓷品。晶玉之陋于瓷品，亦犹之锦绣之亚于纸绢也。以人物言之，纸绢瓷品而外，檀梨木也，脂翠玉也，浅雕者添配陈设花木之类，即稍愈于透雕，搜空者谓之透雕。透雕者又颇逊于单个，即佛像一尊之谓。单个者不乏华贵之姿，而镶嵌譬如雕檀梨为山水，而别以玉人镶嵌其上。者，实茹恶劣之毒。水晶、羊脂、弗及檀梨、紫铜之较为雅驯也。铜寿最久，而敷采设色，难比瓷绢，遂让一筹。至以珊瑚、翠玉雕为士女，则至恶极劣，莫之能医者矣。彼以刻工为能事者，刻士女不若刻樵牧，刻樵牧不若刻佛像，刻佛像不若刻鸟兽，刻鸟兽不若刻夔龙。盖夔龙颇仿古文，不棘于目也。蛟螭胜于龙凤，锦纹胜于蛟螭，花木胜于山水，鳞介胜于人物，此檀梨雕刻之大凡也。就瓷品而论，青花则取其沈静，五彩则喜其豪宕。士女之文秀，莫如甲士之尚武，亦各有所取材，难以限于方隅者也。几之四足，而琢为琴剑之式。树之花叶，而缀以象贝之珍。摹雅而愈形其俗，求华而适以得窘，此之谓恶劣，今因说瓷而牵连及之。

　　康熙青花大瓶，西人亦甚重开片。若下半有牛毛纹者，不以开片论，盖西人之所摈也。

　　康窑青花人物，以身段较巨、诙诡尚武者为可喜。

　　近代官窑，莫非景德镇物产，而市人每以彩瓶之绿里、绿底、乾红即抹红。款识者，不论官窑客货，辄别其称谓曰九江瓷，可哂孰甚焉。瓷之绿里绿底及黑边黄边者，皆取人憎厌，未能免俗者也。喇嘛庙中所出之先朝供品，式样花纹亦颇嫌其俗，又多系绿里绿底者。

　　宋均之均通作钧，以其出自钧台也。惟均字沿用已久，是以今世新窑，款称钧窑均制，实不可通也。若书作宋钧，人反不知所谓矣。

　　乾隆款小碗，画墨彩喜鹊二十只，妍丽无匹，又杂绘他色花木，较之慎德堂黄地群鹤饭碗，有霄壤之别。

　　土坯而发现有金碧之光彩者，殆亦岁久使然。近出奇式甚夥，如碗有横柄，非圆非方，杯有两翼，既平且长。此外，屋形、塔形并猪、鸭、狗、马肖生之像均甚古拙，大氐冢中物居多。

　　一切器皿，皆谓之陈设。

　　碗开圆光，各画一欧罗巴人，且有盘外涂以胭脂水、盘内画一西国装束者，皆系乾隆客货。画笔较粗，殊不足珍也。

　　乾隆官窑瓶件，有画极精美之洋人，更有牵一洋狗，而狗脸涂粉，神采奕奕者。

康窑抹红地之彩瓶,往往开有圆光,红既残褪,彩亦黯淡,而大腹贾宝之。

唾沫星之所以异于水眼者,则以釉汁中所凝之水质有无泡沫为别。

唾沫星之起沫者,其泡质中空,水汁不匀,有似卵幕。即蛋膜也。若水汁晕于四围,逼成无数圆形之小点,而星星不散者,则精华之所凝沤也,故水眼为旷代一遇之绝品。

窑变仿均,青紫交汇,如残烛之泪涓涓下垂。

茶叶末纹理之佳妙,有若干音甘。泥团之疏散于水中者,且其渐渐晕开,汇于底足,围绕周遭,直如鳝鱼腹皮之姿态流动,又于窑变外得少佳趣。若广窑釉汁,本系青灰质地,而有极艳之蓝色,晕成纹片,亦足为苹果色之歠绿雾者,助其后劲。

茶叶末以滋润、鲜明、活泼三者为贵,广窑苹果绿亦然。若苹绿而干枯板滞,虽宣德名窑亦适足为累矣,而况于广窑乎？况于茶叶末乎？

茶叶末黄杂绿色,娇娆而不俗,艳于花、美如玉,范为瓶,最养目。

嘉庆窑小酒杯,抹红六字款至无足贵,而能备赤金、茄紫、粉红、抹红、天青、蛋青、鹅黄、硬绿及赭墨诸色,画笔亦甚有可喜者。详见《斗杯堂札记》。

乾窑瓷品,不但画碧睛棕发之人,其于楼台花木,亦颇参用界算法,命曰洋彩。

范铜为质,嵌以铜丝,制为花纹,中填色釉,厥为景泰蓝。范铜为质,不嵌铜丝,满浇釉汁,加以彩绘,厥为洋瓷。质系华瓷,笔法迥异,参用西算,有类界画,厥为洋彩。铜地而瓷画者,洋瓷也。瓷地而界画者,洋彩也。

道光窑人物,喜画《无双谱》,甚不见佳。

康窑无款小采瓶,作美人肩式,长不过三寸,杂画草虫,沙底螺纹十数道。雍正官窑小采瓶,式样甚多,以马蹄尊画二绿螭者为较美。

豇豆红之黯败如乳鼠皮者,指康熙小瓶、太白尊、扁盂而言。积红之黯败似猪肝者,指康、雍、乾三朝盘碗、瓶罐而言。虽有官窑六字款,而价亦甚低。若仿制之宝石釉,果其颜色鲜艳,虽斩新皿物,值又颇昂。公卿舆台,本无种子,人贵自立,岂不信哉？是以道光彩画之殊绝者,且与康彩比贵也。

某一朝之玉器,其形式状态,亦略与某一朝之瓷器相仿佛。有黄玉盖碗,遥而望之,知为乾隆时代物,盖于其式样决定之也。

乾隆墩子式之三果彩碗,语其式样,则宽博敦厚。衡其画法,则整饬工致。论其采色,则鲜腴停匀。亦普通之佳品也。道光仿制乃不差累黍,非翻视款识,几莫之能辨。嘉道之抹红地十六子彩碗,直追康窑,是以价值亦不甚相悬。

新瓷式样以仿旧为能事,而旧瓷式样又以翻新出奇为尽态极妍。于是乎一代有一代之制度,一朝有一朝之精神。

雍窑东青钵缸,厥底浑圆,余所拟为不倒翁者是也。上有圆盖,盖内有双圈六字楷款,其与豆青瓷豆正复相同。

青花夹紫盛于康窑,釉汁之最能耐久者也。或青云而紫龙,或青干而紫花,或青爪而紫翎,或青字而紫印。贤臣颂之笔筒是也。此种紫釉,多夹绿点,直与釉里红无异。

洋瓷以乾隆朝有款者为最精。盒则锦地开光,小瓶则黄地花朵,皆系妙品,然不如女神像之珍秘也。

洋瓷款识,亦以胭脂红为佳品,天青次之。

乾隆堆料款,有天蓝铁线篆,笔意精美绝伦。惟所画花卉,团簇繁丽,略如古之锦灰堆,且多系黄地,不如白地者之疏落纤秀也。白地花卉,以有翎毛或草虫者为弥旨,而西人固不重白地也。

远镜与电话二者,使吾华古人闻之,必以为妖异也。有思想而后有形式,而后有世界,理想所有皆实象所有。明瓷大瓶,每多彩画《封神榜》之千里眼、顺风耳,何其与今世纪不谋而同符耶?是故以理想入画者,终当征诸实验,余言岂妄哉?

一瓶之式样,千变万化,无有穷期,故瓶独尊于他品。

簋内瓶破,若沟中红叶流出人间。瓷片作浅青色,质厚而粗,盖唐窑也,较之霜雪轻坚、扣如哀玉者,殊不侔矣。

均窑方式坐礅紫色亦美,而坯质泥松,同符朱说。

宋紫最秾丽,至元世犹有鱼釉之称,然已婢学夫人,后此竟绝响矣。康红最嫣,超轶有明。雍窑亦颇能嗣音,乾隆以来江河日下。故好紫者,必推宋元,怡红者,止于雍、乾。

粉定至沈静,而边有三魔,一犯之则蹉跌矣。曰黑边,曰黄边,所谓紫口者也,曰铜边。之三边者,古之所重今之所轻。

墨釉狻猊,身如狮而角如羊,极有威猛。

釉之剥落者,彩绘之釉,其釉易补。纯色之釉,其釉难补。

苹果绿者,三百年物也。苔衣成片,杂以霞珠,寂坐丛篁怪石间,瀹茗焚香，眷言相对，较之明祭华贵，粉定幽娴，益觉隽而弥旨。

红瓷奇彩眩眼，不能逼视者，盖明祭也。

祭红不始于郎廷极，厂人乃误为郎世宁，且以雍正、乾隆间之欧罗巴人为明人，又况郎廷极所仿者以成化彩为最多，何独以祭红属之郎窑耶？明瓷红碗类多铜镶其口，雍、乾时代何尝有此制度。或曰郎窑乃南窑之讹，譬彼绿色底里者曰九江瓷也。官窑品物无论采绘与色釉，今孰不自景德镇来者，而必于绿底绿里之瓷，乃区而别之曰九江耶？南之于郎，亦恐蹈望文生义之消。今遇朱紫伟厚之器皿，若苹果底若米汤底者，倘不以郎窑之名名之，则市人皆弗详所指，且鲜不诧为倒绷孩儿者，呼马呼牛，余惟从众云尔。

明祭之鲜红而亮者为玻璃釉，其黯晦者为橘皮釉。

明祭之鲜红而亮者，亦有厚釉薄釉之分。

红之中有绿，亦窑变耳。其细碎而凝结者曰苔点绿，其歊散若烟雾者曰苹果绿。

瓶高约二尺，口有双边，项较细而颇短，自肩及踵占七分之五，直若截筒，围径二尺弱，曰硬棒锤。上杀下丰，口巨躯短，长约六七寸者，曰如意尊。二十余倍如意尊之大，而有两鹿头为耳，彩绘百鹿者，为百禄尊。

似如意尊而肩长及项，项长及口，由瘦以入肥，而又苗条有姿致者，曰美人肩。似太白尊，而口大数寸，状如马蹄者，曰矮马蹄。盖水中丞也。

状似美人肩，而项短腹大，口颇侈者，曰玉壶春。

状似美人肩，而自口至项均甚细瘦，并不以次递加直至腰腹而突然膨脖者，为油锤。

形如油锤，而项甚肥，直下若截筒者，曰饽饽凳。

瓶高二尺许，口侈，项较短，肩围宽博，下及于胫以次稍稍递减，自肩至胫占五分之三，胫与项相若也，口与底相若也，胫及于底又稍稍加丰，则谓之观音尊。

器无论方圆，周遭量之谓之围径，对直量之谓之直径，亦谓之对径。

康窑蓝绿皆浓厚，故曰硬彩。雍窑则浅淡而美观，有粉故也。其无粉者，亦靡以他质之淡汁，在着色中推为妙品。乾隆初年去雍未远，倡条冶叶，不乏奇丽之观。中叶以后，深厚固不如康熙，美丽亦不及雍正，惟以不惜工本之故，犹足以容与中流。嘉道而降，画工彩料直愈趋愈下，而极精之品，犹自有不可埋没处。

万历五彩，草昧初开，往往显其拙相。康窑画笔老横，殆雍正一出以峭丽，皆非寻常匠手所能几及。乾隆惟以工致擅场，殆少奇趣，此事虽细，亦颇关气数，不可强也。嘉道以后，循规蹈矩，未尝不黾勉学步，而出神入化之绝艺或几乎息矣。

康、雍彩碗，边作古锦纹而开光三五，中绘花枝者，皆客货也。式样极浅，宜于张挂，论盘中之画花卉，更劣于人物，而杂绘牡丹锦鸡。此种康窑画笔尤为粗率，千篇一律，所在多有，且赝品至多，极为可憎。若雍窑之面盆，往往并无款识，而作彩花数朵，疏密相间，美丽殊伦，其盆又皆细沙底也。

康窑佳式之瓶，以观音尊、大棒锤为最多，然多系客货。有双圈底，有双圈秋叶底，亦有无圈无叶者。偶遇有款之瓶，大都仿题成化，或且于款之四周彩绘龙物，要皆一例豆彩，无所谓硬彩也。其所谓硬彩者，盖往往无款识也。豆彩成化款者，郎窑也。

康彩小棒锤瓶，画笔尤粗。若小观音尊，则不经见也。

粉定盂洗，凸雕花卉，而以双鱼为名贵。其双鱼之中，雕有篆书"富贵大吉祥"或"宜子孙""宜侯王"等字者，弥复难得。若康熙以前之白瓷大开片而又有双鱼者，亦足珍也。

洗面者谓之洗，即面盆也。其次洗手，其次洗笔，亦皆谓之洗。小至荸荠扁式之红盂，乃水丞耳，而亦谓之洗。故洗之大者曰盆，洗之小者曰盂。

乾隆积红略分三时代，初叶似康、雍，末叶似嘉道，嘉道之积红，已属亡赖之尤，再后即无所谓积红者也。

何以谓之豆彩？豆者，豆青也，谓釉色之青如豆青者也。豆之青者，有深有浅，厥色亦至有不齐，大氏淡于康窑之硬绿也。纯色曰豆青，杂以他色曰豆彩。康窑之仿明人物，颇多绘画豆彩者，大氏杂彩花纹，独以豆青一色占其多数，故别其名曰豆彩。豆彩始于康熙，盛于雍正，而式微于乾隆，嘉道以后殆未之见也。或谓豆彩声价远逊粉彩，盖又不尽然。豆彩花样，如果与硬彩无异，诚不能及硬彩之昂贵。至于粉彩相较量，更当以画手之工拙为论，断非仅就彩色言之也。彼次等官窑之盘碗，往往点绘花纹，无所取义，近似攒凑，观者视如劣品。遂有目豆彩为逗彩者，言其彩色碎点妍逗而成者也。亦名之曰斗彩，言杂彩鳞比，若斗者之争竞激烈也。古者瓷学迄少专书，辽村贾胡，望文生义，洵可哂也。

豆彩言人人殊，大氏市侩俗流，转相附会，古书散佚，久而阙传。近代绩学之士，又都有力者鲜也。其稍稍有力者，亦见不及此，骛远谈高，罕有专家之考据。自笠亭传本外，此调乃成绝响矣。至祭红、积红，均以宝石为亚泽，笠亭犹不免自歧其说，矧其下焉者乎？

尘星之晕成黄色，自为片段，若炒米釉者，或亦谓之鹧斑，不独兔毫盏可与媲美。近出建窑乌泥鳖碗，类多有兔毫者。

有釉里红，有釉里蓝，有红蓝相间者，有独为蓝色者。

乾隆之釉里红，亦偶有苔点绿，然退化甚锐，后此则真黯淡无聊者矣。

苔点绿始于宣德，而迄于康熙，若雍窑之粉色积红，偶杂苔点，亦殊患其有尘星也。

尘星在白瓷中，为历年久远之证，若羼入苔点绿中，殊为减色。

宣窑之苔点大而鲜，雍窑之苔点细而暗。

若晕成一片之苹果绿，惟康窑有之，此其所以独绝也。近世欧美所发明之新理，必非亡谓矣。

雍窑之美人祭，乃祭红之淡而艳者。美人霁，其俗称也。康熙实只有苹果绿，初无所谓美人霁。沪滨以美人祭属之苹果绿，不误而误也。祭红之淡而艳者，有似牡丹之嫩蕊，熹微朝露，而又光采焕发至为匀净，丝毫不杂以他色。

豇豆红与茄皮紫之所以分别，辨色甚易，而名言甚难。豇豆在若鲜若黯之间，过鲜则为茄皮紫，稍黯又成乳鼠皮，语其难能可贵至于不能形容，宜乎世之重苹绿者相提而并论之也。

登峰造极，各有独到之处，而不能以相掩也。曰均紫，曰宝石红，即有明之祭红，国初之红郎窑也。曰苹果绿，曰豇豆红，曰美人祭，皆积红也。曰胭脂水，曰雨过天青，曰粉定，曰吴十九之卵幕杯。至于硬彩粉彩，则又争妍竞胜，各出其奇，不可执一端以为名言者也。

别致而有特色者，曰粉定夹彩，曰胭脂水夹彩，曰凸雕粉定，曰葡萄水。

若积红、西湖水、秋葵绿、茄皮紫、新橘、抹蓝、生蛋黄、鸡油黄、窑变仿均，抑其次也。若茶叶末、鳝鱼黄、古铜彩、东青、豆青、影青，又其次也。下至积蓝、鱼子蓝、抹红、建瓷之属，又次之次也。惟青花一种，优劣相去万万，亦正与五彩同。

有一种盘碟，表里皆如浓深之积蓝，而釉质发亮，亦名曰玻璃釉。康、雍、乾三朝皆有之，略有似于毡包青也。

料质烟壶,有倭瓜即俗所谓北瓜也。瓢、西瓜水红色。各色,而瓷质曾不经见。余不贵料质烟壶,而有时亦破蓄之者,则以瓷品瓶件所未备之色,不得不借料质烟壶以弥其缺憾也。

乾隆古月轩料器彩画之工,旷世一遇,若瓷器之填料款者,亦只曰仿古月轩款耳,不必其轩中藏庋之品也。

明祭之与郎制,后先晖映。橘釉不如亮釉,薄釉不如厚釉。

宣红橘釉近紫,虽甚黯晦,实颇高于郎制。

红瓷大观音尊及盘碗之属,无论苹果底、米汤底,皆有仿哥冰纹,大氐朱明故物。其白釉涂底面并无冰纹者,或又郎制为多。

雍正朝年希尧所制青花小罐绝夥,彩瓶亦精致。今世肆中惟一种积红小瓶目为年窑,他不之省也。

雍正官窑大瓶,式样略似如意尊,所画红梅、水仙、山石、草地与雍窑过枝彩碗甚相似,有天竺豆而无翠竹,此其小异者也。水仙精妙绝伦,葳蕤垫角,尽态极妍。梅树下鹡鸰厥数有九,三只在地觅食物,二只交翅宛颈,两吻相接,其一高张两翼飞且行,又非脂水宫盘所能几及者矣。

后周雨过天青,不可得而见之矣。赵宋所仿之青瓷,即今所谓东青者也。宋哥弟窑之雅靓者,殊耐人咀味。

日本绝重广窑,谓其国某氏来华所制,声价乃过于宋均,亦好事者欺人之语耳。

积红器皿,红釉中杂现白花,微微凸起,乃本色之釉,命曰露骨,而以蝶形为雅饬,即《博物要览》所载西红宝石烧出鱼形者也。

影青双龙小杯,凹雕"大明宣德年制"楷款,而款上又颇罩有釉汁也。

纯庙御笔所钤极小玺章,上圆而下方。圆者阳文 即朱文也。曰"乾",用卦文作三画。方者阴文即白文也。曰"隆"。亦多有施之瓷品者。

康熙彩瓷之画人物,女不如男,文不如武。

胭脂水两面色釉之器皿,最为殊特,实与夹彩珍品同称罕觏。雍窑海棠圆式小碟,直径可四寸,六字双圈楷款,四角各有凹直线一道,鲜艳殊绝。

凡所谓六字款者,皆"大清某某年制"六字。凡所谓双圈款者,皆大字楷书,圈作圆形两道,其方圈两道,皆小楷也。篆书六字方式者,俗谓之图书款。

万历小酒杯,四字楷款,画两儿于上,一衣抹红,一衣豆绿,绿彩尤鲜明,亦希罕之品。

康窑影青双龙杯,虽不如吴十九卵幂之精,亦颇称难得。雍窑豆彩番莲杯,嵌有喇嘛奇字者,式样尤极可爱。

雍窑天青酒缸,高五六寸,口径三寸弱,底径二寸强,底系六字篆书凹雕款,上蒙色釉,亦贵品也。

雍窑积红酒杯,内作鸡心窠_{杯心圆而略深,以次递锐,谓之鸡心。}者,式样绝美,六字双圈款,沿口泛白色,在积红釉中亦最为鲜妍,式样最小,宜斟汾酿,予在王城二十余年,特仅一遇耳。

成化四字款酒杯,冰纹入骨,颜色葱翠,俗之所谓绿郎窑者,紫口铁足,世人乃不知宝贵。

六字款横者三行,直者双行。

东青唾具,雍正六字篆款,高尺余,口径半尺强,牛毛纹绝雅饬,又神似甚矮之花觚也。

雍正仿均花盆,状如灵芝,大如折箠,而有四足,篆款极优美。

雍正仿均,以淡色东青为质地,和以紫釉,散如杂星,亦颇夹灰墨小点,而青紫交晕,天然浑合,甚难觅也。

釉质甚平,而内现粗纹,屈曲蟠折若蚯蚓之走沙泥中,均窑、汝窑皆有之。均窑之莹润而直下者,则谓之泪痕,鉴家辨乎此,恒决为真宋物也。

雍窑扁瓶,腹之左右两端作圆形,口横而方,较腹为小,底相若也。双耳式若飘带,东青色牛毛纹,古趣盎然,耐人寻味。

圆罐之稍长者,高及尺,肩耸博,左右各有半圈形,盖凸雕而罩以釉汁者,俗谓之日月罐,以东青色乾隆篆款者为多,惟康窑始有积红耳。

深绿之有棕眼者,谓之新橘,_{橘之未黄者也。}近墨者为鳖裙,近黄者为蟹甲,此三者为一类。

瓜皮绿分二种,一小开片,一无片,而皆有光彩。

雍窑新橘小缸,表里一色,周身鬃眼,细沙底刻篆款其上。

抹红款甚不足贵,而"慎德堂"独为秾艳,楷法亦不恶。

广窑凹棱小酒杯,中有蓝晕,外有极淡色之朱砂斑,若指螺所印者,价值奇昂。

乾隆积红美人肩式花瓶,六字篆款,颜色微紫,而有金彩梅花,笔法良美,其特色也。

绿瓷造端于青瓷,绿之浓厚者,为瓜皮绿,为新橘,其微黄者为蟹甲青,稍黑者为鳖裙。若鹦哥绿则近于浅蓝,亦殊葱翠,然不为时论所重。若葡萄水,若苹果绿,则超超玄箸矣。彼秋葵绿与西湖水,二者亦颇足珍也。此外茶叶末又分深浅数种,且有鼻烟与菜尾之殊,殆难可一二数也。惟豆青一门,宜以绿色当之。若东青鱼肚白,则渐远渐淡,入于素瓷本色矣。苹果绿不在诸绿之中,而独超然于诸绿之上,不亦奇耶?

积蓝、玻璃蓝即亮釉之蓝。最深,有芝麻星者为鱼子蓝。天青乃蓝色之甚浅者。东青色颇淡,而可入于蓝,可入于绿。

积红夹彩一种,宣窑时一见之,较胜于祭红之夹彩者。何也?一开片一不开片耳。

明祭有玻璃釉,积蓝有玻璃釉,窑变亦有玻璃釉。

有一种小罐,釉质略似芝麻酱,底系螺纹十余道,中微凹而有光线一道,闪烁活泼,在若隐若现之间,名曰指南针。无论如何摆动,光线所指方位不移,特晃漾如空际金蛇,不可捉摸耳。此等绝艺云只一人能为之,盖在雍正年间云。余曾于某先生座上一觇其异。

雍窑粉彩盘碟,于牡丹一门,无美不备。径寸者,三寸者,五寸者,七寸者。三寸又分二种,或平底,或凹底,各极其妙,不相掩也。

有一种小虫,翠羽红襟,纤丽波峭,头尖如舵尾,两眼微细,生于锐额之顶上,双须较短,能飞而不能鸣也。余儿时,辄闻塾童呼其名曰"桂花卖胭脂",盖随俗沿传,无关典要者也。此虫入画者绝少,绢绣颇不经见,道光浅蓝款之中碗,绘有此虫,又杂以豆花蝈蝈之属,光采甚都。

鹦哥绿甚不似鹦哥也,色微近于浅蓝,宜正名曰翠羽。然较其秾艳,又弗若真翠,且新制夺古,无足贵也。

有一种翠地紫纹之垩,质细碎若鱼子,或若鸡翅木之纹理,市侩强名之曰均釉,殊可憎也。

宜兴砂皿,上罩釉汁,多甜白、淡青二色,乃欧氏所仿,曰宜均也,或以属之瓯越,误矣。欧氏原制,尚有可观者,后人转相摹拟,纹片日益琐细,亦殊可厌。

广窑谓之泥均,其蓝色甚似灰也。日本以为其古先国人来至吾华,手所创制,特宝贵之,实无根之谈。近则方寸小品,几于媲价苹青,亦自有说以处此也。于灰釉之中,旋涡周遭,颇露异采,较之雨过天青,尤极秾艳,目为云斑霞片,不足以方厥体态,视彼窑变泪痕若零雨之直下者,匪可相提并论。《洛神赋》曰:"神光离合,乍阴乍阳。"彼其潆洄缭绕之姿,致以苹青之珠晕例之，斯其流亚者欤。又有时于灰釉中露出深蓝色之星点，亦足玩也。

以绿里瓷即俗所别为九江瓷者也。伪具作为酒器，至猥极亵，万于鞋杯，而西人嗜之，蔵矣。

葡萄水甚似西湖水，而市俗所名为西湖水者，色又近于松花石，并不似西湖水也，且有略泛蓝色者。

蓝与紫相和而蓝色浓厚者，谓之毡包青，德人嗜之。

余他书所载青花不注时代，皆康熙之无款者，大氐双圈，或圈内有秋叶者。

乾隆大字篆款天球瓶，青花夹紫，桃实嫣然。

雍彩花卉，干作墨彩，久而褪落。面盆画有络纬娘，意态生动，不减康窑之蝈蝈也。盆底有指螺印数丛，是其特色。

康窑七寸碟，四围淡赭锦纹分嵌"万寿无疆"篆字，盖六旬庆典所制，以赐大小臣工者也。画笔各体皆工，人物、鸟兽、山水、博古乃无一不备，而以花卉草虫为绝生动，且贤于雍彩盆也。

康窑青花粥罐，左右各有两眼，以穿铜环，故不甚可贵。而画笔生动，颜色鲜艳者，亦颇为鉴家所珍。

雍窑天青渣斗与圆盂，皆堪宝贵。供盘细腰而丰跌，跌之内层，六字横楷款，笔法整饬。近出天青中碗，表里一色，质薄而色丽，故可藏也。

供碗作鱼肚白者，里外凸雕古纹，精美无伦，亦雍窑也。

雍窑天青高酒缸，质绝厚而色殊浅淡，高半尺许，直径三寸弱，底径二寸弱，外容与底一色，底有阴文雕篆六字，罩以釉汁，亦有作鱼肚白者。

小花浇之似爵者，可用为酒器也。

道光窑墨床，每画一人牵懒驴过桥，极有神态。若茗碗所画骑驴少年，类拖辫发，则康、雍所未有也。康、雍所画风雪寻梅之一翁一僮，又非道光窑所能几及者矣。

蟹甲青以雍窑为最美，有瓶、炉、盆、缸之属。

古瓶何以无底？晋人赛会，以媚偶像，壮夫义手于腰，短衣健步，用示威猛，复以铁絚围于腰际，绕臂膊而出诸肩上。肩有瓶，铁絚从瓶底上出瓶口，则敲碎瓶底以贯穿之，更饰彩衣小儿立瓶上，大抵装点戏曲，命之曰台阁。铁絚至末渐细瘦，又缚于儿之腰际，儿赖以不坠，于是以台阁媚神者，岁必坏多瓶，不问其为康窑为雍窑也，嘻！其僭矣！

康熙硬彩蟋蟀罐，每画故事一则，山水、树木俱有精神。盖上亦画人物内容，沙痕细腻，底则隐隐现有螺纹。皆康窑确证。题识系青色楷书"绍闻堂"三字横款，笔法浑成，最有别趣。倘用作印泥巨合，亦殊奇特。

硬彩草虫大盘，青花窄边"拙存斋"三字直款，亦康窑也。

"静镜堂"三字直款之天青小酒碗，乾隆窑也，内有青花番莲，画笔亦甚古雅。

豇豆红之于茄皮紫，差别在几希微忽之间，茄皮紫之于毡包青也亦然。

玉仿铜，锦仿玉，瓷仿锦，四者迭互为用。而铜器之式样又出于陶。

乾隆六字脂红大篆款之洋瓷巨盘，对径几二尺，四周黄地碎锦纹，约及四寸，工细殊绝，背面亦然。盘心画海屋添筹之属，仙山楼阁，缥缈凌虚，盖参用泰西界画法也。敷彩之精、用笔之奇，有匪夷所思者。吾恐孟𫖯、十洲均当望风低首，惜当时不著作者姓名耳。

粉定夹彩小罐，浆胎极轻，色又洁白，盖乾窑未开片者。仿成化四字款，墨彩殊艳，盖上亦有彩花一团也。

雍窑积红大小花盆，皆系圆式四字款。其有三足小盆座，底系色釉六字款，尤为纤秾可喜。

西人于青花，笃嗜番莲。康窑则有小渣斗、小观音尊，流光正碧，独称妖冶。小观音尊高及尺，其细颈而博肩者，尤为奇特。

康熙无款采盘，有画《后赤壁赋》者，笔意苍雅，又非武装人马所能雁行声价者矣。

碗有作仰钟式者，谓如钟之倒置几上者也。

祭红夹彩，振古所希，惟宝石釉之开小片者，尤不宜于人物。

均窑洗外紫内青，蚓纹呈露，底抹芝麻酱，有横镌"永安寺"、直镌"悦生殿用"七字者，殆圆明之役，流出人间者欤。

海王村旧名燕下乡，辽御史大夫李内真之墓在焉。

瓯窑之冰纹古靓者，又非欧氏阳羡砂所能摹拟。

胭脂水有款小瓶，绝不经见，其有似如意尊而稍大者，高及尺，两耳颇肥如象鼻，然釉汁不甚鲜美，且略有疙瘩，盖雍正客货也。脂水只有小碗碟，偶遇水丞，诧为异宝，可见此种彩料之难得。

奶子碗之青花无款者，盖卑之无高论。

宋瓷亦有奶子碗，檐矮而质厚，当时不必以盛牛乳也。而满现紫黑色之淡斑,且有细碎纹片,或曰安南瓷也。

积红即祭红,同为祭品中贵重之器皿也。祭蓝亦然。今惟以积蓝称之。自项子京《古瓷图说》出,遂以有纹无款之宝石红为祭红,而以无纹有款之鲜红为积红。俗亦有以积红作醉红者,又谓之鸡红,不知语其血其冠其羽也。大氐随其品色以定名称,望文生义,通人嘲之。

乾隆初叶款系楷书,中年以后始用篆书。

雍正初叶款系圆圈,季叶乃改用方圈。

康熙小红合非用以盛印泥也。私家仿制每与官窑无别,亦以盛豆蔻、砂仁之属。

茶叶末一种,雍正乾隆皆凹雕篆款。新橘则系细沙底,而雕款不罩以釉汁。

茶叶末一种,本合黄、黑、绿三色而成,以雍正仿成化者为贵,然则成化之有茶叶末也明矣。仿明者略偏于黑,雍正官窑则仿于黄矣,而尤以绿色独多者最称希罕,盖乾隆窑也。嘉道以后,取人憎厌,亦莫名其所以然,大氐色黯败而板滞,釉汁不润,质又颇粗。顾康熙一代,不见有茶叶末之瓷品,抑独何欤。

瓶之碎者,瓶底可作小盂,瓶身可改带版,其尤碎者,以装画䦆也。盘碗之属亦然。

笔筒之大者宜作花盆,其小而矮者亦可代酒杯也。

雍正小酒杯,口侈底敛,式样极美,六字楷书款,以素地无花者为真品,然不甚可贵。其有彩画鹌鹑芦苇者,景色甚佳,仅墨粉、淡赭数色,不可多得,惟虑有后上彩者。所谓真胚假彩者也。

雍、乾青花官窑,多作串枝莲者,颜色较浓,画亦少味,故声价亦为之不扬。

雍正官窑红梅过枝碗,双圈六字天青款,斜枝远出,亦画有鹌鹑二只,杂以草石,与脂水夹彩宫盘,盖出自一人之手,益足信宫盘之为雍坯乾款矣。详见《钵庵忆语》。

康窑大笔筒,乃有淡描蝶嫱之画,可以为褒矣。

康窑白罐,盖有顶如桃,周身疙疸釉,颇称雅靓,盖德化建窑也。之旧者。今德化所出白瓷花盆,瓷质雪白,价廉而式样不俗。

康窑无粉采,而御制料款之碗则有粉彩,而又浑成耐久,不似雍、乾之易于褪落。且有粉红为地夹绘他彩花卉者,尤为难得,盖脂水之酝醱者也。孰谓康熙朝无粉红并无脂水耶？亦惟见之于御制饭碗而已。

万历朝多彩瓷笔管，上画云气，且有蓝款，而康、雍无之，憎其笨重也。至若五色龙之笔格，则又诋为粗材矣。

雍正凸螭豆青大盘双圈六字款，近出最夥，皆官窑之仿龙泉者也。

康熙彩画，其红为深色之抹红，易于磨擦，乃反谓之硬彩。盖指蓝绿各色不杂以粉质也。其蓝绿二彩堆起甚厚，时亦有暴与凸泡之爆釉略有不同。裂之患，若龟坼者然，是又釉汁太净，黏力减少故也。

素瓷有四种：一为粉定，以浆胎为正宗，瓷胎者次之。一为白釉而内有影青雕花者，亦有划花者。一为白釉而内无影青雕花者，而吴十九之卵幕杯，犀尘肉色略有红意，薄无可薄，则又贵于粉定。一则显露胎骨未上釉汁者也。其于卵幕各有影青不影青之别，大氐影青者质必加薄。粤若填白，盖堆花之属，作甜白者非。则凸雕印花、绣花之类是也。之亚也。

乾窑背壶式之瓶，多画串枝莲及花鸟果品，亦殊可赏也。

有一种泥金釉之瓷品，厥状类钟，而无追蠡，且顶上有孔。又一物，形如巨钵而浑圆，其底并无圈足，仰而置诸几上，则东西摇曳，乃真个不倒翁也。上绘杂彩，釉汁甚美，皆纯庙时物，然不知其何用。以意揣之，金釉者当系浆糊之盖碟，碟已失而盖尚存。其似钵者，或系墨罩菜罩之流亚欤，然不透空气，甚不宜于夏也。盖雍正东青钵，多有作此式者，上有盖，盖内有款，可以盛棋子，锦座或檀架宜可以承之，不必其有底足也。此则状式过巨，必非盛棋子之用。

乾隆款积红中碗，以有鸡心窝者为贵，小酒杯之有窝者为尤贵。

宋定明祭及仿哥，皆有纹片，而夹以彩画，甚亡谓也。纹片而施于观世音之面部，则弥为无理。

彩地彩花谓之夹彩，要贵于相因相避。如粉红地者，花必天青。天青地者，花必茄紫。

康熙马蹄尊式之尺许小瓶，长项巨足，两面各画巨蝠，厥状极蠢，蝠色有似釉里红，亦杂现绿点，虽有官窑六字款，而声价不高。其有釉里红花朵，而名为矮马蹄者，涤去长项粗劣之状态，堪与小酒坛式之水盂并重。

康熙官窑六字款之小罐，短项小口，只绿叶数片，釉里红花一两朵，厥名曰小酒坛，价稍逊于矮马蹄，状则罐也，用则盂也。

马蹄尊有二种，一为瓶，一为盂。盂口巨，瓶项长。瓶价低，盂价昂。瓶有项，盂无项。盂之画似小坛，别其名曰矮马蹄。红花碧叶，固优于两蠢蝠也。

历朝瓷画人物，其面目神采大氐相同，缘当时画手不过一二人，惜姓氏不传耳。至运笔不同，代有宗派，不独石树花鸟颇分王恽也。

北人呼鳖为忘八，色釉之有鳖裙，俗乃谓之忘八绿，北音读绿若虑。宜乎吾宗剑潭之嘲为不雅驯也。

康窑御制饭碗，有淡红作粉色者，非客货所能有也。厂伙皆知康熙无粉彩，乌知康熙之粉彩绝无暴裂褪落之虞？以视雍正官窑，尤为难能可贵。第寻常康熙官窑，已不见有粉红之影响，况客货耶？志之以穷其变。

窑变器皿，有碧色玻璃釉，堆厚若绿晶者，殊可宝也。近虽伪制绝夥，而能仿雍、乾之窑变者，则未之一见。

宣祭之变绿者，惟盂独多，丑其词曰翻江（红），要亦大有不同。譬如盂绿而沿口泛红，若线一圈者，边檐宽博，口径甚小，质多粗劣，盖嘉道以后所制之劣品。若盂绿而中心泛红，乃窑变之奇特者，式如康窑之莩荠扁，釉汁精美而滋润。国初佳皿，仅一见之，未宜漫加菲薄。其有芳烈拂拂，发为古香者，尤足与频香馆之康窑红合，并传不朽，皆绝品也。近日赝鼎纷陈，被欺者众，又非嘉道以后之劣品所可同语者也。或曰翻红乃矾红之转音，解人不在兹乎？

宣祭小盂，苹果底而底有红釉一片者，亦希世珍也。

康熙仿明款之豆彩，大抵郎制为多，往往绿色中含有渣滓，盖余剩次等之料汁也。雍正官窑则不然，特用甚佳之釉质，以供其挥洒，故精粗美恶，万有不同，所谓斗胜者非欤？至其余剩之料汁，或时作次等器皿之用，亦不尽系上品，所谓姸逗之彩点者也。以斗释豆，以逗解豆，均之一音之转而已。

青花大笔筒，或者用以种花，可谓善于作用。康窑四体书笔筒，多写王铁箫《圣主得贤臣颂》。款系釉里红篆书，作"熙朝传古"四字，颇杂绿点，行楷又有多作《圣教序》者。

乾隆胭脂水酒杯，系海棠方式，内外与底皆一色，四角各有深凹线一道，质地甚平而釉汁深紫，沿口灯草边，底沙绝细腻，亦可贵也。置诸海棠式小碟中，直是一家眷属。

海棠式成窑压手大杯，有紫垣仿制，有真成化窑，但真者绝少。

有宝石红，即祭红也。有朱红，即积红也，又曰鲜红。有美人祭，即粉红也。有豇豆红，近于茄紫也。有胭脂水，有抹红。即珊瑚釉也。抹红亦分两种，其带黄色者,直同于杏子衫矣;若苹果绿,则鲜红之化身,不可方物者也。

康窑山水似王石谷,雍窑花卉似恽南田。康窑人物似陈老莲,道光窑人物似改七芗。

菜盘有四季花果,而果盘则数止一双。果盘之画鸟盘各二尾者,乃具有飞鸣食宿之态,此其明征也。

有紫建,有乌泥建,有白建。

明建窑之白地者,瓷质颇厚,而映日照之,能见指影在外闪动者,非赝鼎也。

近世有以真正粉定,用后上彩之法者,其彩必不鲜,非不能鲜也,不敢鲜也,鲜则露其为赝矣。

青花印合,以宣德为上,成化次之,正德嘉靖之画法,皆不能及也。若雍、乾官窑,瞠乎后矣。

粉定而描以青花者,印合为独多,他器亦有之,亦夹彩之遗意也,而惜乎粉定印合之,绝无夹彩者也。

宋定圆斗式之小盂,纹亦凸凹如藤斗。

民间所卖之瓷器,厂人则谓之曰客货,凡所以别于官窑也。官窑之尤精者,命曰御窑,御窑也者,至尊之所御也。官窑也者,妃嫔以下之所得用者也。

曰馒头,曰饽饽,北音读勃曰波。皆厂人象形语也。即馎饦之类。

梵音谓脂盏为多罗,疑即钵也。

宣红之有款者,厂人亦沿项子京之说,呼之曰积红。其无款而宝石釉者,则误呼之曰郎窑。

万历有所谓宝石红,而无所谓积红者。康熙有所谓积红,而无所谓宝石红者。惟宣德兼之。

厂者,琉璃厂也,京师骨董市场也。是曰辽村,辽之海王村也,亦曰燕乡,燕下乡之海王村也。

西商青花重仿古,而五彩则重武装。

明彩不如康彩者,瓶式劣也。

宣、万无款宝石釉,亦有娇娆如娃娃脸者,又皆谓之美人祭也。

雍正蟹甲青之器皿,有黑色篆款者。

厂人所称广窑,以沙泥为胎,故谬曰泥均,其产于宜兴者,又曰宜均。"泥""宜"音相近,而阳羡砂遂与广窑混合矣。

成化而有篆款,乃凹雕上釉者也。以鳝鱼皮色为较多。或曰雍正仿也。
　　康熙末叶,彩画盘碟,有中央藻绘、四围空白者,盖已浸入雍正矣,故验其采色,确系康熙,而款识则雍正也。
　　宋官窑绝不经见,铁足鳝血纹之押手杯,则异宝也,世人罕能识之者。若厂村所谓哥与龙泉,大抵明仿为多。
　　雍正之粉彩仿成化者,其盘碟之属,类皆中央藻缋、四周空白,且于空白内,雕有影青螭虎。
　　康熙苹绿小合,以盛豆蔻、槟榔之属,不必其为印泥池也。若属之于匙箸三件,则小劈沈檀,此其部聚。有瓶有合,何独无小炉也耶?殆不然矣。
　　印合重哥窑,若泥均亦可喜也。雍正之仿哥者,声价不在东青下。
　　宋龙泉之佳者,日本人谓之砧手。手者,式样之谓。
　　磨盘式之印合,古所谓甘蔗段也。
　　宋窑粉定圆印合,式样极扁,殆如两片厚瓷,周遭斗笋合缝,内容微凹,其底下一片,略有圈形之足而已。
　　绿者,谓之苹果绿也,而厂人于竟体朱红者,亦以苹果绿呼之。粉红者,谓之美人祭也,而沪商之于竟体变绿者,亦以美人祭呼之。
　　绿点者,谓之苔点绿,其歃若绿雾者,则谓之苹果绿,厂人则不知有苔点也,而概以苹果呼之。
　　无款宝石釉之宣祭、万祭,与宣康两朝之积红,其浅淡似桃花者,则皆谓之美人祭,西人又呼美人祭为桃花色也。牡丹芍药,亦无非形容其粉红而已。
　　九江瓷者,景德镇窑之通称也,官窑胥于是乎出。此外若越、若建、若广、若均、若汝、若定,或几乎息矣。
　　康熙苹绿六字款之印合,初年两行,行三字,中年三行,行二字,皆无圆方边线者也。
　　慎德堂瓷器,皆抹红楷款,亦有金款者。
　　宋之粉定凸雕者,翔凤固不如鱼藻也。其作桐油色者,又不必皆为玛瑙釉。
　　俗以泥均为广窑,实则二物也。有细纹者,宜兴砂居多。
　　广窑有似景德镇者,嘉道间十三行开办。初筑有阿芙蓉馆,其所设茗碗,皆白地彩缋,精细无伦,且多用界画法,能分深浅也。

棒锤名称,俗恶已极,再有软硬之别,可谓至蠢极鄙,然厂人象形相沿已久,亦实无以易之也。

瓜皮绿有绿里者,其乾隆窑欤?

宣祭中有葡萄水一种,外碧而内紫,句。釉垂垂如漆,光亮而满含唾星,其香尤烈。

康窑有以鱼子蓝为质地,而夹填釉里红三果者。

古窑釉汁,往往露其瓷骨,其露出质地之较小者,谓之缩釉。第缩釉形相,亦有长短粗细之不同,大抵明瓷较长,康窑较细,雍、乾官窑,已绝少缩釉者矣。

宋元釉汁,往往不到底足,其露出瓷骨处,皆大块片段,且多半有釉半无釉者。

抹红之盘,厥色甚深,间以青花串枝番莲,古雅名贵,真明瓷也。

庚子后流出蛋黄果盘,触眼若新,有弘治款,有雍正款,雍正又皆夹有青花也。

有以细眼如尘,为瓷地之粟纹者,殆不然也。

宣红之有纹无款者,曰宝石釉;无纹有款者,曰美人祭。

宋土定纹如鱼子,然不害其佳。

有一种正德款龙凤印合,香味甚浓,非瓷质所发香也。盖当时以盛发泽即梳头油也。者,曰油香也。

有一种浆胎青花龙凤之祭品,若豆登之属,其底足露骨处,往往有异香,若藏香也者。

红花浇非用以致祭也,仿其色焉耳。

别致云者,厂人语也,犹言逸趣也。此二字虽俗,故可以传世。

明代祭红分两种:宝石釉者,无款识,或红或紫,俗所称郎窑者也。其有款识者,以康、雍、乾三朝言之,所谓"公惭卿,卿惭长"者也。若宣德精品,则又崔颢题诗矣。

宝石釉之祭红,乃有似于小开片。

康彩饮中八仙酒杯,小者多系官窑,画笔特为生动,彩亦精美,极为难得。其高数寸者,皆民窑也。

日本人重泥均,而以有纹者为贱,细如鱼子者为下。盖纹片细碎,乃阳羡砂之上釉者,欧氏之所仿也,要不得以广窑目之。

西洋亦重东青与天青,而皆以无纹片者为贵。

嘉靖青花,有绝称艳者,画笔亦美。盖官窑久藏内府,近始流出者也。若用之经久,则光彩就晦矣。

宣德有款之积红大盘,有质厚而式巨者。寻是以推,则大瓶、大壶之属,当时必所在多有。

近世亦偶见越窑小碗,其色微青,两面透映,所谓越瓷如冰者也。其殆唐窑欤?碗有断线纹甚多,惟卷口、不卷口,与古说有异耳。

纹如袜线,短细而屈曲者,谓之断线纹,唐窑有之。垩泽垂垂直下者,谓之泪痕,蟠屈粗拙者,曰蚯蚓走泥印,宋窑有之。若水眼,若棕眼,宣红有之。

粟纹,盖即橘眼、棕眼之类。曰如灰、如面者,殆非也。

歙县程哲,字圣跂者,所著《窑说》,类与朱琰《陶说》相同,而不及朱说之富。朱说亦有蓝本,政不知其孰先孰后也。惟程说内有"宣青为麻叶青"一语,乃朱说所无,余皆与朱说无少区别。练川唐氏《窑器肆考》于朱说互相出入,较朱说尤多。

项子京《瓷器图说》为西人所重,翻有英国文字,其称祭红为积红,自后乃有鲜红、宝石红之别。《南村随笔》以祭红为祭品所用,理故可通,必当有所本,项说或仍音之转耳。

隆庆、顺治瓷品绝少。隆庆青色称艳,画笔幽靓。顺治淡描美人,其衣带裙褶,飘飘然有凌云之气。

杯之坦口折腰者,古谓之压手杯,今之所谓马铃式 俗谓之铃铛杯。者也,后人以压手杯专属之于氆碗,正不必其折腰也。

《南村随笔》谓:正德、弘治、隆庆三朝,皆有宝石釉之祭红,而沪人专以属之宣德、万历,其于郎紫坦之所仿者,正复相恩。笠亭《陶说》亦不详祭红与积红之区别,至祭红何以无款,朱氏更未叙及。

朱《说》所载隆庆藏器,美不胜收。今则青花盏托一枚,好事者亦珍同拱璧。

兔毫盏,即鹧鸪斑。第鹧斑痕宽,兔毫针瘦,亦微有不同。或称近有闽人掘地所得古盏颇多,质厚,色紫黑。茶碗较大,山谷诗以之斗茶者也。酒杯较小,东坡诗以之盛酒者也。证以蔡襄《茶录》,其为宋器无疑。曰瓯宁产,曰建安所造,皆闽窑也。底上偶刻有阴文,"供御"楷书二字。《格古要论》谓盏多氆口,则不折腰之压手杯也。

《博物要览》谓宣碗红鱼，系宝石为末，宜即今之釉里红也。釉里红又与项说之积红无异，然则子京所说之积红，与南村所说之祭红，自是一物，但造法与胎骨不同耳。若《事物绀珠》所称鲜红土绝一语，宝石果得以土视之耶？

有明祭红之胎骨，瓷之本质曰胎骨。最为坚致而洁白。

西、玧音同，西红宝石，或即碧霞玧耳。

宋均之无紫而有异光发现者，盖仿柴天青之佳品也，何必玫瑰紫始为悦哉？今以月白俗名污之，谬妄甚矣。盖世人俚语，不知世有紫窑者也。

私家制作，以堂名、人名为佳，不宜用公司字样。

粉彩有天然生成之淡红石质，不必皆以白粉料羼入红釉之内。

大红、鲜红，皆宝石釉也。今则专以宝石釉属之明祭。一道釉之器皿，最为珍贵。康窑非御制饭碗，不肯轻以宝石釉施诸彩画，其明征也。御制碗上之脂水颜色，或即碧霞玧之类。康之硬彩、雍之粉彩，其红、绿、蓝、黄、茄紫各品，大氐宝石釉为多。宝石无美不备，不专属之于大红也。或曰：彼时民窑之所以能发异采者，亦盗用官料搀入石汁中也。国初库存颜料，多系胜朝留贻，虽不必尽为宝石，亦断非后来所能有。重以土膏秾腻，工作坚致，画法精妙，历年久远，安得不驰誉寰球，为我曹著作生色耶？

成庙喜鸽，而贵嫔喜小狗。故当时瓷碗多画此二物。

瓶碗之黑边、黄边者，只取人憎耳。而宋瓷紫口铁足，又颇异常名贵。

乾窑有以胭脂红制成荷花瓣九片，外红而内白，偏反掩映，姿态横生，茎作葵绿色。迎面另有一瓣，作为上盖，子口胎质极细腻，乃画碟也。

胭脂红一种，在乾隆初叶，亦神似雍窑之细腻鲜艳，盖仍雍正朝制胚罩釉，迨乾隆御极，始填款耳。末叶渐入嘉庆，其官窑脂水品物，类皆边围闪黄，垩泽粗黯，满雕阴文，细花绘以杂彩，中间相隔五十年，直不可以道里计。嘉庆尚有此种小瓶，绿底绿里，抹红篆款，而声价不少贬损。

康窑双耳黄酒杯，双龙耳固不易得。其寻常双耳，以小如豇豆仁者为佳，款字以如蝇头者为贵。

柴窑所谓青如天、明如镜、薄如纸三者，均指釉汁而言，不指胎骨而言。元以前之瓷皿，虽亦偶有薄胎者，要亦不能如明瓷脱胎之薄也。此言薄如纸者，盖谓所上之釉，其薄如纸也。《清秘藏》所述绦环一片，竟以纸薄属之于胎骨，殆不其然。

项子京元汴。《瓷器图说》所载瓷灯甚多，大氐摹仿两汉铜器。

西人以康熙黄、茄、绿三色之瓷品为素三采,声价极高,实则中才以下之粗材也。特波磔老到,颜料浑朴耳,非精品也。所画花卉,亦寻常式样,绝少恢奇飞动之趣。西商又以此种素三彩为明彩,明明康熙款识,而谓之为胜朝物,嘻其异矣!

绿色瓶罐,西商亦以明制为贵,实则乾隆无款者居多。

嘉靖款字似严分宜,万历树叶似沈石田,皆一时风尚使然。

成化亦有描金瓷品,康、雍仍之,乾隆亦尚名贵,嘉、道以后,虽寻常器皿,殆无不描金者,殊使人可憎。

雍窑有一种菊瓣小盘,各彩具备,边若锯齿,余雅不喜之。

天生之淡红石质,非搀以粉质者,黏合力较足,固不易于残褪也。若粉红色宝石为末,又非淡红石质所可比拟者矣。青绿亦然。

《事物绀珠》谓嘉靖间,鲜红土断绝,盖宝料之鲜红者,乌得以寻常红土视之?

碗有外绿内红,绿如湖水红如火者,盖宣祭窑变之怪伟者,非秘色也。吴越秘色当属之青器,仍柴周遗风也。朱《说》疏证甚详。

沪渎呼雍正仿龙泉之品曰哥绿,以弟为兄,以章生一为章生二也。或又谓之果绿,乃哥音之转,非苹绿之省文,窭陋殊甚。或又曰哥绿者,鹦哥绿也,于义亦通。

嘉靖黄釉,不如成化之尤为浓厚,康、雍只浅黄为超妙耳。

万历彩画,自不如成化之工,要其颜色深厚,画笔雄夐,亦迥非后世所及。

美人霁之名,羌无故实。市俗同音相呼,以讹传谬,亦殊不易改变。近人所指目者,约分三种:曰宝石釉俗所称之郎窑。之粉红者,曰豇豆红之鲜艳者,绿多及红色艳者,厂人皆谓之苹绿。曰胭脂水之浅淡者,其实非也。当时呼粉红为娃娃脸,华人比之牡丹、芍药,西人所谓桃花片、海棠红者也。娃娃脸一变而为美人脸,俗又谓之杨妃色。再变而为美人祭。霁者,祭之转音,而又祭之讹字,言如美人之开笑脸者也。此种美人脸之祭红瓷品,只有雍正官窑,无款时代,曾特制天球式小瓶一次,高约一尺以内,其娇艳不可形容,式样亦极优美。盖于明祭红、苹果绿、胭脂水三者之外,独树一帜。以瓶之式样论,脂水近似橄榄尊,苹绿则为小观音尊及下半凸雕荷瓣者,明祭红则大观音尊及油锤等件。以颜色论,明祭红有红瘢,豇红、苹绿皆杂以绿色斑点。其无绿色者,窑之名称,亦不能以有无绿色为区别。胭脂水则色近于紫,且均系至薄之吹釉惟然,而美人祭之颜色,其即项氏所谓积红者耳。积红之浅淡美丽者耳,至其容光焕发,自非屑淡红宝石如碧霞红玦之类。为釉,亦何得惊心动魄至于此极?今未见庐山真面,辄以豇红、苹绿之属当之,正不能日呼途人,而一一告语之也。时方以宣康有款之粉红,为美人脸之祭红,而乌知豇、苹佳皿,皆朱红之化身耶?

永乐款之盖碗,有青花夹彩表里绘龙者,形式绝巨。庚子前一见之,厂人初不知其可宝贵也。

"子口"二字,今以斗笋合缝者为子口,或曰乃"紫口"之讹音。盖紫口、铁足,宋瓷所艳称者也。

宋均满涂紫釉,元则于青釉中夹以紫色一二片,以成鱼形者为佳。

传闻汉口人家藏有一柴窑器皿,或即冰玉主人之天青碗欤?碗为湖北人买去,或即万航欤?碗为怡贤亲王故物,仍宋器之精美者,未必即为柴窑也。怡邸自号冰玉,岂藏有越州窑欤?

宋龙泉青器亦浓淡不一其色。

今之堆花,以手工做成人物,粘于瓶罐之上,与以笔蘸粉堆坯者不同。划花则凹雕也,印花凹凸皆有,往往于宋定得之。镂花镂空玲珑,殊乏天然之趣,盖魔道也。锥花以锥尖戳成花纹,绣花针工加细。此种古法,近世已不甚踵用。

粉定凹雕者多,凸雕者少。有一种小合,底盖均凸雕牡丹式样,浑圆而略扁,满身大开片,亦足藏也。

近世所称果绿,其色葱翠,有碎冰纹片,而无款识,以小坛为多,在当时并非精品,近则声价颇昂。

欧罗巴人之于瓶件,颇喜彩地夹彩者,是以黑地独尊,黄地次之,若素地五采,则已不甚重视。英商之言如此。

古者蘸釉之法,以器皿置诸釉汁中,一浸而提起,是以厚若堆脂,而短釉处甚多。不似后世涂釉必匀,且有截竹蒙纱,细细吹匀者。

补彩者易,补釉纯色之釉,俗所谓一道釉者是也。者难。

黄、茄、紫三彩之盘碗,式样寻常,画笔亦较粗,略似诸秀宫之疲果大盘,庚子后流出最夥,几于坑谷皆满。每对只索四金,近则涨至百余倍,实则中下之官窑耳。有一种黄地六方瓶,高不及二尺,式样恶劣,每方所绘之人物故事,若孤山放鹤,又颇形其鄙,虽亦有康熙款识,只取憎耳。乃至落釉缺口,声价犹及数千金,西国嗜好之,不可思议,顾如是耶?盖储秀大盘，至为伟大，一二贵人争藏之，久乃不复可得，而寻常大盘声价十倍矣。又久而寻常小碗，亦增利市，市侩忽见破瓶，自必异常居奇，殊堪齿冷。

古月轩所藏之套料鼻烟瓶，款皆"乾隆年制"字样，其直题"古月轩"款者，雁鼎也。料款之瓷皿亦然。

"翻红"乃"矾红"之讹，瓷无专书，市侩以音相呼而已。

建窑原系建宁，乃黑色兔毫盏也。后以属之德化，则皆白瓷矣。

有硬棒锤，有软棒锤，市侩名称，至为劣恶。

肩耸、拥肿、身如截筒、口有凸边一道者，为硬棒锤。肩䒢、口哆、足稍敛者，为软棒锤。

苹绿荷花瓣之瓶，皆凸雕也。宋龙泉撇口碗，亦有此式者。

苹果尊于苹果绿之外，又有天青、釉里红两种，皆珍玩也。

苹果尊以形式言，厥分两种，有缩项者，有巨口而无项可缩者。

康采水中丞有二种：一则口小而腹蟠，釉里红花数朵，枝叶亦罗罗清疏者，曰小酒坛；一则巨口丰下，高约二寸，花叶亦如之，曰矮马蹄。

物希为贵，固也。然孤高之品，举世无其俦匹，悠悠者转莫名其妙，此硬彩、软彩、黑彩、素三彩之所以轰动一时。而葡萄水一种，世人迄无有知其名者，而况于唐之白器、宋之青器耶？

明人欧子明所制宜兴花盆之属，每有阳文"子明仿古"字样，是曰欧瓷，亦犹之葛明祥也。葛乃乾嘉时人。欧、葛瓷釉略相似，在灰墨蓝绿之间，厂人鄙之，以为溺壶色，日本人美之，以为海鼠色，且谓四时花光，皆与之相宜。

时大彬所制砂壶，紫泥中有白点，若花生果也。陈曼生壶，式样较为小巧，所刻书画亦精。壶嘴不淋茶汁，一美也。壶盖转之而紧闭，拈盖而壶不脱落，二美也。

明瓷釉汁之滋润者，谓之蜜淋釉。

香瓷种类不一。凡泥浆胎骨者，发香较多。瓷胎亦偶一有之，要必略磨底足，露出胎骨，而后香气歆溢。鉴家又安肯一一试之耶？

香瓷最不易得，有土胎香者，有泥浆胎香者，有瓷胎香者，此自然之古香也。有藏香胎者，有沈香胎者，有各种香胎者，此人工之香也，然亦希世之珍。有梳头油香者，古宫奁具，虽颇伤大雅，却别有一种风流佳话。

太白尊惟康窑有之，各色俱备，惟红独多。

乾隆有五福堂，堂中饭碗，内画红蝠五只，外系万花攒密，若锦灰堆也,款为堆料铁线篆。

乾隆末叶,款始改用抹红,初惟绿底者红款,继乃白地者亦写红款,遂开嘉、道先声,殊不见其佳。此种白地抹红,乾隆款有小酒杯,外画绿色海水,内画红鱼十数头,亦尚别致。

"李唐越器人间无,赵宋官窑晨星看。殷周鼎彝世颇多,坚脆之质于焉辨。坚朴脆巧久暂分,立德践行义可玩。朱明去此弗甚遥,宣成雅具时犹见。寒芒秀采总称珍,就中鸡缸最为冠。牡丹丽日春风和,牝鸡逐队雄鸡绚。金尾铁距首昂藏,怒势如听贾昌唤。良工物态肖无遗,趋华风气随时变。我独警心在齐诗,不敢耽安兴以晏。"此乾隆丙申御题《仿古鸡缸诗》也。缸有大有小,小者尤鲜。

"揠苗鄙宋人,抱瓮惭蒙庄。何如衔尾鸦,倒流竭池塘。稏䆉舞翠浪,蓬荫生晨凉。斜阳耿疏柳,笑歌问女郎。"此康窑《耕织图·灌溉》诗也。图凡多幅,有青花,有五彩,以康彩为最精。官窑盘面,有泥金篆款。或者以西商不喜华字,辄将各图诗字磨刷而去之,殊不知近数年来,西人颇研考华文,见有御制原诗者,矜为完璧。往者彩盘、彩碗触眼而有,今则青花亦如星凤矣。海上书籍益鲜,求一刻本图诗,而亦不易得,况盘碗也耶?

器弇口谓之雅,明粉定盂多肖之。朱《说》有所谓磬口者,磬亦曲折之义也。

余初著书时,宋均且不见重于西商。今则宋元瓷品,声价陡增,然犹必沾沾于紫釉,犹未得天青之三昧也。

乾隆有五福堂,御制文以记之。堂内所藏碗,万花攒绕,所画皆外国奇卉。天青堆料四字篆款碗,系黄地,内画红蝙蝠五尾,犹五福之义也。

青器有于粉青上杂绘深青色之古篆,参差错落若寿字者,然其元明间物,而即青花之所自欤?

宋汝有甚薄者,宋定多印花者。

瓷钉有二种。有垂垂如足者,所谓爪者是也。又有以竹签支撑皿底而入窑者,迨火候圆满,撤去竹签,则亦有釉如钉形。即挣钉也。

阳文花纹凡数种,有凸雕者,有印花者,有填白者。以粉料堆填瓷上,再罩釉汁,则谓之填白。

划花用刀,绣花用针,印花用版,堆花用笔。堆花者,填白也。

镂花则两面洞透,所谓玲珑瓷者也。

划花纹凹,印花纹凸,雕花有凹有凸。

客货者，民窑也。

官窑别于民窑，御窑别于官窑。

章氏兄弟窑，近世皆谓哥窑。色白而有冰裂纹，实则赝本甚多。哥窑有粉青一种，较弟窑更为幽艳。弟窑色绿，即龙泉窑也。东西商人以无纹者为贵，雍正所仿龙泉，皆无纹者也，制佳而款精。后起者胜，岂不然欤？

明仿弟窑有一种色极葱蒨，厂人妄呼为绿郎窑，则又满身纹片，且甚细碎，价乃奇贵，即雍、乾所仿，亦珍同拱璧，其实皆粗材也。

口绝夸而无肩，亭亭玉立，腰敛缩直下，及于足者，谓之"觚"，此明制也。康、雍则腰际凸起，较有不同。

永乐长式横盂，有青花而方者，有仿哥而椭圆者。

康窑御制彩碗有一种薄釉，甚似雍正之胭脂水，惟微作金酱色。若谓康窑无粉红，亦无脂水，何以御制彩碗中，有脂水料款、粉红花蕊？且釉汁极腴润，其故何哉？自御制彩碗外，虽康熙官窑，亦不见有粉红、脂水二色，其所谓硬彩者，抹红而已矣。

西狮得其真相，华狮出于理想，此为可鄙耳。然较诸四爪双角之龙，犹为此胜于彼，亦瓷画刻绣之魔也。

康、雍、乾三朝料款，初似永兴，继似宋槧，后乃作铁线篆。

太白尊即鱼捕尊，盖渔父罾也。小而瘦者，曰田鸡篓。

雍正窑极精之脱胎瓷画，有四绝焉。质地之白，白如雪也，一绝也。薄如卵幕，口嘘之而欲飞，映日或灯光照之，背面能辨正面之笔画彩色，二绝也。以极精之显微镜窥之，花有露光鲜艳纤细，蝶有茸毛，且茎茎竖起，三绝也。小品而题极精之楷篆各款，细如蝇头，四绝也。

深红、浅红，参差相间，而异采发越，若断若蹙者，曰桃花浪，雍正窑为多，亦桃花片、美人祭之亚匹也。

纹片滋润活泼，其纹之两旁，闪闪有光者，曰蜻蜓翅。

宣德浆胎小碗，内外大开片，有外画青花三团龙者，有内作釉里红石榴一枚者，且带有青花枝叶也。

抹红釉质薄如脂水，其微黄者，曰珊瑚釉。

脂水影青栗子杯，犹偶一遇之。若莲子杯，则不易见也。

厌胜瓷画至猥也，以康彩为最活泼，雍窑次之，道光以后，骏蠢不可名。

以抹红精画、串枝莲之盘碗，皆雍正官窑也。论其品格，在才不才之间。

抹红为地，内外夹以青花古纹，若串枝莲之属，每题为宣德款。此与蛋黄地夹，以青花之雍正款者，正复不甚相远。若黄地大小盘碗，成化甚浓，嘉靖次之，弘治又次之，似均在康、雍之上。康、雍以淡胜，明瓷以浓胜。

纯色之釉盘碗绝夥，有红有蓝，分天青、深蓝两种。有黄有白，惟绿为较少，黑者更不易见，见之亦不足珍也。

道光窑小碗，有浅雕海水夹绘杂彩人物者，亦魔道也。

康窑御制碗，以画红黄宝相花者，为最精宝，相似月季，而蕊片较巨，往往反卷若锦段。

串枝莲者，西番莲也。

近有抹红地青花盘，宣德六字款，红色颇深。

观世音有彩画者，有建窑坐像、立像者，有素衣而蓝风兜风兜者，巾帽之属，兜风者，俗谓之斗篷。者。像以似美女者为劣，似美男者为贵。

青花瓷画绝幽蒨，倘以蓝笔临摹之，矜为稿本，亦雅人深致也。

雍、乾茶叶末之花浇，高可及尺，而无上盖，胫肥腰细，无异雍红，口小柄圆，尤为波峭。雍窑闪黄，乾窑惨绿，闪黄者贱，惨绿者贵。

有一种黄釉小罐，亦有仿哥纹片，曰黄郎窑也。其说亦不经，盖明制也，当于色式二者辨之。

采碗之奇者，曰彩夹彩，曰两面彩，曰料款之古月轩彩。

两面彩亦分二种，有各绘各彩者，以一面青花为稍寻常。若两面同一花纹，映日光照之不走一丝者，真绝品也。

彩瓷之最薄者，一面本色，一面花彩。映日光照之，在本色之一面，能分出背面之五色，又与两面彩有别，盖卵幂之精者也。

瓷之白且薄者，有二语赞之曰："只恐风吹去，还愁日炙销。"花耶？人耶？不可得而名言之矣。

轩中藏弆之烟壶，料款亦分年号，大氏皆乾隆年制也。初不直题为古月轩制，其直题为古月轩者，赝也。

西湖水，又与松花绿，不甚相远。

洪福齐天，茶碗亦有彩绘人物者。

弘治有硬彩花鸟七寸盘，凹雕款，盖郎制也，贤于黄瓷远矣。

楷款之似虞永兴者，永乐也，宣德也，康熙之初叶也。

官盘者果盘也，其数只一双，非若菜盘之有四季花果也。于何验之？以每盘二鸟，而具有飞鸣食宿之态也。

脂水之黯淡者，有豇豆红与云豆红之别。云豆者，扁豆也。

苹果尊之巨口者，无项颈之可缩也。

乳鼠色浅，云豆色深，豇红色润，淡茄色鲜，四者相似而不相似，区而别之，微之微矣。

名为矮马蹄，而有釉里红花朵者，涤去长项粗劣之状态，堪与小酒坛式之水盂并重。

宣德红中多苔点，而成化则歊若绿雾，康熙兼之。

宣祭、万祭，厂人所谓郎窑者也。祭红多有橘眼者，其无橘眼之有款，官窑则据项氏之说，以积红别之。

明祭皆无款识，郎窑亦然。

明祭之破者，其瓷质异常白致。

鸡缸式样有二，其一种较小者，弥为鲜见。

某贵人之仆者，振雅大狱也。贵人死与一大府，昵大府为顿置之戚，而振雅乃蹶。

康窑鸡杯不仿古，有深如斗者，有高二寸弱，对径三寸弱者，有高寸弱径寸强者。雍窑粉彩大碗，有如马铃式，而画笔甚细者。

碗之绿其外而赤其内者，其赤如火。盖上釉法，如抹蓝而兼之窑变者也。

孰非开辟以来之土与石哉？是故质地之无异于寻常者，其瓷虽颇旧，而价值甚卑。

清都秘府藏之千百年，一旦骤入人世，其激赏可知，所谓会也，可以遇而不可以求。

李荐青为乾隆时人。谓宣德朝，有三佛齐之紫不、琉球之安澜砂、渤泥之紫矿胭脂石，皆非后世所有。

曰豇豆红，曰苹果青，曰苹果绿，曰红郎窑，曰美人霁，曰朱红，曰鸡红，曰醉红，二说元无根，乃音之转也。曰大红，曰鲜红，曰宝石红，曰积红，兹十有二者，皆《南村随笔》所谓宣德祭红，系以西红宝石末入釉者也。自项氏天籁阁《瓷器图说》有积红名称，遂乃与祭红区而为二。今人以宝石釉之无款者为祭红，其汁较厚，俗所概称为郎窑者也。其鲜红、朱红、粉红或变为青绿之有款者，纹片不少概见，则皆谓之为积红。于是乎同一红宝石,而有祭红与积红之判矣。既决其皆为宝石末,而《事物绀珠》又以鲜红为土质,笠亭仍之,不其缪欤?

厂人以明祭为郎窑,一误也。以郎廷极之窑属之郎世宁,二误也。郎窑不仅仿宣祭宝石釉一种,五彩青花之仿明款者,郎窑实居多数,尤以仿成化之粉彩、豆彩为绝精。亦有硬彩题红治款者,盖郎廷极字紫垣一作紫衡。者之所制也。见刘廷玑《在园杂志》及阮葵生《茶徐客话》。紫垣以康熙四十四年巡抚江西,至五十一年调漕运总督。世知有世宁而不知有紫垣者,世宁界画盛行于时也。世宁乃雍正时代之西洋人,乾隆初犹供奉内廷。昔有以景德镇为南窑者,所以别于定汝也。今厂人犹呼绿底者为九江瓷,亦可笑也。瓷少专书,厂人同音相讹,要不足为异。

以箸叩瓷碗,其音悠然无尽者谓之韵,与声、音、响三者各有不同。宋以前之瓷,泥土为胎,然颇多有韵者,大邑瓷扣如哀玉、柴窑声如磬皆是也。明以后之瓷,皆系瓷胎,敲之亦有韵,但不能如古韵之悠长之尤可贵耳。

陶制为铃,其大如栗,含丸如豆,振之则响动九幽,数百年物也。

嘉道间,鸦片烟馆始设于广东馆中,所用茗具,皆画以洋彩,工细殊绝,并于碗上题字曰"粤东省城十三行",门曰"靖远",曰"豆栏"。又题字曰"粤东海珠",凡十有五字。其碗盖之上,别题句曰"美味遍招云外客,清香可引洞中仙"。或曰广窑也,非景德镇所制。

矾红不详厥用,亦未究其所自出,或曰即抹红也,又曰胭脂水也。二说无所依据,大抵鲜红既绝,而明代有纹无款之祭红,或即所谓矾红者欤?第弗省胭脂红,是否即胭脂石耳。且矾红非红料也,以青翠之颜料入窑,迨出窑则为矾红色。或谓雍正朝胭脂水之吹釉者,与厚腻之疙疸釉不同。乃系茜草汁,真理想语耳。今亦不能再有雍正朝之胭脂水矣。

罊、撤通,喻其浅也。

广窑也,宜均也,泥均也。今所盛行者,朱明之器也。有小片可憎者,有厚釉无片者,有纹片疏密古雅者,有薄釉灰黯而旧者,惟有款识者较少。此种器皿,似非宫府所藏,其新若未触手者,大抵旧家祠庙,什袭珍秘者也。

朱笠亭于本朝瓷品,未详厥说,其于宋、明各器,要亦语焉弗详。《陶说》初无所谓广窑也。老于厂甸者,相传以乌泥胎骨,蒙罩灰蓝淡色之釉者,厥为广窑。自日本人予以重价,遂群目之为泥均。盖此种胎骨系以乌泥抟成，而仿用宋均青色之釉汁，故曰泥均。或谓系阳羡砂所制，"泥""宜"音本相近，乃宜兴所仿之均窑，其说近似有理。或又谓嘉、道间广窑瓷地白色，略似景德镇所制，厂人所指之广窑，盖官宋之官窑也。窑之转音，斯说也，浩无津涯。广窑亦必有乌胎，当不止白色一种。宋官冰裂鳝血，《博物要览》谓青色分青白，《格古要论》又谓宋官窑黑色，朱竹垞又谓其颊如余霞，润如海棠，似宋官已有红器。今以灰蓝一种之色当之，必不其然。蓝浦《陶录》谓广东之阳江瓷，有青点釉一种，亦与今所盛行之灰蓝色不同，以胎骨言之，宜兴砂紫有似乌泥，广窑未经实验，殊难臆断。且各地窑制，古存今废者，何可胜数，无从得明窑之真相。笠亭《说古》有功于瓷学者甚伟，其所谓明时，宜兴欧氏仿造官哥均窑，采色甚多，是曰欧窑。是宜砂亦不止仿均一种，更不止灰蓝一色。时人又讹欧为瓯，则竟以阳羡为瓯越矣。会稽大郡，邑县要自不同，东瓯色青，故曰东青。此种灰蓝色之瓷品，颇有觥觥大器，瓶、盂、尊、炉各种俱备，要自与时为变迁。总之，市人名称，亦都无掌故可言。宜砂、广窑，不一其制，转相摹仿，各能乱真。既无专家之书，难以十分穿凿。厂人师承相传，其相指为广窑者，亦必有说以处此也。若果以有纹片者为广制，殊非惬心贵当之语。阳羡、阳江，彼此互仿，唐英又在景德镇兼仿阳江、阳羡两窑之器，参伍错综，益复不易辨析。今兹所风行海外者，或者其唐仿乎？

近今山庄溢出之名瓷，往往走入西人之橐。其康窑而明款者，郎廷极之所进也，匪独民窑有之。

《历代瓷器谱》乃嘉、道间厂人所述，不著作者姓名，文理谫陋，殊不足观。其所列各种古窑，自谓出于《景德镇陶录》。蓝浦本与同时，是《谱》剿袭蓝说，而于明代祭红，并属之于郎世宁，则非蓝说之所有，此实近世传讹所由来。嘉庆去古未远，郎世宁虽确为雍、乾时代人，其入中国或较早。郎廷极虽确为康熙朝之江西巡抚，安知雍、乾时代不尚存于世耶？郎窑虽确在抚赣时，又安知下逮雍、乾，郎遂不再摹仿耶？朱琰生长乾隆，蓝浦亦在乾嘉间，均于本朝瓷品未加考证，此郎廷极之所以不显于世也。《谱》载郎世宁所造红瓷以绿底冰纹为贵，米汤底次之，白底又次之，岂三底兼仿之耶？抑两郎俱仿之耶？考古之难如此。

郎世宁仿制宝石釉之祭红，是说也，可以与紫垣之郎窑并存。惟《历代瓷器谱》初未述明，郎世宁所仿之红器，即系有明宝烧之祭红，则《历代瓷谱》之阙略也。或曰苹果底者，宣德祭红也。米汤底者，万历祭红也。

其寻常白底,则郎世宁所仿者也。然耶？否耶？沪商以苹果、米汤两底属之明代,学识似颇优于厂肆。第明代祭红,亦不止宣德与万历两朝,其正德、成化、宏治、隆庆,皆有此等宝石釉之祭红,当于何辨之？或谓沪人妄以窑之绿底者为宣德,米汤底者为万历,此种宝石釉之祭红,实只郎窑而已,明代无此制也,亦未免太武断矣。铜镶碗口,岂本朝物哉？孰为明制,孰为郎仿,要在鉴者自辨之耳。

米汤底断为万祭,亦苦别无考证,则以近代瓷学之无专书也。郎造红瓶,以观音尊式为最多,固明明与康窑之青花相似矣。观音尊非明代式样,饽饽凳与油锤,则亦皆为康制矣。或谓此种青花瓶式,乃仿有明之祭红而为之者,是又一说也。郎世宁在雍、乾间,犹供奉内廷,岂所仿红器仅在初入中国时,后此遂绝笔耶？而亦无人焉以转相摹效之耶？是在雅善鉴别者矣。

豇红大笔筒,实为康熙朝有数之品。

太白尊,又名鸡爪尊。

永乐款之碗,有青花,有五采,有仿哥,有脱胎暗龙。

黑色瓷皿较少,有乌金釉马铃碗,差堪鉴录。惟瓶亦有之。

阳羡壶,以时大彬、蓝浦误作"宾"。李仲芳、徐友泉、陈仲美、陈俊卿为最著。若陈曼生者,本朝一人而已。

积红者,鲜红也,有款无纹者也。宝石红者,祭红也,无款有纹者也。四者其本一也,自项氏积红之名,笔之于书,而后分而为二。

吸杯者,鼻饮杯也。

建瓷于碗内作人立形,其陆鸿渐耶？下有小孔,酒满则漏去,曰平心碗也。

磬口者,弇口也。磬者,折也。弇者,内向也。

褐色种类甚多,有黑褐,有绿褐,有黄褐,有粉青褐。

陶人若晋之赵叔明,唐之陶玉、霍仲初,宋之章生一、章生二,元之彭均宝,明之周丹泉、欧子明、瞿志高、吴十九、陈仲美、吴明官数子者,得传其姓名。若唐之盛姓,明之崔公、舒翁、舒娇者,则仅传其姓,或并姓而不传焉,亦有幸有不幸矣。成、嘉、康、雍之画瓷者,佚而不彰,则大憾事也。雍、乾间之画墨彩者,红印曰"陶",其姓耶？或曰陶钧乃人名也。乾隆朝画古月轩彩之"金成"字彤映者,亦人名耶？有脂水小篆印文在。

或谓明祭之有纹、无款者为矾红,然则无纹有款者为鲜红矣。岂嘉靖以后鲜红已绝,至康、雍而复现耶?康、雍而降又益不鲜耶?

　　六朝瓶往往似葬器,高二尺许,口起厚棱,项颈细而长,附项每作人物形,别黏在瓶上,刀法甚粗,釉作青白色,近亦赝本纷呈矣。

　　瓶有刻隶书"云麓"等字者,盖庙名也。六朝瓶碗每有刻字者,其字往往在正面,不在底足也。

　　陶为胎骨,略有灰质之釉汁碗,似甓制,有刀纹如鱼,笔法若武梁刻石,曰汉之葬器也。

　　元以前之瓷,无镟坯之器,但以竹刀镞之而已。

　　宋瓷天青色之滋润者,不独泪痕可爱也。青光中闪有紫光,若隐若现,则谓之异采,盖异宝也。

　　脱胎之最薄者,可以映出指尖之螺蚊。

　　嘉靖官窑素彩之碗,表里皆大绿即硬绿也。为地,满画圆圈,若螺蚊,若凤眼。墨有彩,笔有力,赝者墨圈无笔力、无意致。谓之海涛。表里各有怪兽,二尾歂散若扇,头有鬣如猛狮也,又各有海马二碗,心龙有翼。凡四兽四马一龙,尾鬣蹄爪皆黑色,身则或深紫若墨,或奋音夸,上声。绿,绿中略泛黄色,若蟹甲也,非官窑不能有此绿,盖宝料也。或碧绿,较硬绿、浅翠,俗谓之三绿。或蜜蜡黄绿,涛中浪头皆白,为玻璃白,沿碗底一圈。绿中有梅花八朵,白质黄心,浪花中又皆有梅花也。此碗有十异焉,曰素三彩,实则素七彩也。曰彩夹彩,曰两面彩,曰绿地,曰绿套绿,曰海马,曰嘉靖六字官窑款,曰真明瓷,曰恢奇,曰硬札。兼彩色、笔力二者而言。

　　正德、嘉靖、万历青花印合,每画一龙一凤,均不及宣德也。

　　均盉不如均盆。盉者,盆连也,即盆座也。

　　万历有海马碗,画四马,杂以海水,有五彩,有青花,状似奶子碗。

　　天青贵于均紫,而均紫贵于鼻涕釉。今之宋均盆盉,其颜色劣者,皆鼻涕釉也,非天青也,是以有月白之诡称。

　　元代紫鱼紫姜釉之器皿,其质地颜色,亦只能于月白分优劣,而不能如宋均之追摹天青矣,去柴周远也。

　　厂人不知宋以前之窑,亦不知明有几帝。其遇晋唐五代器,则以宋窑赅之,遇永乐、正德、弘治、隆庆诸器,则以明窑赅之,而不知其希贵。

　　古瓷犹古钱也,不徒论年代之久远,而又颇珍,惜夫享历短少之帝者之年号也。

　　元代之胭脂石宝料,存者盖寡,珍惜倍至,是以仅仅作鱼形,其劣者作姜形,不能如宋器之满紫矣。

元瓷之紫釉双鱼,即釉里红之所自始也。

釉之薄者,曰脱胎,曰吹釉,曰卵幕。其厚者,曰垂漆,曰堆脂,曰宝石。釉之绝佳者,南人曰肥,北人曰滋润,东人曰蜜淋,西人曰宝光,皆吾党所谓古色者也。

绿釉、黑釉之有异采者,映天光视之,闪有紫片金银片。

吴音读"雍"如"熊",遂目粉彩为熊窑。熊何人哉?亡是公矣。

郎窑之仿成化者,有硬彩,有豆彩,而无粉彩,粉彩者,雁也。

《历代瓷器谱》谓晋州王衡以造祭器著名,又谓朱元佐者,成化朝之制瓷者。

宋以前瓷器,有浑身缩釉如虫书者,然虫书云者,虫蠹之谓也。

《历代瓷器谱》谓郎世宁所制器皿,有青、蓝、墨绘各种,盖不仅宝石红也。又谓永乐时已绘五彩,亦不仅有鲜红也。

以茄、黄、绿三色晕成杂斑,曰虎皮斑也。法国人初颇嗜之,此素三彩之权舆也。近日素三彩腾踊百倍,以怪兽为上,人物次之,花卉又次之,而所谓虎皮斑者,转致无人问津。

素三彩亦以大瓶、大罐为上,大盘、大碗次之。若肖生之单个人物,较逊一筹。

洪武酒缸,有老僧衣一种,亦茶叶末之亚流也。

兔毫盏有一种绝小者,口径寸许,殊可玩也。或谓此种宋器,乃闽人掘地所得,亦赝说也。

宋元紫器,朱明官窑,大抵流出箦沟,歕溢海国,岂有世家乔木,能历数朝者耶?虬髯碧眼,重译来宾,一掷万金,昌言罔讳。守者盖藏,不谨很者亡命,以求偶一拜章,辄报闻罢,盖难言之矣,所从来远矣。

建瓷以无字无花纹者为贵,以正圆者为贵。

坛罐有仿武梁画象者,或黑质白章,或丹质白章,曰附近中国之小国之沙胎器也,以年考之,殆已在康、雍上矣。

中和堂、拙存斋,皆在康熙朝。植本堂之茶叶末,盖在嘉、道间,又与彩华堂同时也。

卵幕俗名鸡蛋壳,兔毫即是鹧鸪斑。

浆胎者,煨瓷也。浆胎所开之片为细片,仿哥所开之片为粗片。

葡萄水之外绿而内红者,粗片垂釉,雁制风行,被赚者夥。某馆西人惩羹吹齑,虽遇有明真本,而亦目为燕石,不足怪也。若康熙初叶之太白尊,式样既巨,款字仿明,尤不甚经见,亦竟以藕为茄,则诚有目无珠者矣。又奚诧其于新造之素三彩,爱玩不忍释手耶?

某馆颇以贬瓷获利,或者辗转售伪,匪伊朝夕,彼都贵族,争相贡谀,盖直道不行久矣。区区陈列品,其一端焉耳。

氅托者,盏托也,宋官窑之仿剔红者也。剔红漆托,始于宋。

柴窑出河南郑州。《七颂堂识小录》称其光色黝然,又谓马布庵目之为绛霄,曰黝,曰绛,又不仅一雨过天青矣。

缩釉之虫书者,又如蛇香灰,海南人以蛇骨研末,和入线香中焚之,则香灰不落,且屈曲蟠绕若蛇形。

泥均、宜均、唐均,各应正其名曰蓝均。

素三彩之盘碗,各有凹雕暗龙,其浅碧一色,最为鲜艳。

卵幕茗碗,盖有圆式影青之细纹,较寻常式样为尤小。铢两最轻,光色如良玉,近亦赝本孔多矣。

康熙臧窑,乃臧应选也。

唐时秦窑,亦有凸鱼杯碗,《历代瓷谱》谓系纯青冰纹,与阮亭所述之隗宫二鱼碗,迥乎不同。《凝斋丛话》则称宋安雅得古瓷一窑,随手散尽,仅余三器,大小花素皆有之,初未指为隗碗也。刘体仁《识小录》又言:嚻墓有陶器数十,见一酒盏于京师,如龙泉之淡黄者,又未尝有鱼藻纹也。

《博物要览》十二卷,明末谷应泰撰。《事物绀珠》,四十一卷,明扬州黄一正字定父者撰,万历辛卯始成书。

《清秘藏》二卷,明昆山人张应文字茂实者撰,其子谦德者润色之。谦德,原名丑。

《格古要论》三卷,明松江人曹昭字明仲者撰,书成于洪武十二年。

《留青日札》三十九卷,明田艺衡撰。

《妮古录》,明陈眉公撰。

《六研斋笔记》十二卷,明李日华撰。

《考槃馀事》四卷,明屠隆撰。

《辍耕录》,元陶宗仪撰,书成于至正二十六年,载在《津逮秘书》。

《南村随笔》六卷,国初嘉定人陆廷灿字秩昭者撰。

庄岑瀚先生珠光青瓷藏品

庄岑瀚先生珠光青瓷藏品

庄岑瀚先生珠光青瓷藏品

庄岑瀚先生珠光青瓷藏品

庄岑瀚先生珠光青瓷藏品

庄岑瀚先生珠光青瓷藏品

庄岑瀚先生珠光青瓷藏品

庄岑瀚先生珠光青瓷藏品